本书撰写获中国政法大学青年教师学术创新团队支持计划资助

请求权基础

方法、体系与实例

吴香香 著

北京大学出版社
PEKING UNIVERSITY PRESS

序

请求权基础思维素有"民法教学法的脊梁"之誉。近年来,请求权基础思维训练在我国法学教育中也越来越受关注,请求权基础理论研究的影响迅速扩大,又因其直指案件裁判的"请求→抗辩"结构,以法官视角为切入点,所以同样受到实务界的欢迎。《民法典》施行后,以请求权基础为线索的规范梳理势将成为新的学术路标。

本书的努力方向是从方法、体系、实例三个维度呈现民法请求权基础的方法逻辑、规范体系与适用程式。与之相应,本书的主要内容也分为三部分。

第一,请求权基础思维。从课堂教学与诉讼实战两个场域展示请求权基础思维的具体运用,前者以鉴定式方法(Gutachtenstil)为核心,后者则体现为法庭报告技术(Relationstechnik)。同时,对比请求权基础思维与其两个对手法律关系思维、个案类比思维的不同方法特征。

第二,请求权基础体系。宏观层面,运用请求权基础方法,依托诉讼中的攻防结构,借助主要规范、辅助规范与防御规范的区分技术,反思《民法典》编纂中请求权基础的体系构建问题;中观层面,以《民法典》侵权责任编为例展示请求权基础的规范序列整理方法;微观层面,聚焦三则条文评注,探索请求权基础思维引导下不同类型规范的评注方法。

第三,请求权基础实例。选取四则本土案例进行实例演示,真实呈现请求权基础思维与请求权基础规范体系作用于案例解析与法律适用的方法细节,并展示在实操作业中,请求权基础方法与涵摄模式、规范解释、规范漏洞填补的交织关系。

请求权基础在方法、体系与实例三个维度都有其更广阔的延伸空间,本书只是"小样",期待在可能的后续版次或新著中能打造出完整的"产品序列",也希望能得到读者朋友们的批评与建议。

吴香香

2021 年 5 月 25 日

目　录

上　篇　请求权基础方法

第一章　练习版请求权基础思维
　　——鉴定式分析法 ······················ 4
一、规范类别 ···························· 5
　(一)主要规范 ························ 6
　(二)辅助规范 ························ 7
　(三)防御规范 ························ 7
二、内在结构 ···························· 8
　(一)积极要件 ························ 8
　(二)消极抗辩 ························ 9
三、外在结构 ···························· 10
　(一)基于合同的请求权 ················ 11
　(二)类似合同的请求权 ················ 11
　(三)无因管理的请求权 ················ 11
　(四)基于物法的请求权 ················ 11
　(五)不当得利与侵权请求权 ············ 12
四、多元请求权基础 ······················ 12
五、鉴定体裁与裁判体裁 ·················· 13

六、鉴定式简例演示 …………………………………………… 14
　（一）基于租赁合同的返还请求权 ………………………… 14
　（二）所有物返还请求权 …………………………………… 15
　（三）给付不当得利返还请求权 …………………………… 15
　（四）侵权返还请求权 ……………………………………… 16
　（五）结论 …………………………………………………… 16

第二章　实战版请求权基础思维
——法庭报告技术 …………………………………… 17

一、法庭报告技术/关联分析法的构造 ……………………… 18
二、原告阶段：原告诉请的法律合理性 ……………………… 20
　（一）检视目的 ……………………………………………… 20
　（二）检视内容 ……………………………………………… 21
　（三）检视结论 ……………………………………………… 22
三、被告阶段：被告防御的法律合理性 ……………………… 23
　（一）检视目的 ……………………………………………… 23
　（二）检视内容 ……………………………………………… 24
　（三）检视结论 ……………………………………………… 24
　（四）原告反抗辩与被告再抗辩的合理性检视 …………… 25
　（五）小结 …………………………………………………… 26
四、请求权基础竞合 …………………………………………… 27
五、法庭报告技术案型示例 …………………………………… 31
　（一）案型A：原告陈述不具有法律合理性 ……………… 31
　（二）案型B：原告陈述具有法律合理性，被告陈述不具有法
　　　律合理性 ……………………………………………… 32
　（三）案型C：原告陈述与被告陈述均具有法律合理性 … 34
　（四）案型D：原告诉请有多项请求权基础具有法律合理性，
　　　但被告未对所有请求权基础为合理抗辩 ………… 35
　（五）案型E：原告诉请有多项请求权基础具有法律合理性，

被告对各项请求权基础均为合理抗辩 ………………… 39
第三章　请求权基础思维及其对手　44
一、请求权基础思维与法律关系思维 …………………… 44
　（一）作为裁判技术的法律关系思维 …………………… 44
　（二）请求权基础思维与法律关系思维的对立 ………… 45
　（三）法律关系思维的用武之地 ………………………… 47
二、请求权基础思维与个案类比思维 …………………… 49
　（一）司法三段论与个案类比思维 ……………………… 49
　（二）请求权基础思维与个案类比思维的互动 ………… 50
三、小结 …………………………………………………… 51

中　篇　请求权基础体系

第四章　民法典编纂中请求权基础的体系化 …………… 56
一、民法典编纂应认真对待请求权基础 ………………… 57
　（一）民法典的任务与请求权基础的功能 ……………… 57
　（二）请求权基础体系是展开公因式的规范全貌 ……… 58
　（三）请求权基础已成为民法教义学的焦点 …………… 59
二、已条文化的请求权基础 ……………………………… 62
　（一）请求权基础的规范识别 …………………………… 62
　（二）请求权基础的系统梳理 …………………………… 64
　（三）请求权基础的体系优化 …………………………… 65
三、未条文化的请求权基础 ……………………………… 68
　（一）有成熟表述的请求权基础（或其辅助规范、
　　　　防御规范） ………………………………………… 68
　（二）仍在争议中的请求权基础（或其辅助规范、
　　　　防御规范） ………………………………………… 70
　（三）法外空间与请求权基础开放性 …………………… 72

四、立法技术层面请求权基础的体系化 ········· 73
　（一）条文组织 ····················· 73
　（二）规范配置 ····················· 75
　（三）体系构造 ····················· 76
五、小结 ························ 78

第五章　请求权基础规范体系梳理
　　——以《民法典》侵权责任编为例 ········· 79

一、侵权请求权基础的甄别与检视 ············ 80
　（一）侵权请求权基础的甄别 ·············· 81
　（二）侵权请求权基础的检视程式 ··········· 82
二、侵权责任编的请求权基础规范序列 ·········· 89
　（一）过错侵权请求权基础 ·············· 90
　（二）过错推定侵权请求权基础 ··········· 92
　（三）不问过错侵权请求权基础 ··········· 95
　（四）公平责任侵权请求权基础 ··········· 97
　（五）数人侵权请求权基础 ·············· 99
三、侵权责任编的辅助规范与防御规范 ········· 103
　（一）侵权责任编中的辅助规范 ··········· 103
　（二）侵权责任编中的防御规范（抗辩规范） ········· 106
　（三）柔性辅助规范与防御规范 ··········· 108
四、散见其他编的侵权请求权规范 ············ 110
　（一）总则编与侵权请求权基础 ··········· 110
　（二）物权编与侵权请求权基础 ··········· 113
　（三）合同编与侵权请求权基础 ··········· 115
　（四）人格权编与侵权请求权基础 ········· 117
五、小结 ······················· 119

第六章　主要规范的评注释义
　　——以《民法典》第462条为例 ··········· 122

一、规范意旨 …… 122
二、占有保护请求权 …… 124
 (一)占有返还请求权:第462条第1款第1分句 …… 125
 (二)占有妨害请求权:第462条第1款第2分句 …… 135
 (三)损害赔偿请求权:第462条第1款第3分句 …… 139
 (四)竞合问题 …… 143
三、规范的体系关联 …… 145
 (一)占有自力防御权 …… 145
 (二)占有追寻(通行)权 …… 149
四、举证分配 …… 153

第七章 主要规范及其辅助规范群的评释
——以《民法典》第598条为例 …… 155

一、规范定位 …… 155
 (一)规范要旨 …… 155
 (二)规范属性 …… 156
二、本条与瑕疵义务 …… 157
 (一)从瑕疵担保到瑕疵义务 …… 157
 (二)交付义务与瑕疵义务 …… 159
 (三)所有权移转义务与瑕疵义务 …… 160
三、标的物交付义务 …… 162
 (一)交付的要件 …… 162
 (二)交付的形式 …… 167
 (三)交付的时间、地点与费用 …… 172
 (四)少交、多交与交付他物 …… 173
四、所有权移转义务 …… 175
 (一)买卖合同与物权处分 …… 175
 (二)所有权移转义务的履行 …… 178
 (三)交付义务与所有权移转义务 …… 179

（四）交付与所有权移转的时间差 …………………… 180
五、多重买卖的履行 …………………………………………… 185
　　（一）实务中的优先序列 ………………………………… 185
　　（二）普通动产多重买卖 ………………………………… 186
　　（三）特殊动产多重买卖 ………………………………… 187
　　（四）不动产多重买卖 …………………………………… 188
六、举证分配 …………………………………………………… 189
　　（一）标的物交付义务的举证 …………………………… 189
　　（二）所有权移转义务的举证 …………………………… 190
　　（三）多重买卖履行顺序的举证 ………………………… 191

第八章　防御规范的评注释义
　　　　——以《民法典》第 604 条为例 ……………………… 192
一、规范定位 …………………………………………………… 192
　　（一）规范意旨 …………………………………………… 192
　　（二）规范属性 …………………………………………… 193
二、标的物毁损、灭失的风险 ………………………………… 194
　　（一）本条风险非物权风险 ……………………………… 194
　　（二）本条风险非给付风险 ……………………………… 195
　　（三）风险事件的范围 …………………………………… 198
　　（四）毁损灭失与风险 …………………………………… 201
三、交付作为风险移转的时点 ………………………………… 202
　　（一）适用范围 …………………………………………… 202
　　（二）交付移转风险的正当性 …………………………… 204
　　（三）现实交付与观念交付 ……………………………… 213
四、风险移转效力的体系辐射 ………………………………… 217
　　（一）合同效力与风险移转 ……………………………… 218
　　（二）给付障碍与风险移转 ……………………………… 220
　　（三）有偿合同的参照适用 ……………………………… 228

五、举证分配 ……………………………………………… 229
    (一)一般规则 …………………………………………… 229
    (二)特别规则 …………………………………………… 231

下 篇　请求权基础实例

第九章　滥用代理权案 ……………………………………… 235
  一、案情与问题 …………………………………………… 235
  二、合同效力的检视思路 ………………………………… 236
  三、滥用代理权情形之合同效力 ………………………… 237
    (一)合同是否成立 ……………………………………… 237
    (二)是否存在合同效力未发生的抗辩 ………………… 237
    (三)是否存在合同效力已消灭的抗辩 ………………… 244
    (四)小结 ………………………………………………… 244
  四、恶意串通情形之合同效力 …………………………… 244
    (一)合同是否成立 ……………………………………… 244
    (二)是否存在合同效力未发生的抗辩 ………………… 244
    (三)是否存在合同效力已消灭的抗辩 ………………… 247
    (四)小结 ………………………………………………… 247
  五、结论 …………………………………………………… 247

第十章　多级转租房屋案 …………………………………… 248
  一、案情与问题 …………………………………………… 248
  二、史某对陈某的请求 …………………………………… 250
    (一)请求权基础预选 …………………………………… 250
    (二)史某对陈某的占有返还请求权 …………………… 250
    (三)史某对陈某的不当得利返还请求权 ……………… 253
    (四)小结 ………………………………………………… 256
  三、史某对胡某的请求 …………………………………… 257

（一）请求权基础预选 ·· 257
　　（二）史某对胡某的合同请求权 ······································ 257
　　（三）史某对胡某的不当得利返还请求权 ························ 259
　　（四）史某对胡某、陈某的共同侵权返还请求权 ··············· 261
　　（五）小结 ··· 265
　四、结论 ··· 265

第十一章　玻璃娃娃案 ··· 266
　一、案情与问题 ·· 266
　二、请求权基础预选 ·· 266
　　（一）通行解释 ··· 267
　　（二）《民法典》第1188条的合理化解释 ······················ 271
　　（三）小结 ··· 275
　三、请求权基础检视 ·· 276
　　（一）甲父母对乙同学的过错侵权请求权 ······················ 277
　　（二）甲父母对乙父母的监护人过错推定请求权 ············ 281
　　（三）甲父母对乙同学的公平责任请求权 ······················ 282
　　（四）甲父母对乙父母的公平责任请求权 ······················ 283
　四、结论 ··· 283

第十二章　错误出生案 ··· 285
　一、案情与问题 ·· 285
　二、甲对丁医院的合同请求权 ·· 286
　　（一）合同损害赔偿请求权的成立 ································ 286
　　（二）合同损害赔偿请求权的范围 ································ 287
　　（三）请求权未消灭、可行使 ······································ 292
　　（四）小结 ··· 292
　三、甲对戊医生、丁医院的侵权请求权 ······························· 292
　　（一）甲对戊医生的侵权请求权 ··································· 293
　　（二）甲对丁医院的侵权请求权 ··································· 297
　　（三）小结 ··· 297

四、乙对丁医院、戊医生的请求权 …………………………… 297
　　　　（一）乙对丁医院的合同请求权 …………………………… 298
　　　　（二）乙对戊医生、丁医院的侵权请求权 ………………… 300
　　五、丙对丁医院、戊医生的请求权 …………………………… 300
　　　　（一）丙对丁医院的合同请求权 …………………………… 300
　　　　（二）丙对戊医生、丁医院的侵权请求权 ………………… 301
　　六、结论 …………………………………………………………… 303

附　录 ……………………………………………………………… 304
　　表1：练习版请求权基础方法 …………………………………… 304
　　表2：法庭报告技术审查程式表——实战版请求权基础方法 … 304
　　表3：《民法典》常用请求权基础简表 ………………………… 306
　　表4：违约损害赔偿请求权检视表——以合同履行不能的损害
　　　　赔偿请求权为例 …………………………………………… 310
　　表5：缔约过失请求权检视表 …………………………………… 311
　　表6：善意相对人对无权代理人的履行请求权检视表 ………… 311
　　表7：无因管理人对本人的费用偿还请求权检视表 …………… 312
　　表8：占有人的原物返还请求权检视表 ………………………… 312
　　表9：物权人的原物返还请求权检视表 ………………………… 313
　　表10：人格权保护请求权检视表——以名誉权消极防御请求权
　　　　　为例 ………………………………………………………… 313
　　表11：过错侵权请求权检视表 …………………………………… 314
　　表12：共同危险侵权请求权检视表 ……………………………… 315
　　表13：精神损害赔偿请求权检视表 ……………………………… 315
　　表14：给付不当得利请求权检视表 ……………………………… 316
　　表15：权益侵害不当得利请求权检视表 ………………………… 316

关键词索引 ………………………………………………………… 317

参考文献 …………………………………………………………… 323

后　记 ……………………………………………………………… 339

上篇

请求权基础方法

民事纠纷以原告"请求"被告为某种给付为典型，据以支持原告"请求权"的实证法规范或法律行为，称为"请求权基础"(Anspruchsgrundlage)。[1] 寻找请求权基础，构成民事法官找法作业之根本，由此体现的法律思维，则可称为请求权基础思维(请求权思维)。

请求权思维肇始于德国，汉语法学最早系统引入这一思维的，是王泽鉴教授首版于1982年的《民法实例研习基础理论》。[2] 该书虽早在2001年即已出版简体字版，但对法学院课堂教学似乎并未产生即时影响。法学院较为正式将请求权基础思维作为教学法运用，迄今不过10年时间。[3]

---

[1] 参见朱庆育：《民法总论》(第2版)，北京大学出版社2016年版，第563页。

[2] 该书于1999年修订再版时，更名为《法律思维与民法实例：请求权基础理论体系》，"期能更进一步建立请求权基础(Anspruchsgrundlage)的理论体系"，相关说明请参见王泽鉴：《民法思维：请求权基础理论体系》，北京大学出版社2009年版，序言。2001年该书由中国政法大学出版社出版同名简体字版，2009年改由北京大学出版社再次出版，书名则更作《民法思维：请求权基础理论体系》。

[3] 近10年来，中国政法大学、北京大学、华东政法大学、中南财经政法大学、西南政法大学、北京航空航天大学、上海财经大学等法学院校相继开设以"请求权基础思维"为案例分析手段的课程或暑期班，声势大。关于请求权基础案例教学的介绍，还可参见葛云松、金可可、田士永、黄卉：《法治访谈录：请求权基础的案例教学法》，载《法律适用（司法案例）》2017年第14期；葛云松：《法学教育的理想》，载《中外法学》2014年第2期；许德风：《论基于法教义学的案例解析规则——评卜元石：〈法教义学：建立司法、学术与法学教育良性互动的途径〉》，载田士永、王洪亮、张双根主编：《中德私法研究》(第6卷)，北京大学出版社2010年版，第26—36页；田士永：《民法学案例研习的教学实践与思考》，载张桂琳主编：《中国法学教育研究》(2011年第3期)，中国政法大学出版社2011年版，第79—102页；朱晓喆：《请求权基础实例研习教学方法论》，载《法治研究》2018年第1期；季红明、蒋毅、查云飞：《实践指向的法律人教育与案例分析——比较、反思、行动》，载李昊、明辉主编：《北航法律评论》(2015年第1辑)，法律出版社2016年版，第214—228页；卜元石：《德国法学教育中的案例研习课：值得借鉴？如何借鉴？》，载方小敏主编：《中德法学论坛》(第13辑)，法律出版社2016年版，第45—57页。

法学课堂中的请求权基础思维训练的基本程式是,在给定小前提(案件事实)的框架下,通过请求权基础的搜寻锁定大前提(法律规范),从而运用司法三段论得出适用结论。对此特点,有批评者认为,处理真实案件的难题,不仅在于寻找大前提,更在于确定小前提,请求权基础方法虽是寻找规范的利器,却无力面对案件事实的萃取。[1] 这一批评未必公允。作为请求权基础思维策源地的德国,其民事法院早在19世纪就已发展出一套严谨的"法庭报告技术/关联分析法"(Relationstechnik)[2],核心技术正是借助请求权思维引导裁判者获取案件事实、确定法律适用的小前提。

为了展示请求权基础思维的全貌,本书上篇试图对"请求权基础思维是什么?"这一问题作出回答。该问题可进一步拆解为:课堂训练中的请求权思维是什么(第一章)?诉讼实战中的请求权思维又是什么(第二章)?或者也可以从反面提问:请求权基础思维不是什么?限度何在?这又需要借助它的对手予以澄清(第三章)。

---

[1] 指出使用虚拟案例的弊端者,如张淞纶:《作为教学方法的法教义学:反思与扬弃——以案例教学和请求权基础理论为对象》,载《法学评论》2018年第6期。

[2] 有译为关联求证法者,如袁力、邵新:《德国民事裁判文书结构与说理的关联分析》,载《法律适用》2017年第1期。有译为关系分析法者,如国家法官学院、德国国际合作机构:《法律适用方法:合同法案例分析方法》(第2版),中国法制出版社2014年版,第42页;李纬华、殷进亮:《案件事实存在争议时的裁判之道——德国关系法简介》,载《法律适用》2009年第4期。还有译为法庭报告技术者,如〔德〕卡尔·弗里德里希·斯图肯伯格:《作为笛卡尔方法的法学鉴定式》,季红明、蒋毅译,载李昊、明辉主编:《北航法律评论》(2017年第1辑),法律出版社2019年版,第169—189页。

第一章 练习版请求权基础思维
——鉴定式分析法

耶林(Rudolph von Jhering)是德国早期案例课最著名的倡导者。为了给法科学生将来的法律实务工作做准备,1854—1855年冬季学期,耶林在吉森大学第一次开设案例课(Übung),1872年又将该课程引入哥廷根大学。[1] 耶林为此还编有案例书《民事未决案例》(Civilrechtsfälle ohne Entscheidungen)与《日常生活中的法学》(Die Jurisprudenz des täglichen Lebens)[2],两书对后世案例教学影响深远。

不过,德国法学院全面引入请求权基础教学,很大程度上却是因为司法考试的倒逼。由于司法考试仅考查案例分析能力,培训机构遂致力于钻研案例解析技术,并与法学院形成竞争态势。[3] 20世纪50年代,阿茨勒(Paul Atzler)以请求权基础为线索编写的备考教材广泛流

---

[1] Vgl. Uwe Diederichsen, 100 Jahre Juristische Seminar Göttingen-Gedanke und Gedenken, Sonderdruck aus GEORIA AUGUSTA November 1994 Nachrichten aus der Universität Göttingen, S. 26.

[2] 《民事未决案例》的首版信息为 Rudolph von Jhering, Civilrechtsfälle ohne Entscheidungen, zu akademischen Zwecken, erstes Heft, Leipzig: Druck und Verlag von Breitkopf und Härtel, 1847。《日常生活中的法学》则是在《民事未决案例》1870年第2版附录案例的基础上整理成书,相关说明可参见 Rudolph von Jhering, Die Jurisprudenz des täglichen Lebens, Eine Sammlung an Vorfälle des gewöhnlichen Lebens anknüpfender Rechtsfragen, 11. Aufl., bearbeitet von Otto Lenel, Jena: Verlag von Gustav Fischer, 1897, Vorwort zur achten vermehrten Auflage.

[3] 关于法学院与考试培训机构的竞争,可参见 Ernst Zitelmann, Die Neugestaltung des Rechtsstudiums, Berlin und Leipzig: Dr. Walther Rothschild, 1921, S. 9ff.

传,将请求权基础思维推至法律培训舞台的中央。[1] 而梅迪库斯(Dieter Medicus)的代表作《民法:依请求权体系整理的备考资料》[2]及其简写本《民法学基础:请求权基础入门》[3]则正式确立请求权基础思维在民法教学与教义学研究中的核心地位。

受制于现实条件,法学院课堂教学无法面对原始案件事实,因此,教学中传授的请求权基础方法,是在给定案件事实的前提下,训练学生寻找相应的规范依据,略去了对案件事实的裁剪与认定,属于简化版的请求权基础思维。不过,这种专注于大前提找寻的训练并不因其简版而减损意义,它是诉讼实战中法庭报告技术/关联分析法的基础。

练习版请求权思维借鉴诉讼中的攻防结构,将规范区分为请求权基础规范(主要规范)、辅助规范与防御规范。内在结构上,对每项请求权基础的检视均可分为三层(请求权成立→未消灭→可行使)四步(请求权成立要件→权利未发生的抗辩→权利已消灭的抗辩→权利阻止的抗辩);外在结构上,存在多个备选的请求权基础时,须遵循特定顺序依次检视。[4]

一、规范类别

根据不同标准,民事规范可被划分为不同类别,如完全法条与不完全法条、任意性规范与强制性规范等。而请求权基础思维依诉讼中的"请求与抗辩"结构,将民事规范划分为请求权规范(主要规范)、辅助

---

[1] Vgl. Bernhard Großfeld, Examensvorbereitung und Jurisprudenz, Juristenzeitung 1(1992), S. 23.

[2] Vgl. Medicus/Petersen, Bürgerliches Recht, Eine nach Anspruchsgrundlagen geordnete Darstellung zur Examensvorbereitung, 26. Aufl., München: Franz Vahlen, 2017.

[3] Vgl. Medicus/Petersen, Grundwissen zum Bürgelichen Recht, Ein Basisbuch zu den Anspruchsgrundlagen, 11. Aufl., München: Franz Vahlen, 2019. 德文版的中译本为〔德〕迪特尔·梅迪库斯:《请求权基础》,陈卫佐等译,法律出版社2012年版。

[4] Vgl. Jan Schapp, Methodenlehre und System des Rechts, Tübingen: Mohr Siebeck, 2009, S. 57.

规范与防御规范三种基本类型。[1]

(一)主要规范

设若某案件的原告请求被告"返还租期届满的房屋",那么在请求权基础思维之下,首先需要考量的问题是,原告对被告是否享有房屋返还请求权。可能产生房屋返还效果的请求权类别,包括合同请求权、占有返还请求权、所有物返还请求权、不当得利返还请求权,以及侵权返还请求权。据以支持这些请求权的规范基础,即请求权基础(请求权规范),又称为主要规范。

当事人在合同中约定了租屋返还事宜的,则租赁合同本身即为合同请求权基础。合同是法律行为,之所以可作为请求权基础,是因为民法以私法自治为基本理念。[2] 有效的合同不仅约束当事人,也是对法官有约束力的裁判依据。当事人在合同中未约定租屋返还事宜的,合同请求权的规范基础为《民法典》[3]第733条第1句;占有返还请求权的规范基础为第462条第1款第1分句;所有物返还请求权的规范基础为第235条;不当得利返还请求权的规范基础为第122条或第985条主文;侵权返还请求权的规范基础为第1165条第1款。所谓请求权基础探寻,是指检视案件事实能否满足各项备选请求权规范的适用前提,逐一排查直至找到可适用的主要规范。

民事案件中,当事人的请求不限于返还某物,还可能是支付对价、损害赔偿、其他的作为或不作为。凡可产生请求权的法律行为或法律规范,均为请求权基础。以此为标准检索民法规范,会发现请求权规范的数目非常有限,体量最大的是辅助规范。

---

[1] 请求权基础视角下,《民法典》规范类别的具体梳理,可参见吴香香编:《民法典请求权基础检索手册》,中国法制出版社2021年版。
[2] 参见朱庆育:《民法总论》(第2版),北京大学出版社2016年版,第563页。
[3] 除非特别说明,本书上篇所提及的条文均为《民法典》条文。

(二)辅助规范

辅助规范的功能,首先是对主要规范的构成要件或法律效果做进一步说明。但辅助规范也有层级之分,下级辅助规范的法律效果是上级辅助规范的构成要件。仍以上述案件为例,第733条第1句(租赁期限届满,承租人应当返还租赁物)作为主要规范,其适用以租赁合同的有效成立为前提。"租赁合同"应予界定,第703条的租赁合同定义条款,即为第733条的辅助规范。"租赁合同"中的"合同"需要进一步界定,第471条(当事人订立合同,可以采取要约、承诺方式或者其他方式)为次级辅助规范(辅助规范的辅助规范)。要约(第472条)与承诺(第479条)的定义条款为第三级辅助规范。要约与承诺均为有相对人的意思表示,此类意思表示的生效规则(第137条)则为第四级辅助规范。

总分编制之下,民法实证规范的排列顺序是从一般到特别,适用范围越广、抽象程度越高的规范,体系位置越在先。而请求权基础思维对规范的检视顺序恰恰相反,是从特别到一般,请求权规范直指请求权的产生,与案件事实距离最近,其各级辅助规范则可能由近及远、由特别至一般层层推进,抽象程度越高的规范,在辅助规范中的层级反而越低。高抽象度规则在辅助规范中一定处于低层级,但低层级辅助规范却未必一定都具有高抽象度。因为辅助规范有两类:一类抽象程度高,为多项请求权基础共同的辅助规范,属于"公因式"规则;另一类抽象程度低,仅对特定请求权基础发挥辅助功能,常附从于特定请求权规范而出现。

(三)防御规范

排除或限制另一规范之法律效果者,为防御规范。根据防御规范针对的对象不同,可将其分为三类:其一,主要规范的防御规范。如第180条第1款的不可抗力免责,即构成第577条违约请求权规范的防御规范。其二,辅助规范的防御规范。如采用合同书形式订立合同时,依第490条第1款第1句,自当事人均签名、盖章或者按指印时合同成立,这是合同请求权基础的辅助规范;该条第1款第2句(在签名、盖章或者按指印之前,当事人一方已经履行主要义务,对方接受时,该合同成立)则为该辅助规范的防御规范。其三,防御规范的防御规范。如第614条主文(买受人有确切证据证明第三人对标的物享有权利的,可以中止支付相应的价款)是第626条第1句出卖人价款支付请求权基础的防御规范,而第614条但书(但是出卖人提供适当担保的除外)则构成防御规范的防御规范。

此外,防御规范本身可能也需要进一步说明,因而防御规范也可能有其辅助规范,甚至是多级辅助规范。如第144条(无民事行为能力人实施的民事法律行为无效)是第136条第1款主文(民事法律行为自成立时生效)的防御规范,而第20、21条关于无民事行为能力人的界定,则构成该防御规范的辅助规范。

二、内在结构

请求权思维的内在结构,体现为对请求权基础各层级辅助规范与防御规范的全面检索。这一检视过程又分为请求权已成立、未消灭、可行使三个层次。其中,请求权已成立可再拆解为两个步骤:满足请求权成立的积极要件;不存在阻碍请求权成立的消极抗辩。因而,内在结构实为三层四步。每一步都需列举各项构成要件要素并分别作出定义,再对案件事实予以涵摄。形式上是司法三段论的反复运用,实质上贯穿始终的是规范解释与意思表示解释,以及必要时的规范续造与意思表示漏洞填补。

(一)积极要件

主要规范作为请求权思维的检视起点,也可指引辅助规范之检索。

以侵权请求权为例,若要检视可否依据第 1165 条第 1 款支持原告对被告的侵权请求权,第一步的工作是列举一般侵权请求权的积极要件。从第 1165 条第 1 款的文义中可直接得出的积极要件为:"行为人""因""过错""侵害""民事权益""造成""损害"(积极要件的列举本身也是法律解释问题)。[1] 这些要件均为抽象概念,需进一步具体化,才能与特定的案件事实"对接"。具体化的媒介首先是辅助规范。总则编第五章"民事权利"中的大多数条文均可视作"民事权益"的具体化规范。[2] 对于无法借助法律文本探知的要件,因为法官有说理义务,就必须诉诸判例与学理予以具体化。[3] 学理与判例虽不拘束法官,却可为其提供论理依据,[4] 不妨称之为"柔性辅助规范",以作为大前提与案件事实间的说理媒介。[5] 在请求权规范列举的要件缺漏时,则需进行法律续造。若检视的是合同请求权,因其以合同本身为请求权基础,所以还涉及意思表示解释问题。[6]

(二) 消极抗辩

即使请求权成立的积极要件均得以满足,也不意味着请求权基础成立,因为还可能存在权利未发生的抗辩、权利已消灭的抗辩或权利阻

---

[1] 若区分责任成立与责任范围两个阶段,则更细致的要件拆分是:责任成立(绝对性权益被侵、侵害行为、不法性抗辩、责任成立因果关系、责任能力、过错)+责任范围(损害、责任范围因果关系)。

[2] 个案情形中辅助规范可能还需借助学理与判例进一步具体化,如纯粹经济损失是否在此"民事权益"范围之内。

[3] 对于请求权基础分析,系统梳理学理与判例的法律评注具有重要意义,关于法律评注对法教义学的意义,可参见韩世远:《法律评注在中国》,载《中国法律评论》2017 年第 5 期;贺剑:《法教义学的巅峰——德国法律评注文化及其中国前景考察》,载《中外法学》2017 年第 2 期。

[4] 参见曹志勋:《对民事判决书结构与说理的重塑》,载《中国法学》2015 年第 4 期;进一步认为判例与学说具有法源地位,只是拘束力较弱,因而判决文书中可予以引用的观点,可参见葛云松:《简单案件与疑难案件——关于法源及法学方法的探讨》,载《中国法律评论》2019 年第 2 期。

[5] 认为学理与判例也具有辅助规范属性者,如 Jan Schapp, Methodenlehre und System des Rechts, Tübingen: Mohr Siebeck, 2009, S. 48, 59。

[6] 有时还涉及与情谊行为的甄别。

止的抗辩,应依次检视。设置这些抗辩事由的为防御规范。如合同无效规则为请求权未发生的抗辩;清偿、提存、抵销、免除、混同等债的消灭规则为请求权已消灭的抗辩;时效抗辩权(永久抗辩权)、同时履行抗辩权(一时抗辩权)等则为请求权阻止的抗辩。

抗辩的检视同样应列举各防御规范的构成要件,并借助防御规范的辅助规范(包括学理与判例)进行具体化,如第153条之违反强制性规定与违反公序良俗无效规则,其中"强制性规定"与"公序良俗"的认定均是复杂的法律解释作业,是"规范与事实间目光的往返流转"。此外,要件与抗辩的区分还涉及举证分配,一般而言,积极要件由原告举证,消极抗辩由被告举证,抗辩的抗辩又复归原告举证。

请求权基础思维的内在结构是从单项请求权基础切入,在检视过程中渐次引入其各层级的辅助规范与防御规范,并进一步指向更深层的法教义学论理,系"适用一个法条就是适用整部法典"的生动注解。

三、外在结构

若某一案件中备选的请求权基础为复数,如上文提到的返还租屋案,就涉及请求权基础思维的外在结构。此处的核心问题是:多项请求权基础的检视顺序如何确定?但在排序之前,首先要对请求权基础进行预选,框定"可疑"请求权基础的范围。预选阶段的任务有二:其一,排除明显不成立的请求权基础;其二,解决规范排斥的竞合[1],即数项请求权规范相互排斥时,如存在新法优于旧法、上位法优于下位法、特别法优于普通法等因素时,仅效力占优的请求权规范纳入预选。

对于预选的数项请求权基础,排序的考量因素是合乎逻辑与诉讼经济。以合乎逻辑为标准,则越可能成为其他请求权基础检视前提、越可能排除其他请求权基础成立者顺位越在先,因而越特别的请求权基

---

[1] 关于该术语的解释,可参见朱庆育:《民法总论》(第2版),北京大学出版社2016年版,第566页。

础检视顺位就越在先。以诉讼经济为标准,则构成要件越少的请求权基础检视顺位越在先。

(一)基于合同的请求权

基于合同的请求权顺位在先,首先是因为合同可排除任意性规范的适用,从而可排除下述各类请求权基础。而且,合同也可能构成法律上的管理义务、或占有本权、或法律上的得利原因、或不法性阻却事由,排除无因管理、所有物返还、不当得利、侵权请求权的成立。就合同请求权本身而言,原合同请求权的检视应先于派生合同请求权。

(二)类似合同的请求权

类似合同的请求权,如缔约过失请求权、违反后合同义务所产生的请求权、因无权代理所产生的请求权、基于情谊行为之保护义务的请求权等,与合同关系密切,其间问题多在审查合同请求权时即有涉及,因而检视顺序紧随合同请求权之后。此外,情谊行为双方当事人之间有特别的结合关系,虽弱于合同但强于侵权,基于情谊行为之保护义务的请求权亦可在此检视。

(三)无因管理的请求权

无因管理请求权可因被管理人嗣后同意而转化为委任合同,所以也有将其置于类似合同请求权之列者。[1] 它可以构成占有权源、或法律上的得利原因、或不法性阻却事由,并排除所有物返还请求权、不当得利请求权与侵权请求权,因而检视顺位在这三类请求权之前。

(四)基于物法的请求权

物法请求权先于不当得利与侵权请求权的原因是,它的构成要件

---

[1] Vgl. Brox/Walker, Allgemeiner Teil des BGB, 42. Aufl., München: Franz Vahlen, 2018, S. 370.

更少,请求权人既不必证明相对人有所得利(先于不当得利),也不必证明对方有过错(先于侵权)。物法请求权又可细分为占有保护请求权与物权保护请求权,前者的检视顺序先于后者[1],原因有二:一是占有保护的要件更少,不涉及权利归属的证明;二是占有保护之诉中可排除本权抗辩。

(五)不当得利与侵权请求权

不当得利请求权与侵权请求权的检视先后,略有争议。有主张前者在先者[2],也有主张后者在先者[3],还有主张请求返还则不当得利在先、请求赔偿则侵权在先者[4]。唯应注意,给付不当得利的检视顺序先于非给付不当得利,特殊侵权的检视顺序先于一般侵权。

四、多元请求权基础

以请求权思维对个案进行通盘检视后,若仍有数项请求权基础可得支持,即须探讨各请求权规范之间的关系:可能体现为规范排斥竞合(多在预选阶段已排除)或择一竞合(如第588条的违约金与定金择一规范),也可能体现为请求权聚合(如第583条的继续履行与损害赔偿聚合),还可能体现为较棘手的请求权竞合或请求权规范竞合。[5]

请求权竞合与请求权规范竞合所涉情形,均是同一事实引发的、内容相同的诉请可被数项请求权基础所支持。由此产生的问题是,此时在实体法上存在数项请求权,抑或仅存在有多重规范依据支持的一项

---

[1] Vgl. Paul Sattelmacher, Bericht, Gutachten und Urteil, 13. Aufl., Berlin: Franz Vahlen, 1930, S. 122.

[2] 参见王泽鉴:《民法思维:请求权基础理论体系》,北京大学出版社2009年版,第60页。

[3] Vgl. Brox/Walker, Allgemeiner Teil des BGB, 42. Aufl., München: Franz Vahlen, 2018, S. 370.

[4] Vgl. Medicus/Petersen, Bürgerliches Recht, Eine nach Anspruchsgrundlagen geordnete Darstellung zur Examensvorbereitung, 26. Aufl., München: Franz Vahlen, 2017, S. 5.

[5] 参见朱庆育:《民法总论》(第2版),北京大学出版社2016年版,第566—568页。

请求权。课堂训练中，通常指出各请求权基础均成立即可。但在裁判实务中，法官不得不面临的问题是：于此必须令原告择一行使，抑或可以将数项规范同时作为多重论证理由共同支持原告的诉请？这是请求权思维诉讼实战中的问题，笔者将在本书第二章予以回应。

表 1-1　练习版请求权基础方法

检视结构	检视步骤（三层）	检视内容（四步）	检视规范
内在结构：单个请求权基础的检视框架	1. 请求权已成立	1. 成立要件	主要规范 辅助规范
		2. 成立抗辩	防御规范
	2. 请求权未消灭	3. 消灭抗辩	防御规范
	3. 请求权可行使	4. 行使抗辩	防御规范
外在结构：复数请求权基础的检视次序	1. 基于合同的请求权		
	2. 类似合同的请求权		
	3. 无因管理的请求权		
	4. 基于物法的请求权		
	5. 不当得利与侵权请求权		

五、鉴定体裁与裁判体裁

适用请求权方法分析案件事实时，其分析过程可用鉴定体裁/鉴定式（Gutachtenstil）或裁判体裁/裁判式（Urteilstil）予以表述。鉴定式的表述方式如：

假设甲对乙享有《民法典》第626条第1句所规定的价金请求权，那么在甲与乙之间就必须存在一个有效的、符合《民法典》第595条之规定的买卖合同，而这又以甲、乙中的一方作出有约束的要约，另一方作出承诺为前提。在此案中，甲对乙的……构成要约，而乙的……则构成承诺。甲、乙双方间的合同成立且……因而,甲对乙享有《民法典》第626条第1句所规定的价金请求权。

裁判式的表述方式则是:

根据《民法典》第626条第1句,甲享有针对乙的价金给付请求权。因为甲、乙之间订立了一项符合《民法典》第595条之规定的买卖合同。甲以……的方式发出了有约束力的要约,乙则对甲通过……作出了承诺表示……

鉴定体裁遵循真实的思维过程,以假设性问题的提出为第一步(假设结论),列出假设的请求权基础之构成要件(大前提),再逐步分析此假设成立所需满足的条件在案件事实中是否存在(涵摄),最后得出结论。裁判体裁则并不以思维顺序为撰写顺序,而是将结论置于开始部分,再说明此结论的正当性。鉴定体裁更接近真实的思维过程,裁判体裁中结论的得出也只能借助鉴定体裁式的分析与思考。

六、鉴定式简例演示

此处案例演示的目的仅在于展示请求权基础方法的适用架构,因而选取一个案情极简的假设案例进行鉴定式分析,更全面的案例分析演示可参见本书第九章至第十二章。

案情与问题:甲将自有房屋出租于乙居住2年,租期届满后,乙拒绝返还,请问甲向乙请求返还房屋是否具备相应的请求权基础?

请求权基础预选与排序:甲请求乙返还房屋,可纳入本案预选的请求权基础为:第一,基于租赁合同的返还请求权(第733条第1句);第二,所有物返还请求权(第235条);第三,给付不当得利返还请求权(第985条主文);第四,侵权返还请求权(第1165条第1款)。

(一)基于租赁合同的返还请求权

第733条第1句:"租赁期限届满,承租人应当返还租赁物。"

1. 请求权已成立

(1)成立要件:租赁合同成立、租赁期限届满。本案满足。

(2)成立抗辩:本案不存在阻止权利成立的抗辩。

2. 请求权未消灭:本案不存在权利消灭抗辩。

3. 请求权可行使:本案不存在权利行使的抗辩权。

4. 中间结论

甲有权根据第733条第1句之规定请求乙返还房屋。

(二)所有物返还请求权

第235条:"无权占有不动产或者动产的,权利人可以请求返还原物。"

1. 请求权已成立

(1)成立要件:请求人为所有权人、请求相对人为占有人。本案满足。

(2)成立抗辩:请求相对人有权占有。本案中乙并无占有本权,不存在阻止权利成立的抗辩。

2. 请求权未消灭:本案不存在权利消灭抗辩。

3. 请求权可行使:本案不存在权利行使的抗辩权。

4. 中间结论

甲有权根据第235条之规定请求乙返还房屋。

(三)给付不当得利返还请求权

第985条:"得利人没有法律根据取得不当利益的,受损失的人可以请求得利人返还取得的利益……"

1. 请求权已成立

(1)成立要件:请求相对人得利、得利系因请求人的给付、得利无法律上原因。本案满足。

(2)成立抗辩:本案不存在阻止权利成立的抗辩。

2. 请求权未消灭:本案不存在权利消灭抗辩。

3. 请求权可行使:本案不存在权利行使的抗辩权。

4. 中间结论

甲有权根据第 985 条之规定请求乙返还房屋。

(四)侵权返还请求权

第 1165 条第 1 款:"行为人因过错侵害他人民事权益造成损害的,应当承担侵权责任。"

1. 请求权已成立

(1)成立要件:责任成立[事实构成(民事权益+加害行为+责任成立因果关系)+不法性(不法性阻却抗辩)+可归责性(责任能力抗辩+过错)]+责任范围(损害+责任范围因果关系)。但本案中甲的绝对权被侵体现为丧失房屋占有,甲所主张的具体损害也体现为丧失房屋占有,因而不必区分责任成立与责任范围两个阶段。甲丧失房屋占有,乙到期拒绝返还房屋而具有加害行为,加害行为与甲丧失占有之间具备因果关系,且乙为故意,具有过错。成立要件满足。

(2)成立抗辩:不法性抗辩事由、责任能力抗辩事由本案均不存在。

2. 请求权未消灭:本案不存在权利消灭抗辩。

3. 请求权可行使:本案不存在权利行使的抗辩权。

4. 中间结论

甲有权根据第 1165 条第 1 款之规定请求乙返还房屋。

(五)结论

甲有权请求乙返还房屋,相应的请求权基础为《民法典》第 733 条第 1 句或第 235 条或第 985 条或第 1165 条第 1 款,上述各请求权基础构成请求权基础规范竞合。

第二章 实战版请求权基础思维
——法庭报告技术

法学课堂中的请求权思维训练,专注于请求权基础本身(大前提)的找寻,案件事实(小前提)则是事先给定的。但这仅体现了法律工作的一半内容。现实中的法庭审理,首先应处理的却是原、被告双方基于自己的立场分别讲述的"两个故事",内容常常互相矛盾,并混杂着各种夸张修辞、主观推测与情绪宣泄,具有法律意义的重要事实点反而可能被湮没。由此产生的问题是,对于小前提(案件事实)的萃取,请求权思维是否仍可发挥效用?舍尔哈默(Kurt Schellhammer)在其著作中指出,法学止于事实处理,法学方法也对此闭上了双眼,仅将自己限于法律适用,事实处理并无任何经科学验证的方法,有的只是淳朴的法律手艺。[1] 这里的"手艺"所指的就是德国法官群体自19世纪即开始探索的"法庭报告技术/关联分析法"[2],其核心即以请求权基础思维引导案件事实(小前提)的裁剪与认定。

法庭报告技术/关联分析法来自德国法院的长期实践,其产生的部分原因是为了提高裁判效率、避免重复劳动,在需要多人合作(如合议

---

[1] Vgl. Kurt Schellhammer, Die Arbeitsmetheode des Zivilrichters, 17. Aufl., Heidelberg, München, Landsberg, Frechen, Hamburg: C. F. Müller, 2014, VII.

[2] Vgl. James R. Maxeiner, *Imagining Judges that Apply Law: How They Might Do It*, Penn State Law Review, Vol. 114:2, 2009, p. 472; Hartmut Kliger, Juristenausbildung und Anwaltsausbildung, NJW 2003, S. 713.

庭)决定法律争议时,先由一名报告人(Berichterstatter)根据特定程式处理事实并提出裁决建议,以作为合议庭裁判的表决基础。[1] 如今走出法学院的德国未来法官与律师,在参加第二次司法考试之前的法务见习(Vorbereitungsdienst)阶段,都必须用真实案件反复操练法庭报告技术/关联分析法,这也是第二次司法考试的考查重点。《德国法学教育指南》(Juristen-Ausbildungsrichtlinien)即明确要求两次司法考试之间的法律候补文官(Rechtsreferendar)必须具备运用法庭报告技术/关联分析法处理案件事实的能力。[2]

一、法庭报告技术/关联分析法的构造

法庭报告技术/关联分析法的母版可追溯至罗马法上法律审(in iure)与事实审(in iudicio)的二阶构造。首先审查原告的诉请是否存在相应的诉权(actio)规范依据(请求权基础),被告的抗辩是否存在诉讼上的抗辩(exceptio)规范依据,并就此撰写裁决。若原告无诉权,则在此阶段案件即终结。若存在相应的诉权规范与抗辩规范,则转由法官主持质证,并检视诉权与抗辩的要件是否满足,作出最终判决。[3]

运用法庭报告技术/关联分析法写就的案件分析报告(Relation),通常由案情(Sachbericht)与鉴定(Gutachten)两部分组成。[4] 与法律鉴定相对应的审查过程,并非同时处理原告与被告讲述的"两个故事",而是划分不同阶段依次审理,原则是程序先于实体、法

---

[1] 参见[德]卡尔·弗里德里希·斯图肯伯格:《作为笛卡尔方法的法学鉴定式》,季红明、蒋毅译,载李昊、明辉主编:《北航法律评论》(2017年第1辑),法律出版社2019年版,第169—189页。

[2] 明确要求法律候补文官掌握关联分析法的规范性文件,还可参见《莱茵兰普法尔茨州法学教育与考试规定》(Juristische Ausbildungs-und Prüfungsordnung RPF),第23条第4款。

[3] Vgl. Kurt Schellhammer, Die Arbeitsmetheode des Zivilrichters, 17. Aufl., Heidelberg, München, Landsberg, Frechen, Hamburg: C. F. Müller, 2014, S. 3.

[4] 参见[德]卡尔·弗里德里希·斯图肯伯格:《作为笛卡尔方法的法学鉴定式》,季红明、蒋毅译,载李昊、明辉主编:《北航法律评论》(2017年第1辑),法律出版社2019年版,第169—189页。

律先于事实、原告先于被告。[1] 第一阶段是程序阶段(Prozeßstation),检视原告起诉是否符合程序要件(Zulässigkeit)。第二阶段是原告阶段(Klägerstation),对原告陈述进行法律审查(而非证据审查),检视原告诉请的法律合理性(Schlüssigkeit),即针对原告诉请预选所有可能的请求权基础,并审查原告陈述(而非经质证的事实)是否满足请求权规范的适用前提。第三阶段是被告阶段(Beklagtenstation),对被告陈述进行法律审查(而非证据审查),检视被告防御的法律合理性(Erheblichkeit),即被告陈述(而非经质证的事实)是否满足防御规范的适用前提。第四阶段是证据阶段(Beweisstation),仅双方有争议且具有法律意义的事项才需要举证,一方主张且另一方认可的陈述则视为真实。[2] 第五阶段是裁判阶段(Entscheidungsstation),形成证据认定建议与裁判建议。

其中最关键的是原告阶段与被告阶段(对应罗马法上的法律审)。这两个阶段的审理纯粹是法律审查,仅检视双方陈述是否以及在多大范围内可支持其法律主张,而不涉及陈述的真实性,事实认定是证据阶段的任务。[3] 因而,也有将这两个阶段并称为陈述阶段(Darlegungsstation)者[4],实质是以请求权思维引导事实萃取,以请求权规范、辅助规范与防御规范分别审查原告与被告的陈述是否具有法律合理性。

---

[1] Vgl. Kurt Schellhammer, Die Arbeitsmetheode des Zivilrichters, 17. Aufl., Heidelberg, München, Landsberg, Frechen, Hamburg: C. F. Müller, 2014, S. 9.

[2] Vgl. Brox/Walker, Allgemeiner Teil des BGB, 42. Aufl., München: Franz Vahlen, 2018, S. 32. 这是当事人主义的体现,而我国民事判决书事实部分采用"本院查明"的表述,则是法院职权主义的体现,参见袁力、邵新:《德国民事裁判文书结构与说理的关联分析》,载《法律适用》2017 年第 1 期。

[3] Vgl. Schuschke/Kessen/Höltje, Zivilrechtliche Arbeitstechik im Assessorexamen, 35. Aufl., München: Franz Vahlen, 2013, S. 119f.

[4] Vgl. Anders/Gehle, Das Assessorexamen im Zivilrecht, 13. Aufl., München: Franz Vahlen, 2017, S. 47.

二、原告阶段：原告诉请的法律合理性

原告阶段的审查旨在检视原告诉请的法律合理性，针对的问题是：原告的诉请是什么？备选的规范基础有哪些？原告的陈述在多大范围内可支持这些规范？原告的诉请虽不是意思表示，但可类推适用意思表示解释规则[1]，将其"翻译"（解释）为法律专业表达。基于不告不理原则，法官的裁判不应超出原告的诉请。但若原告的诉请本身不被法律允许（如请求判令被告履行婚约），则可驳回起诉。解释确定原告的诉请后，即可依其请求内容预选可能的请求权基础，检视原告的陈述能否符合请求权基础的适用前提。

(一) 检视目的

原告阶段的检视目的，是判断原告自己的陈述能否支持自己的诉请。背后的考量是，即使原告的陈述全部为真，若其陈述本身无法支持自己的诉请，诉讼即不必继续进行。仅在原告自己的陈述可支持其诉请时，即陈述具有法律合理性（Schlüssigkeit）时，才需要进一步对被告陈述进行法律审查。[2] 因而，有观点将这一步的检视描述为，在假设原告的陈述全部为真的前提下[3]，审查其陈述能否满足请求权基础的适用前提。反对观点则指出，"假设陈述为真"混淆了法律审查与证据审查，原告阶段与被告阶段的法律审查不考虑陈述真假，仅审查其法律

---

[1] Vgl. Claudia Theesfeld, Einführung in die Relationstechnik, 2. Aufl., Altenberg: Niederle Media, 2012, S. 28.

[2] Vgl. Kurt Schellhammer, Die Arbeitsmetheode des Zivilrichters, 17. Aufl., Heidelberg, München, Landsberg, Frechen, Hamburg: C. F. Müller, 2014, S. 18.

[3] Vgl. Judith Ledermann, Der Berufseinstieg als Zivilrichter, JuS 2018, S. 1263; Claudia Theesfeld, Einführung in die Relationstechnik, 2. Aufl., Altenberge: Niederle Media, 2012, S. 32.

上的合理性,是纯粹的法律审理。[1]

(二)检视内容

该阶段仅检视原告的主张与陈述,而不涉及被告。即使被告的陈述对原告有利也只能在被告阶段进行审查。[2] 对于请求权成立的要件事实,原告有主张责任(Darlegungslast)。[3] 例如,原告请求被告履行合同,对于合同成立要件即有主张责任(未进入证据阶段,尚不涉及举证责任)。于此,必须就所有预选的请求权基础,逐一检视原告的陈述能否支持其诉请[4],即原告陈述是否满足这些请求权基础的积极要件(多项请求权基础的检视排序请见本书第一章)。而请求权基础的积极要件大多又须借助其各层级的辅助规范予以澄清。原告陈述足以满足其中一项或两项请求权基础者,并不能结束该阶段的审查,而应继续检视其他备选的请求权基础,因为此时还不能确定被告如何抗辩。如果经检视有两项请求权基础具有合理性,而后续的被告陈述仅抗辩了其中一项,则原告仍可因另一项请求权基础的存在,不经举证即胜诉。[5]

对原告陈述的审查不限于对其有利的内容,对其不利的己方陈述也应予以检视。换言之,原告陈述中涉及权利未发生的抗辩、权利消灭的抗辩也应被检视。此外,针对原告提出的对己不利的陈述(如被告已履行义务),还应继续审查是否存在足以排除抗辩的陈述内容(如履行

---

[1] Vgl. Kurt Schellhammer, Die Arbeitsmetheode des Zivilrichters, 17. Aufl., Heidelberg, München, Landsberg, Frechen, Hamburg: C. F. Müller, 2014, S. 17; Hans Berg, Gutachten und Urteil, 11. Aufl., Stuttgart Berlin Köln Mainz: W. Kohlhammer, 1980, S. 28.

[2] Vgl. Claudia Theesfeld, Einführung in die Relationstechnik, 2. Aufl., Altenberge: Niederle Media, 2012, S. 17.

[3] Vgl. Schuschke/Kessen/Höltje, Zivilrechtliche Arbeitstechnik im Assessorexamen, 35. Aufl., München: Franz Vahlen, 2013, S. 138.

[4] Vgl. Anders/Gehle, Das Assessorexamen im Zivilrecht, 13. Aufl., München: Franz Vahlen, 2017, S. 47.

[5] Vgl. Kurt Schellhammer, Die Arbeitsmetheode des Zivilrichters, 17. Aufl., Heidelberg, München, Landsberg, Frechen, Hamburg: C. F. Müller, 2014, S. 112.

有瑕疵），即请求权维续（anspruchserhaltend）事由。[1] 若原告的陈述中包含权利未发生或已消灭的事由，但不包含权利维续事由，则其陈述即可被认定为不足以支持自己的诉请，即原告败诉，不必进入被告陈述检视阶段（法官有释明义务）。但若原告陈述中提出被告行使了实体抗辩权，如时效抗辩权等，则尚不足以据此认定原告诉请不具有法律合理性，还应继续审查被告陈述中是否存在相同内容，因为抗辩权的行使与否是被告的权利事项。[2]

原告审查阶段，实质是将请求权基础及其辅助规范、防御规范（及其例外）的要件与原告陈述逐一比对，从而得出原告诉请是否具有法律合理性的结论。唯应注意，适用法律是法官的职责与义务，所以原告虽可提出关于法律适用的意见，但该意见对法官并没有拘束力，法官必须区分事实陈述与法律意见。[3] 原告自己不必主张应当适用的请求权规范，而只需提出诉请与事实陈述。或者更明确地说，原告是否选择请求权基础，以及请求权基础的选择是否错误均不产生影响。[4]

(三)检视结论

原告阶段的审查实质是本书第一章所述"练习版"请求权思维的运用，只是将课堂中"给定的事实"替换成了"原告陈述"。根据请求权基础的适用前提，确定原告负有主张责任的内容，再对比原告的事实陈述，结论可能有三种：其一，原告陈述不能满足任何一项请求权基础的适用前提，原告诉请不具有法律合理性（unschlüssig），不必举证即可判

---

[1] Vgl. Schuschke/Kessen/Höltje, Zivilrechtliche Arbeitstechik im Assessorexamen, 35. Aufl., München: Franz Vahlen, 2013, S. 146.

[2] Vgl. Hans Berg, Gutachten und Urteil, 11. Aufl., Stuttgart Berlin Köln Mainz: W. Kohlhammer, 1980, S. 46.

[3] Vgl. Claudia Theesfeld, Einführung in die Relationstechnik, 2. Aufl., Altenberge: Niederle Media, 2012, S. 8.

[4] James R. Maxeiner, *Imagining Judges that Apply Law: How They Might Do It*, Penn State Law Review, Vol. 114:2, 2009, p. 477.

定原告败诉(法官有释明义务)。[1] 其二,原告诉请部分具有、部分不具有法律合理性,如财产损害赔偿请求有法律合理性,精神损害赔偿请求无法律合理性。其三,原告陈述可满足一项或多项请求权基础的适用要件,原告诉请具有法律合理性(schlüssig)。[2]

三、被告阶段:被告防御的法律合理性

仅当原告诉请具有法律合理性时,才能进入被告阶段的检视。被告阶段与原告阶段在方法上并没有差别,都是纯粹的法律审查,不涉及陈述的真假。

(一)检视目的

被告阶段的检视目的是审查被告是否提出了防御,以及被告陈述(而非经质证的事实)是否足以支持他提出的防御,即是否满足防御规范的适用前提。倘若即使被告的陈述全部为真,也不能满足抗辩规范的要件,被告防御即不具有法律合理性,诉讼不必继续进行,原告阶段已经被认定为合理的诉请不经举证即可得支持(法官有释明义务)。[3] 换言之,仅在被告防御具有法律合理性时,才可认定双方不一致的陈述构成争议事项,才需在证据阶段予以认定。为了区分原告诉请的法律合理性与被告防御的法律合理性,德文中分别使用 Schlüssigkeit 与 Erheblichkeit 对应二者,但二者在方法上并没有本质差异,所涉均为当事人主张与陈述的法律意义。

---

[1] Vgl. Anders/Gehle, Das Assessorexamen im Zivilrecht, 13. Aufl. , München:Franz Vahlen, 2017, S. 50.

[2] Vgl. Claudia Theesfeld, Einführung in die Relationstechnik, 2. Aufl. , Altenberge:Niederle Media, 2012, S. 33.

[3] Vgl. Hans Berg, Gutachten und Urteil, 11. Aufl. , Stuttgart Berlin Köln Mainz:W. Kohlhammer, 1980, S. 12.

(二)检视内容

因为被告并不会提出请求权主张(除非反诉),因而仍以原告阶段被认定为合理的请求权基础为引导,审查被告的防御是否具有法律合理性。[1] 被告的防御手段有二:否认(非独立抗辩)与抗辩(独立抗辩)。否认所涉,是被告无主张责任的事项,即否认原告主张的关于请求权成立的事实陈述,但不允许被告整体否认原告的陈述。[2] 抗辩所涉,则是被告有主张责任的关于请求权基础的对立事项,须依次检视的是权利未发生的抗辩、权利已消灭的抗辩与权利阻止(或限制)的抗辩(抗辩权)。于此,原则上应审查所有防御规范,而无论被告是否主张该规范的适用(实体抗辩权除外)。[3] 对于被告有主张责任的抗辩事项,单纯否认尚有未足,还需提供与原告不同的事实陈述。若被告未提出任何否认或抗辩主张,则相当于认可原告陈述,原告不必举证即可胜诉(法官有释明义务)。[4] 被告提出的对己不利的陈述,也应纳入审查范围,如可排除防御规范适用的陈述(请求权维续事由),也可能导致其防御不具有法律合理性。[5]

(三)检视结论

被告阶段的检视结论也有三种可能:其一,被告防御不具有法律合理性(unerheblich),即被告陈述不足以支持其提出的抗辩,不必再检视

---

[1] 有争议的是,若被告抗辩具有法律合理性,足以抗辩依原告陈述可支持的所有备选请求权基础,但被告陈述本身却满足可支持原告诉请的另一新的请求权基础,而原告嗣后并未援引被告陈述以支持自己的诉请,法院得否不经举证阶段,即判定原告胜诉。对此,德国通说持否定观点,认为争议范围的确定是原告的任务,原告自己未主张的陈述不能作为其胜诉依据。请参见 Anders/Gehle, Das Assessorexamen im Zivilrecht, 13. Aufl., München: Franz Vahlen, 2017, S. 70。

[2] Vgl. Claudia Theesfeld, Einführung in die Relationstechnik, 2. Aufl., Altenberge: Niederle Media, 2012, S. 36.

[3] Vgl. Kurt Schellhammer, Die Arbeitsmetheode des Zivilrichters, 17. Aufl., Heidelberg, München, Landsberg, Frechen, Hamburg: C. F. Müller, 2014, S. 127f.

[4] James R. Maxeiner, *Imagining Judges that Apply Law: How They Might Do it*, Penn State Law Review, Vol. 114:2, 2009, p. 480.

[5] Vgl. Kurt Schellhammer, Die Arbeitsmetheode des Zivilrichters, 17. Aufl., Heidelberg, München, Landsberg, Frechen, Hamburg: C. F. Müller, 2014, S. 129.

原告是否提出反抗辩,就可认定案件事实无实质争议,不必举证即可判定原告胜诉(法官有释明义务)。[1] 其二,被告防御部分具有、部分不具有法律合理性[2],如被告防御仅针对原告的精神损害赔偿请求且满足抗辩规范要件,而不涉及财产损害赔偿请求权,则相当于被告认可原告的财产损害赔偿请求,仅精神损害部分须进入证据阶段。其三,被告防御具有法律合理性(erheblich),即被告陈述可支持其提出的抗辩。唯应注意,对于有数项请求权基础支持的原告诉请,仅在被告防御足以使所有的请求权基础均陷入待决时,被告防御才具有法律上的合理性。换言之,只要有一项请求权基础在被告陈述中未予以合理防御,原告即可因该请求权基础而胜诉(不必进入证据阶段)。[3]

(四) 原告反抗辩与被告再抗辩的合理性检视

如果被告提出的独立抗辩具有法律合理性,则还应检视原告的反抗辩(Replik)。例如,原告请求还款,被告未否认借款,但主张原告已免除其债务,则此时还应检视关于被告的免除主张,原告有无提出反抗辩。于此,审查的重点是原告反抗辩是否满足防御规范之例外(防御规范的防御规范)的适用前提,实为第二个原告阶段。若原告未提出反抗辩或反抗辩不具有法律合理性,则不必举证即可驳回原告诉请。[4]

少数情形下,如果被告对原告之有法律合理性的反抗辩又提出了再抗辩(Duplik),则还需检视被告的再抗辩是否具有法律合理性,此为第二个被告阶段。例如,原告请求被告还款(诉请),被告主张该笔借款已被抵销(抗辩),原告反抗辩主张被告对自己的债权已因代物清偿而消灭,无从抵销(反抗辩),被告再抗辩主张原告的给付不构成代物清偿

---

[1] Vgl. Judith Ledermann, Der Berufseinstieg als Zivilrichter, JuS 2018, S. 1263.
[2] Vgl. Walter Zimmermann, Klage, Gutachten und Urteil, 21. Aufl., Heidelberg: C. F. Müller, 2019, S. 55.
[3] Vgl. Anders/Gehle, Das Assessorexamen im Zivilrecht, 13. Aufl., München: Franz Vahlen, 2017, S.64.
[4] Vgl. Schuschke/Kessen/Höltje, Zivilrechtliche Arbeitstechik im Assessorexamen, 35. Aufl., München: Franz Vahlen, 2013, S. 121,164.

(再抗辩)。如果被告再抗辩不具有法律合理性,则同样不必举证即可判定原告胜诉,因为被告最终未能成功防御原告之具有法律合理性的诉请;被告阶段被认定合理的抗辩,因原告具有合理性的反抗辩而失去意义,而被告再抗辩又不具有法律合理性。[1]

(五) 小结

原告阶段与被告阶段的审查并不是依案件事实发生的时间顺序展开,而是根据原告诉请寻找请求权基础,依次检视原告陈述与被告陈述是否满足各项备选请求权规范及其各层级辅助规范、防御规范的适用前提,实质是将课堂练习的请求权方法分别适用于原、被告两方陈述的法律审查,只不过其中"给定的事实"被替换为原、被告两个版本的"当事人陈述"。陈述审查阶段本身既不调查未知事实,也不证明已知陈述。不过,为了避免突袭判决(Überraschungsentscheidung),法官有释明义务。[2] 不具有法律合理性的原告诉请与被告防御,是法官释明义务的典型适用情形。当事人主张不具有法律合理性的原因,常常是他们低估了自己的主张责任,法官应在判决之前为当事人提供补正的机会。[3]

经过陈述阶段的检视,即可确定原、被告双方各自期待的裁判结果是什么,哪些请求权基础与防御规范应纳入考量,当事人双方的陈述是否满足以及在多大程度上满足这些规范的适用前提。借此,可进一步确定具有法律意义但双方陈述矛盾的待证事实有哪些,是否以及应当就哪些要件事实、依怎样的顺序在下一阶段安排举证。原则上,仅双方有争议(陈述不一致)且构成请求权基础要件或抗辩要件的陈述才需要举证确认。因而,经过陈述阶段的检视,大量案件不必进入证据阶段即

---

[1] Vgl. Schuschke/Kessen/Höltje, Zivilrechtliche Arbeitstechik im Assessorexamen, 35. Aufl., München: Franz Vahlen, 2013, S. 121,165.

[2] Vgl. Walter Zimmermann, Klage, Gutachten und Urteil, 21. Aufl., Heidelberg: C. F. Müller, 2019, S. 29.

[3] Vgl. Kurt Schellhammer, Die Arbeitsmetheode des Zivilrichters, 17. Aufl., Heidelberg, München, Landsberg, Frechen, Hamburg: C. F. Müller, 2014, S. 105.

可结案。[1] 这也正是法庭报告技术/关联分析法之法律审查先于事实审查的意义所在。在后续的证据阶段，争议陈述一旦被确证，裁判结论也就呼之欲出：争议事项得到原告的证据支持则原告胜诉；得到被告的证据支持则被告胜诉；双方均无法证明争议事项的真假时，则由负担举证义务的一方承受不利后果。[2]

四、请求权基础竞合

因为原告陈述的法律审查，须遍检所有可能的请求权基础，所以为原告诉请提供规范支持的请求权基础可能为数项。被告审查阶段，同样必须遍检所有可能的请求权基础之防御规范，未经被告合理防御的请求权基础仍有可能为数项。即使被告就所有请求权基础均提出合理防御，进入证据阶段后，仍有可能因原告陈述有确切的证据支持，最终数项请求权基础均可成立。例如，原告的损害赔偿请求可能既有合同规范支持，又有侵权规范支持。由此产生的问题是，当事人是否有权利以及是否有义务选择其中一项作为裁判依据，抑或当事人既无权利也无义务选择裁判依据，这些规范只是支持当事人诉请的不同理由。

对此问题，《民法典》第186条的规定是："因当事人一方的违约行为，损害对方人身权益、财产权益的，受损害方有权选择请求其承担违约责任或者侵权责任。"依文义解释，该项规范似乎意在要求当事人选择裁判依据。但如何适用法律应是法官的权限，法官不应受当事人之法律意见的约束。若要调和规范文本与法官权限，唯一可能的解释是，于此情形当事人享有两项不同的实体法请求权，一项是合同请求权，另一项是侵权请求权，而私法权利的行使与否，应该由当事人自决。但是这样的解读却因两项请求权在责任限制、转让等方面的互相影响

---

[1] Vgl. Schuschke/Kessen/Höltje, Zivilrechtliche Arbeitstechik im Assessorexamen, 35. Aufl., München: Franz Vahlen, 2013, S. 121.

[2] Vgl. Brox/Walker, Allgemeiner Teil des BGB, 42. Aufl., München: Franz Vahlen, 2018, S. 33.

而遭遇了诸多批评。[1]

拉伦茨(Karl Larenz)一派认为,此类情形在实体法上通常仅成立一项请求权,只不过有多重规范依据,因而所涉并非"请求权竞合"(Anspruchskonkurrenz),而是"请求权规范竞合"(Anspruchsnormenkonkurrenz)。典型的请求权规范竞合,即合同损害赔偿请求权与侵权损害赔偿请求权的竞合。仅在例外情形下,才可能成立真正的请求权竞合,如在数项请求权服务于不同的目的时。[2] 由于请求权规范竞合的数项请求权基础可同时作为支持某一诉请的裁判理由,也可称之为裁判理由的竞合(Begründungskonkurrenz)。[3]

德国民事诉讼领域目前的通说是,即使认为此类情形在实体法上成立数项竞合的请求权,在诉讼视角下通常也只是一项请求权,只构成一项诉讼标的。[4] 因为诉讼法上的请求权与实体法不同,仅以诉讼标的为断,是否为同一诉讼标的之判准,并不在于原告主张的实体请求权是否同一,而在于原告的诉请与案件事实是否同一。[5] 一项实体法上的请求权尽管足以支持一项给付之诉,但一项给付之诉的依据却不必

---

〔1〕 对此问题的讨论,可参见叶名怡:《〈合同法〉第122条(责任竞合)评注》,载《法学家》2019年第2期;谢鸿飞:《违约责任与侵权责任竞合理论的再构成》,《环球法律评论》2014年第6期;张家勇:《中国法民事责任竞合的解释论》,载《交大法学》2018年第1期。

〔2〕 Vgl. Larenz/Canaris, Lehrbuch des Schuldrechts, Bd. 2. Besonderer Teil Halbbd. 2, 13. Aufl., München: C. H. Beck, 1994, S. 597; Wolf/Neuner, Allgemeiner Teil des Bürgerlichen Rechts, 11. Aufl., München: C. H. Beck, 2016, S. 257ff. 以请求权竞合的广狭两义分别指称请求权竞合与请求权规范竞合者,可参见朱庆育:《民法总论》(第2版),北京大学出版社2016年版,第568页。

〔3〕 Vgl. Peter Arens, Zur Anspruchskonkurrenz bei mehreren Haftungsgründen, AcP 170 (1970), S. 423.

〔4〕 Vgl. Gottwald, Münchener Kommentar zur ZPO, 5. Aufl., München: C. H. Beck, 2016, § 322, Rn. 116;曹志勋:《德国诉讼标的实体法说的发展——关注对请求权竞合的程序处理》,载《交大法学》2018年第1期。

〔5〕 Vgl. Peter Arens, Zur Anspruchskonkurrenz bei mehreren Haftungsgründen, AcP 170 (1970), S. 414; Wolf/Neuner, Allgemeiner Teil des Bürgerlichen Rechts, 11. Aufl., München: C. H. Beck, 2016, S. 263. 关于诉讼标的理论争议,还可参见[德]奥特马·尧厄尼希:《民事诉讼法》(第27版),周翠译,法律出版社2003年版,第202—210页。

限于一项实体请求权,而完全可以有数项请求权基础支持。[1] 我国也有学者采类似主张,并认为我国的实践操作也更接近上述诉讼标的理论(新诉讼标的理论)。[2]

温德沙伊德(Bernhard Windscheid)将请求权与诉权剥离,发展出实体法上的请求权概念[3],但也引出了诉讼标的与实体请求权的关系问题[4],尤其是当同一诉请有多项请求权规范支持时。本书无意就此问题展开论证,只是希望说明:请求权思维引导下的法庭报告技术/关联分析法,审查的并非原告选择的特定请求权基础,而是所有可能的请求权基础。一方面,即使原告明确选择特定请求权基础,法官原则上也不受其拘束。[5] 另一方面,当事人也没有义务选择请求权基础,而只需要以"请求对方返还某物"或"请求对方赔偿若干损失"等方式提出诉请即可,为其寻找规范支持是裁判者的任务。[6] 而这又反过来要求法官必须对同一诉请之所有可能的请求权基础均予检视,不能有所遗漏。

举例而言,原告以合同请求权基础为依据提出损害赔偿诉请,法官并不受其拘束,既有权力也有义务就此诉请审查所有可能的请求权基础,而不限于合同。据此,可能出现三种情形:其一,仅合同请求权基础成立,原告胜诉;其二,合同请求权基础不成立,但其他请求权基础成立(如侵权),原告仍胜诉;其三,所有可能的请求权基础均不成立,原告败诉。因此,如果原告败诉,就不是因为其诉请不被合同请求权基础支持,而是因为没有任何请求权基础支持其诉请,法官在其第一次诉请中即已全面审查了所有可能的请求基础,原告也就无权再以侵权为由提

---

[1] Vgl. Chris Thomale, Der verdrängte Anspruch – Freie Anspruchskonkurrenz, Spezialität und Subsidiarität im Privatrecht, JuS 2013, S. 296.
[2] 参见张卫平:《重复诉讼规制研究:兼论"一事不再理"》,载《中国法学》2015年第2期。
[3] 参见金可可:《论温德沙伊德的请求权概念》,载《比较法研究》2005年第3期。
[4] 参见梅夏英、邹启钊:《请求权:概念结构及理论困境》,载《法学家》2009年第2期。
[5] 例外情形如法院对特定请求权基础无管辖权等,请参见 Walter Zimmermann, Klage, Gutachten und Urteil, 21. Aufl., Heidelberg: C. F. Müller, 2019, S. 37。
[6] 参见朱庆育:《民法总论》(第2版),北京大学出版社2016年版,第564页。Wolf/Neuner, Allgemeiner Teil des Bürgerlichen Rechts, 11. Aufl., München: C. H. Beck, 2016, S. 264.

出相同诉请,于此仅存在一个诉讼标的。[1]

既然不同的请求权基础只是同一诉请的不同法律理由,其间所涉就不是原告的权利行使问题,而是法律适用问题,属于法官的职权范围,原告既没有权利也没有义务选择裁判依据。由此反观,请求权基础思维的经典问句"谁得向谁根据何种规范为何种请求"(Wer will was von wem woraus),预设的提问对象就是法官而不是当事人,因为当事人不必回答"根据何种规范"。

表 2-1 法庭报告技术审查程序表

法庭报告技术审查程式表			
审查阶段		审查目的	审查内容	审查结论
程序阶段		原告起诉是否符合程序要件		
陈述阶段	原告阶段	原告陈述(而非经质证的事实)能否支持自己的诉请	1. 法律审查而非事实审查。 2. 仅原告的主张与陈述,不涉及被告	1. 原告诉请不具有法律合理性(原告败诉)。 2. 原告诉请部分具有、部分不具有法律合理性(进入被告阶段)。 3. 原告诉请具有法律合理性(进入被告阶段)
	被告阶段	被告陈述(而非经质证的事实)能否支持自己的抗辩	1. 仅当原告诉请具有法律合理性时,才进入被告阶段。 2. 法律审查而非事实审查。 3. 仅被告的抗辩与陈述,不涉及原告	1. 被告防御不具有法律合理性(原告胜诉)。 2. 被告防御部分具有、部分不具有法律合理性(进入证据阶段)。 3. 被告防御具有法律合理性(进入证据阶段)
	反抗辩:第二个原告阶段			
	再抗辩:第二个被告阶段			

---

[1] Vgl. Gottwald, Münchener Kommentar zur ZPO, 5. Aufl., München: C. H. Beck, 2016, § 322, Rn. 116; Peter Arens, Zur Anspruchskonkurrenz bei mehreren Haftungsgründen, AcP 170(1970), S. 419.

(续表)

法庭报告技术审查程式表		
证据阶段	确认待证事实	1. 仅当原告诉请与被告抗辩均具有法律合理性时,才进入证据阶段。 2. 一方主张且另一方认可的陈述不必举证。 3. 仅双方有争议且具有法律意义的事项需要举证	1. 原告举证成功,原告胜诉。 2. 被告举证成功,原告败诉。 3. 双方均无法证明,负担举证责任的一方承受不利后果
裁判阶段	形成证据认定建议与裁判建议	

五、法庭报告技术案型示例

本部分通过五个不同的小案例展示法庭报告技术的五种(并非全部)不同适用可能,其重心并非案例本身的分析,而是呈现法庭报告技术的适用框架。

(一)案型 A:原告陈述不具有法律合理性

1. 案情

原告甲的诉请:请求被告乙赔偿医疗费与误工费。

原告甲的陈述:甲在乙的餐厅就餐后因忘带钱包与手机而无法支付餐费,故乙将甲困在餐厅不让其离开,并要求甲联络家人或朋友代付餐费。为摆脱乙的控制,甲经乙同意自行上卫生间时乘机翻窗逃跑,但不慎自二楼坠落,导致肋骨骨折住院治疗 1 个月。

被告乙的陈述:乙没有将甲困在餐厅,只是与甲协商,请求甲联络家人、朋友代付餐费。

2. 原告阶段

(1)甲的请求权基础:《民法典》第 1165 条第 1 款结合第 1179 条第 1 句?

《民法典》第1165条第1款规定:"行为人因过错侵害他人民事权益造成损害的,应当承担侵权责任。"第1179条第1句规定:"侵害他人造成人身损害的,应当赔偿医疗费、护理费、交通费、营养费、住院伙食补助费等为治疗和康复支出的合理费用,以及因误工减少的收入。"

上述请求权基础的适用前提:责任成立[绝对权被侵+加害行为+责任成立因果关系+不法性(不法阻却事由,抗辩)+责任能力(抗辩)+过错]+责任范围(损害+责任范围因果关系)。其中,不法性阻却事由与无责任能力应由被告主张,其余前提应由原告主张。但若原告的陈述中涉及对己不利的事项,也应一并检视。

(2)甲的陈述能否支持自己的主张?

于此并不审查甲之陈述的真假,而仅检视其陈述能否支持自己的主张,是法律审查而非事实审查。

① 请求权是否成立?

其一,绝对权被侵。甲的肋骨骨折,健康权被侵,该要件满足。

其二,加害行为。乙将甲困在餐厅,但甲上卫生间时乙并未跟随,没有实施积极的作为加害行为。至于乙是否构成不作为侵权,就需探讨乙是否有作为义务,甲系经乙同意自行前往卫生间,乙并未跟随,难谓存在作为义务。

据此,加害行为要件不满足,不必检视其他要件,也不必继续检视请求权是否消灭或可否行使。

3. 审查结论

因甲的陈述不能支持自己的主张,原告甲的诉请不具有法律合理性,不必进入被告阶段的审查,也不必举证,即可直接判定原告败诉。

(二)案型 B:原告陈述具有法律合理性,被告陈述不具有法律合理性

1. 案情

原告甲的诉请:请求被告乙赔偿医疗费与误工费。

原告甲的陈述:甲在乙的餐厅就餐后因忘带钱包与手机而无法支付餐费,乙将甲困在餐厅不让其离开,并拒绝其与外界联系,且在长达12个小时的时间内拒绝为其提供饮水和食品,甲去卫生间时低血糖发作自台阶跌落,导致轻微脑震荡,住院治疗1个月。

被告乙的陈述:甲拖欠的餐费高达5000元,乙多次请求甲联系家人朋友代付餐费被甲拒绝,乙未为其提供饮食,是保全自己债权的自助行为,并未侵害甲的权利。

2. 原告阶段

(1)甲的请求权基础:《民法典》第1165条第1款结合第1179条第1句?

(2)甲的陈述能否支持自己的主张?

① 请求权是否成立?

其一,绝对权被侵。甲轻微脑震荡,健康权被侵,该要件满足。

其二,加害行为。乙将甲困在餐厅且拒绝为其提供饮食,存在加害行为。

其三,责任成立因果关系。条件性,若非乙的行为,甲就不会低血糖发作自台阶跌落,满足;相当性,通常禁食禁水12个小时有可能引发低血糖发作,满足。

其四,不法性阻却事由。根据甲的陈述,需检视乙的行为是否构成自助行为,依《民法典》第1177条,自助行为以"必要"为限,乙在扣留甲期间拒绝为甲提供饮食已经超出必要限度,不成立自助,故乙的行为具有不法性。

其五,不存在责任能力抗辩。

其六,过错。乙故意为之,满足。

其七,损害。甲支出医药费,并误工1个月,满足。

其八,责任范围因果关系。医药费与误工费均系健康权受侵害(脑震荡)所致,满足。

据此,依甲的陈述,该侵权请求权的成立要件满足,且不存在权利未发生的抗辩。

② 请求权未消灭,甲的陈述中不存在权利消灭事项。

③ 请求权可行使,甲的陈述中不存在权利行使障碍事项。

（3）小结:原告甲的陈述具有法律合理性。

3. 被告阶段

于此审查被告的陈述能否支持自己的抗辩,同样是法律审查,不涉及陈述的真假。

（1）被告抗辩:自助行为排除不法性。

（2）被告陈述能否支持自己的抗辩?

被告乙陈述自己多次请求甲联系家人、朋友代付餐费均被甲拒绝,因此未为甲提供饮食,是为了保全自己的债权。但保全乙的餐费债权并没有必要断其饮食,这已超出了《民法典》第1177条之自助行为的"必要范围"。据此,被告乙的抗辩不具有法律合理性,即被告陈述不足以支持其提出的抗辩。

4. 审查结论

原告甲的诉请具有法律合理性,被告乙的抗辩不具有法律合理性,不必举证即可判定原告胜诉。

（三）案型C:原告陈述与被告陈述均具有法律合理性

1. 案情

原告甲的诉请:请求被告乙赔偿医疗费与误工费。

原告甲的陈述:甲在乙的餐厅就餐后因忘带钱包与手机无法支付餐费,乙将甲困在餐厅不让其离开,并拒绝其与外界联系,且在长达12个小时的时间内拒绝为其提供饮水和食品,甲在去卫生间时低血糖发作自台阶跌落,导致轻微脑震荡,住院治疗1个月。

被告乙的陈述:甲拖欠的餐费高达5000元,乙一直请求甲联系家人、朋友代付餐费均被甲拒绝,乙为甲提供了三次饮食也被甲拒绝,乙为保全自己的债权而实施自助行为,并未侵害甲的权利。

2. 原告阶段

同案型 B,原告甲的陈述具有法律合理性。

3. 被告阶段

(1)被告抗辩:自助行为排除不法性。

(2)被告陈述能否支持自己的抗辩?

被告乙不同意原告甲的陈述,依被告乙的陈述,乙一直请求甲联系家人朋友代付餐费均被甲拒绝,乙为甲提供了三次饮食也被甲拒绝,被告的行为符合自助行为的"必要范围",从而可排除不法性。据此,被告抗辩具有法律合理性,即被告陈述可支持其提出的抗辩。

4. 证据阶段

原告甲的诉请与被告乙的抗辩均具有法律合理性。就乙究竟是在长达 12 个小时的时间内拒绝为甲提供饮食,还是乙为甲提供了三次饮食均被甲拒绝,二人的陈述不同。因该事项涉及自助行为是否超出"必要范围",属于双方有争议且具有法律意义的事项,需要在证据阶段予以认定。其他事项则属于原告主张且被告认可的陈述,视为真实,不必举证。由于待证事项所涉的自助行为系不法性阻却事由,应由被告乙举证自己的行为仍在"必要范围"内,举证不能的则须承担败诉后果。

5. 审查结论

原告甲的诉请与被告乙的抗辩均具有合理性,待证事实仅限自助行为是否超出"必要范围",举证责任在被告乙处。若乙举证成功,则原告败诉;若乙举证失败,则原告胜诉。

(四)案型 D:原告诉请有多项请求权基础具有法律合理性,但被告未对所有请求权基础为合理抗辩

1. 案情

原告甲的诉请:请求被告乙赔偿医疗费与误工费。

原告甲的陈述:原告甲下班后搭乘乙驾驶的出租车回家,刚上车乙即告知甲今天不用支付运费,因为乙获知自己购买的彩票中奖 10 万元,甲同意。乙因过于兴奋完全不关心道路状况,并在红灯路口闯行后撞到道路护栏,致使甲的头部因过度颠簸撞击到车窗,导致轻微脑震荡,住院治疗两个星期。

被告乙的陈述:甲上车不久即发现自己用约车软件预约的是另一辆车,遂要求下车。乙在寻找停车地点的过程中没有注意到道路上其他车辆遗撒的纸箱,不得不急刹车躲避,甲的头部才撞击到车窗,且乙并未在路口闯红灯,乙并无过错。

2. 原告阶段

原告甲之诉请可能基于合同,也可能基于侵权。应检视者为甲的陈述能否支持可能的请求权基础。

(1)请求权基础 a:《民法典》第929条第1款第2句?

依原告甲的陈述,甲搭乘乙的出租车,原本应为运输合同,但因乙免除了甲的运费,甲同意,所以不再符合运输合同之有偿性(《民法典》第809条),甲、乙间的合同关系转变为无偿的委托合同[1],因而应予检视的请求权基础系《民法典》第929条第1款第2句。该条款第2句规定:"无偿的委托合同,因受托人的故意或者重大过失造成委托人损失的,委托人可以请求赔偿损失。"

上述请求权基础的适用前提:责任成立(无偿委托合同+受托人违反受托义务+受托人故意或者重大过失)+责任范围(委托人损失+因果关系)。

① 请求权是否成立?

其一,甲、乙间存在无偿的委托合同。

其二,受托人在红灯路口闯行后撞到道路护栏,致甲轻微脑震荡,未能将甲安全送达目的地,客观上违反了受托义务。

其三,乙驾车闯红灯,至少具有重大过失。

其四,委托人甲支出医药费与误工费,受有损失。

其五,乙驾车在红灯路口闯行撞击护栏导致甲头部撞击车窗,引发轻微脑震荡,脑震荡导致医药费、误工费的支出,因果关系满足条件性

---

[1] 此处的合同性质是否因运费被免除而转变为无偿委托,可以争议。

与相当性。

据此,依甲的陈述,该合同请求权的成立要件满足,且不存在权利未发生的抗辩。

② 请求权未消灭,甲的陈述中不存在权利消灭事项。

③ 请求权可行使,甲的陈述中不存在权利行使障碍事项。

(2)请求权基础 b:《民法典》第1165条第1款结合第1179条第1句?

① 请求权是否成立?

依甲的陈述,被告乙并未直接实施加害行为,而是未尽对甲的安全保护义务,可能涉及的侵权类型是不作为过错侵权。

在不作为侵权中,加害行为、责任成立因果关系、不法性与过错的判断同一,均通过"有作为义务而不作为"认定。具体而言:第一,不作为加害行为,以作为义务为前提,违反作为义务即存在加害行为。第二,不作为与结果之间,并不存在一个因果链条,而是"若无此不作为则结果发生的可能性必定大为降低"。为此,责任成立因果关系由作为义务的违反推定,除非行为人可证明即使尽到作为义务侵害也无法避免。因而,不作为侵权所考量的并非真实的因果关系,而是被设想的因果关系。[1] 第三,不作为侵害通常系间接侵害,不法性无法直接推定,而须借助作为义务的违反积极确认。[2] 第四,作为义务之违反本身即"疏于尽在交往中必要的注意",与过错的判断合一。第五,作为义务由请求权人积极证明,不作为则因属于消极事实,不必由请求权人证明,"绝对权受侵害+作为义务"即可推定行为人违反作为义务(不作为),除非行为人可证明自己尽到作为义务。

因而,此类请求请求权的检视程式为:责任成立[绝对权受侵害+作为义务(推定行为人不作为、责任成立因果关系存在、具有不法性与过错)+尽到作为义务抗辩(同时排除加害行为、责任成立因果关系、不法

---

[1] 参见朱岩:《侵权责任法通论·总论》,法律出版社2011年版,第351页。

[2] 参见〔德〕迪特尔·梅迪库斯:《请求权基础》,陈卫佐等译,法律出版社2012年版,边码335。

性与过错)+无避免可能性抗辩(排除责任成立因果关系的条件性)+责任能力(抗辩)]+责任范围(损害+责任范围因果关系)。

其一,绝对权被侵。甲轻微脑震荡,健康权被侵,该要件满足。

其二,作为义务。乙有照顾甲之人身安全的注意义务。

其三,乙在红灯路口闯行后撞到道路护栏,未尽必要的注意义务,存在不作为形式的加害行为。

其四,不作为侵权情形责任成立因果关系为推定,除非即使加害人尽到作为义务侵害后果也不可避免。本案中依甲的陈述,若乙尽到恰当的注意,就不会导致甲受伤,无避免可能性抗辩不能成立,无从排除因果关系。

其五,不存在责任能力抗辩。

其六,过错。如上所述,乙具有重大过失,该要件满足。

其七,损害。甲支出医药费,并产生误工损失,该要件满足。

其八,责任范围因果关系。医药费与误工费均系健康权受侵害(脑震荡)所致,该要件满足。

据此,依甲的陈述,该侵权请求权的成立要件满足,且不存在权利未发生的抗辩。

② 请求权未消灭,甲的陈述中不存在权利消灭事项。

③ 请求权可行使,甲的陈述中不存在权利行使障碍事项。

(3)小结:原告甲的陈述既能支持第 929 条第 1 款第 2 句的合同请求权,也能支持《民法典》第 1165 条第 1 款结合第 1179 条第 1 句的过错侵权请求权,具有法律合理性。

3. 被告阶段

(1)请求权基础 a:《民法典》第 929 条第 1 款第 2 句?

依被告乙的陈述,甲上车不久即发现自己用约车软件预约的是另一辆车,遂要求下车,双方之间并未成立合同关系。因而,依乙的陈述,合同请求权不成立。

(2)请求权基础 b:《民法典》第 1165 条第 1 款结合第 1179 条第

1句?

根据乙的陈述,乙由于没有注意到道路上其他车辆遗撒的纸箱,不得不急刹车躲避,甲的头部才撞击到车窗,且乙并未在路口闯红灯,乙为轻过失,而非无过失。就无偿搭乘,《民法典》第1217条规定了特别的减责事由:"非营运机动车发生交通事故造成无偿搭乘人损害,属于该机动车一方责任的,应当减轻其赔偿责任,但是机动车使用人有故意或者重大过失的除外。"本案中,乙所驾驶的是出租车,属于营运车辆,因而不能适用该条的减责规定,乙具有轻过失不能减责。据此,乙的陈述并不能排除该侵权请求权。

(3)小结:被告乙的抗辩仅部分具有法律合理性,陈述可抗辩第929条第1款第2句的合同请求权,但不能抗辩第1165条第1款结合第1179条第1句的侵权请求权。[1]

4. 审查结论

原告甲的诉请具有法律合理性,依其陈述,合同请求权与侵权请求权均成立。被告乙的抗辩仅部分具有法律合理性,依其陈述,仅可排除合同请求权,但不能排除侵权请求权。故而,仍不必进入证据阶段,原告甲可因侵权请求权基础的成立而胜诉。

(五)案型E:原告诉请有多项请求权基础具有法律合理性,被告对各项请求权基础均为合理抗辩

1. 案情

原告甲的诉请:请求被告乙赔偿医疗费与误工费。

原告甲的陈述:原告甲到被告乙经营的美容店进行理疗美容,在被告使用某理疗仪为甲疏通经络的过程中,告知甲在理疗过程中及之后24个小时内应大量饮用温开水才能达到最佳效果,甲听从乙的指导,但大量饮水后感到不适,被确诊为水中毒并住院治疗一周。后甲查验上

---

[1] 此案被告阶段,依被告的陈述还可能成立缔约过失请求权,在结论上不影响原告胜诉。

述理疗仪的使用说明,发现其中载明理疗过程中应避免大量饮水。

被告乙的陈述:乙告知甲避免大量饮水。

2. 原告阶段

(1)请求权基础 a:《民法典》第 577 条结合第 584 条?

《民法典》第 577 条规定:"当事人一方不履行合同义务或者履行合同义务不符合约定的,应当承担……赔偿损失等违约责任。"第 584 条规定:"当事人一方不履行合同义务或者履行合同义务不符合约定,造成对方损失的,损失赔偿额应当相当于因违约所造成的损失,包括合同履行后可以获得的利益……"

上述请求权基础的适用前提:责任成立[合同+乙的给付障碍+可归责性(第 180 条的不可抗力抗辩)]+责任范围(甲的损害+因果关系)。

① 请求权是否成立?

依甲的陈述,甲、乙间存在合同关系,乙为甲提供了错误的理疗建议,未适当履行自己的附随义务,存在给付障碍,且乙具有可归责性,违约责任成立。甲因水中毒住院支出医疗费与误工费受有损害,甲之所以水中毒是因为听从乙的建议,因果关系要件也满足,违约责任范围为甲的医疗费与误工费,因而请求权成立。

② 请求权未消灭,甲的陈述中不存在权利消灭事项。

③ 请求权可行使,甲的陈述中不存在权利行使障碍事项。

(2)请求权基础 b:《民法典》第 1165 条第 1 款结合第 1179 条第 1 句?

① 请求权是否成立?

其一,绝对权被侵。甲水中毒,健康权被侵,该要件满足。

其二,加害行为。乙建议甲在理疗过程中及之后 24 个小时内大量饮用温开水,存在加害行为。

其三,责任成立因果关系。若无乙的建议,甲就不会大量饮水,条件性满足。理疗仪的使用说明提示应避免大量饮水,意味着短期大量饮水配合理疗仪的通络作用,有可能导致水中毒,相当性满足。

其四,不存在不法性阻却事由抗辩。

其五,不存在责任能力抗辩。

其六,过错。乙未按照理疗仪的使用说明为甲提供建议,存在过失。

其七,损害。甲支出医药费,并产生误工损失,该要件满足。

其八,责任范围因果关系。医药费与误工费均系健康权受侵害(水中毒)所致,该要件满足。

据此,依甲的陈述,该侵权请求权的成立要件满足,且不存在权利未发生的抗辩。

② 请求权未消灭,甲的陈述中不存在权利消灭事项。

③ 请求权可行使,甲的陈述中不存在权利行使障碍事项。

(3)小结:原告甲的陈述既能支持《民法典》第 577 条结合第 584 条的合同请求权,也能支持第 1165 条第 1 款结合第 1179 条第 1 句的过错侵权请求权,具有法律合理性。

3. 被告阶段

(1)请求权基础 a:《民法典》第 577 条结合第 584 条?

依被告乙的陈述,乙告知甲避免大量饮水,可认为乙不存在违约行为,从而就该请求权基础而言,被告乙的抗辩具有法律合理性。

(2)请求权基础 b:《民法典》第 1165 条第 1 款结合第 1179 条第 1 句?

依被告乙的陈述,可排除侵权请求权基础的加害行为要件,就该请求权基础而言,被告乙的抗辩也具有法律合理性。

(3)小结:被告乙的陈述既能抗辩《民法典》第 577 条结合第 584 条的合同请求权,也能抗辩第 1165 条第 1 款结合第 1179 条第 1 句的过错侵权请求权,具有法律合理性。

4. 证据阶段

本案的原告诉请与被告抗辩均具有法律合理性,且双方对于乙是否曾建议甲大量饮水存有争议,这项待证事实应在证据阶段予以认定。待证事实涉及合同请求权之违约行为要件的认定与侵权行为之加害行为要件的认定,应由请求人承担举证责任。

5. 审查结论

若甲举证成功,则甲胜诉;若甲举证失败,则甲败诉。

在甲举证成功的前提下,可能产生违约与侵权的竞合问题,依《民法典》第 186 条的规定:"因当事人一方的违约行为,损害对方人身权益、财产权益的,受损害方有权选择请求其承担违约责任或者侵权责任。"该项规范似乎要求当事人选择裁判依据。但本书认为,寻找请求权基础是法官的责任与权限,当事人既无权利也无义务择一。此类情形只是请求权有多重规范依据,所涉并非"请求权竞合",而是"请求权规范竞合"。请求权规范竞合的数项请求权基础可同时作为支持某一诉请的裁判理由,也可称为裁判理由的竞合。[1]

表 2-2 法庭报告技术案例审查对比

法庭报告技术(Relationstechnik)案例审查对比					
原告诉请:赔偿医疗费与误工费					
案例	待检请求权基础	原告阶段	被告阶段	证据阶段	审查结论
案 A	第 1165 条第 1 款结合第 1179 条第 1 句	原告诉请不具有法律合理性	×	×	原告败诉
案 B		原告诉请具有法律合理性	被告抗辩不具有法律合理性	×	原告胜诉
案 C		原告诉请具有法律合理性	被告抗辩具有法律合理性	就待证争议事项被告承担举证责任	1. 若被告举证成功,则原告败诉。2. 若被告举证失败,则原告胜诉

---

[1] Vgl. Peter Arens, Zur Anspruchskonkurrenz bei mehreren Haftungsgründen, AcP 170 (1970), S. 423.

（续表）

法庭报告技术（Relationstechnik）案例审查对比					
案 D	a：第 929 条第 1 款第 2 句	原告诉请具有法律合理性	被告抗辩具有法律合理性	× 有一项请求权基础未经被告陈述合理抗辩，不必进入证据阶段	原告胜诉
	b：第 1165 条第 1 款结合第 1179 条第 1 句	原告诉请具有法律合理性	被告抗辩不具有法律合理性		
案 E	a：第 577 条结合第 584 条	原告诉请具有法律合理性	被告抗辩具有法律合理性	就待证争议事项原告负担举证责任	1. 若原告举证成功，则原告胜诉。 2. 若原告举证失败，则原告败诉
	b：第 1165 条第 1 款结合第 1179 条第 1 句	原告诉请具有法律合理性	被告抗辩具有法律合理性		

第三章 请求权基础思维及其对手

作为裁判技术，请求权基础思维的对手首先是法律关系思维。法律关系思维以案件事实发展的时间线索引导检视思路，因而又称为历史方法。[1] 两种裁判思维的根本区别在于检视路径不同：请求权思维是规范找寻先于事实认定；法律关系思维是事实认定先于规范找寻。不过，法律关系思维的主场并非司法裁判，而是体系构建，并据此主导着立法、学理与教学。案件裁判视角下，请求权思维与法律关系思维均未突破司法三段论的框架。就论理形式而言，个案类比思维则似乎是请求权思维在司法三段论框架外的对手。

一、请求权基础思维与法律关系思维

(一) 作为裁判技术的法律关系思维

我国当前的民事裁判以法律关系思维为主导[2]，其方法特征可归纳如下：

其一，法律关系先于诉讼请求。原告起诉的第一步是选定案由，法

---

[1] 参见王泽鉴：《民法思维：请求权基础理论体系》，北京大学出版社2009年版，第33页。
[2] 参见杨立新：《请求权与民事裁判应用》，法律出版社2011年版，第348页。关于法律关系方法的探讨，还可参见崔建远：《论法律关系的方法及其意义》，载《甘肃政法学院学报》2019年第3期。

院审理的起点也是确定案由,而案由的定性实质是法律关系的定性,《民事案件案由规定》中的案由类型完全依法律关系分类。

其二,事实认定先于法律适用。审理过程中虽没有强行的法律审查阶段与事实审查阶段的划分,但大致遵循先查清事实(发生了什么)再适用法律(应当如何解决)的思路展开审理。庭前准备阶段即开始调查收集必要的证据(《民事诉讼法》第129条)。

其三,时间顺序先于构成要件。在框定的法律关系(案由)范畴内,案件事实的认定与法律关系的审查大多依时间顺序展开,同时处理原、被告双方的陈述与证据,而不划分原告阶段与被告阶段,不单独审查其各自陈述的法律合理性。

(二)请求权基础思维与法律关系思维的对立

请求权基础思维与法律关系思维的核心区别在于,前者是规范找寻先于事实认定,后者是事实认定先于规范找寻。二者的对立在检视重心、审查次序与说理结构等诸多方面均有所体现。

1. 检视重心

请求权思维以诉讼请求为检视重心。审理过程始终围绕原告诉请是否有相应的请求权基础展开,而请求权基础的找寻并不限于民法范畴内特定的"法律关系"。换言之,原告若胜诉,其请求权基础可能源自合同法律关系,也可能源自侵权或其他法律关系,法律关系不是审理范围与裁判依据的限定因素。在请求权规范竞合(请求权基础竞合)时,原告既无权利也无义务"择一",竞合的数项请求权基础均为裁判理由。

法律关系思维则以法律关系为检视重心。审理过程自始限于特定的"案由"(法律关系),甚至要求原告起诉时即选定"案由"。而一旦确定案由,之后的审理就局限于该法律关系之内,如果该法律关系领域内的规范无法支持原告诉请,原告就须承受败诉后果。[1] 第186条之违

---

[1] 主张将案由功能仅限于法院管理,实际审理则应充分利用诉讼标的概念与请求权基础方法的观点,可参见曹建军:《民事案由的功能:演变、划分与定位》,载《法律科学(西北政法大学学报)》2018年第5期。

约与侵权择一的规则也与案由制度相暗合,进一步限定了法院审理与选择裁判依据的范畴。案由制度与第186条的目的似乎均在于尊重当事人意思自治,但细究之下却更像是"法律陷阱",因为适用法律本应是法官职责,选择裁判依据并非当事人义务。

2. 审查次序

请求权思维是先找寻规范再认定事实。法庭报告技术/关联分析法区分法律审查与事实审查两个阶段排查备选的请求权基础。其中法律审查又分为原告阶段与被告阶段,检视双方陈述(不涉及真实性认定)是否具有法律上的合理性,即是否满足备选的请求权基础规范、辅助规范与防御规范的适用前提。在此过程中,备选的请求权基础范围逐步限缩。仅在双方陈述均具有法律合理性的前提下,才能进入就具法律意义的争议陈述进行的证据审查阶段,有证据支持的请求权基础得以最终确定。此之先法律再事实、先原告再被告的审理思路,既不会忽略任何请求权基础,也避免了不必要的多余举证,既无缺漏也无冗余。

法律关系思维则是先认定事实再找寻规范。法律关系思维对法院裁判的预设是,先认定确切的案件事实,再根据案件事实寻找大前提。然而,当事人的某项事实陈述在法律上是否重要,是否需要通过证据证明,以及当事人在陈述中是否遗漏了具有法律意义的重要细节,都只能通过应予适用的法律规范进行判断,所以法官不可能事先不做任何法律评价。但与请求权思维之事先明确预选所有可疑的请求权基础不同,法律关系思维中事实认定阶段的法律评价是"隐性"的,隐藏在法官模糊的"前见"中。在模糊"前见"引导下的事实认定,即使可以维持表面的客观准确,也很难保证没有疏漏或冗余,裁判质量更多地取决于裁判者的"经验"。

3. 说理结构

请求权思维以诉讼的攻防模式确定说理结构。法庭报告技术/关联分析法的法律审查区分原告阶段与被告阶段,实质是课堂练习版请求权思维的两次运用,先用于检视原告陈述,再用于检视被告陈述。外在结构上,预选的多项请求权基础有其特定的检视次序。内在结构上,每项请求权基础的检视均遵循"积极要件→消极抗辩"的结构;其中,抗辩的检视又依"权利未发生的抗辩→权利已消灭的抗辩→权利阻止的抗辩"之次序进行。法律审查之后的证据阶段,争议事实的认定也依据上述程式进行。

法律关系思维则以法律关系的时间发展确定说理结构。截取案件最初发生的特定时间点,就当时发生的事实审查当事人之间的法律关系,再顺时间轴向后截取另一时间点,审查法律关系是否发生变化以及如何变化,反复重复这一过程直至审理之时。这种检视模式看似严谨周密,但却以事实已经准确认定为前提,而如上文所述,法律关系思维中模糊"前见"引导下的事实认定本身就已经难免疏漏。某一时间点当事人间的法律关系如何,如果没有体系化的方法支撑,又会变成法官的"经验"论证。而且"最初"的时间点如何确定,同样不是单纯的事实问题,而只能诉诸应适用的法律规范。

(三) 法律关系思维的用武之地

作为裁判方法,法律关系思维虽然可能有其不足,但它却是法律人未受请求权思维训练之前天然的思维方式:一方面是因为它以时间顺序分析法律关系,符合一般的认知习惯;另一方面是因为法学院所传授的知识体系以法律关系为主线。法学院的知识传授以法律关系为主线,是立法体例与学理体系在教学领域的反射。理性自然法影响下的近现代民法典,体系建构上均采法律关系思维(法律效果思维[1]、法律制度思维[2])。[3] 但体系建构方法是层层向上的公因式提取,而法律适用方法却是渐次向下的规范具体化。擅长体系建构的法律关系思维

---

[1] 在体系构建层面,以法律效果思维(Rechtswirkungsdenken)作为请求权思维对立面的观点,可参见 Rudolf Gmür, Rechtswirkungsdenken in der Privatrechtsgeschichte, Bern: Verlag Stämpfli & Cie AG, 1981, S. 226。

[2] 关于请求权思维与法律制度思维的对立消解,可参见 Jan Schapp, Methodenlehre und System des Rechts, Tübingen: Mohr Siebeck, 2009, S. 224。

[3] Vgl. Eugen Bucher, Für mehr Aktionendenken, AcP 186(1986), S. 9f.

未必是法律适用的最佳技术。

请求权思维与法律关系思维其实各擅其场,请求权思维更长于具体纠纷的解决,而法律关系思维则更长于抽象体系的建构。如果可以理解两种思维各有其主场,也许就可以理解为何请求权思维中居于核心的请求权规范(主要规范),在法典体系中大多只是分则的具体规范;而法律关系思维中居于核心的法律行为、所有权等制度,在请求权思维中扮演的却只是辅助规范的角色。有批评观点质疑请求权思维过分强调对抗关系,而法律首先是相互关联的制度体系。[1] 外在体系构建的视角下,上述质疑也许不无合理之处,但将关注重点置于原、被告的攻防关系中,恰是请求权思维作为裁判方法的优势所在。

各擅其场并不妨碍两种思维互相补强。[2] 在司法裁判维度,法律关系思维对请求权基础的预选可起到辨识方向的助力作用。[3] 涉及物权变动时,最适宜的检视方法也是历史方法。[4] 在体系建构维度,请求权基础及其各层级的辅助规范与防御规范,恰是民法中大小"公因式"层层展开后的规范全景图,是民法的内在体系[5],可以检验并反哺外在体系的构建。[6] 作为外在体系载体的民法典,其立法质量越高,就越有助于请求权思维的高效运用,而请求权思维的运用越纯熟,也就越能够推动法典体系的演进。

---

[1] Vgl. Bernhard Großfeld, Sprache, Recht, Demokratie, NJW 1985, S. 1578.

[2] Vgl. Jan Schapp, Grundlagen des bürgerlichen Rechts, München: Franz Vahlen, 1991, S. 49ff.

[3] 参见[德]卡尔·拉伦茨:《法学方法论》,陈爱娥译,商务印书馆2003年版,第163—164页。法律关系在请求权定性中的作用,还可参见杨立新:《民事裁判方法》,法律出版社2008年版,第96—111页。

[4] 参见王泽鉴:《民法思维:请求权基础理论体系》,北京大学出版社2009年版,第38页。

[5] Vgl. Jan Schapp, Methodenlehre und System des Rechts, Tübingen: Mohr Siebeck, 2009, S. 8; Jens Petersen, Anspruchsgrundlage und Anspruchsaufbau als Abbildung des inneren Systems der Privatrechtsordnung, in: Festschrift für Dieter Medicus zum 80. Geburtstag, Köln: Carl Heymanns Verlag 2009, S. 295 ff.

[6] 关于请求权思维与制定法的互动,可参见[德]Detlef Leenen:《请求权结构与制定法:案例分析法与制定法的互动》,贺栩栩译,载陈金钊、谢晖主编:《法律方法》(第19卷),山东人民出版社2016年版,第57—69页。

但体系建构本身并不是目的,民法的首要目的是解决纠纷,其本质是体系化的纠纷解决方案。与之相应,法学教育的基本要求是培养合格的纠纷解决者。[1] 就此而言,请求权思维的训练必不可少,只是它必须以法律知识的体系化传授为基础。但只传授知识体系,而无请求权方法的训练,也只是未就之功。因而,德国法学教育中请求权思维的训练与法律关系体系的传授平分秋色(甚至更倾向于前者),两次司法考试均以请求权思维为考核重点亦有其道理。

二、请求权基础思维与个案类比思维

(一) 司法三段论与个案类比思维

作为英美法系的裁判技术,个案类比思维的直接对手并不是请求权基础思维,而是司法三段论的涵摄模式。但请求权思维以司法三段论为基底,因而与个案类比思维也形成对立关系。个案类比的本质是类推。类推与涵摄的区别并非价值评判与逻辑推演的对立。司法三段论并非纯粹的逻辑演绎,而是法教义学的应用[2],评价因素伴随涵摄的始终。类推与涵摄的差异毋宁在于法律评价的参照系不同:类推的参照系是具体判例,始于特殊终于特殊;涵摄的参照系则是抽象规范,始于一般终于特殊。[3] 如果将待决案件的裁判结论比喻为目的地,将裁判方法比喻为到达目的地的定位方法,类推就是先确定目的地

---

[1] 也有批评意见认为,请求权思维及其引导下的法庭报告技术完全是法官视角,忽视了律师视角的法学教育,请参见 Hartmut Kliger, Juristenausbildung und Anwaltsausbildung, NJW 2003, S. 711ff.；张淞纶：《作为教学方法的法教义学：反思与扬弃——以案例教学和请求权基础理论为对象》,载《法学评论》2018 年第 6 期。但不容否认的是,即使律师所需的部分技能不直接指向纠纷解决(如合同架构、争议规避),也以纠纷解决能力为基础。

[2] 参见许德风：《论法教义学与价值判断——以民法方法为重点》,载《中外法学》2008 年第 2 期;许德风：《法教义学的应用》,载《中外法学》2013 年第 5 期。

[3] 有观点认为,涵摄也是"内在构成要件的类似推理",本质也是类推,请参见〔德〕亚图·考夫曼：《类推与"事物本质"——兼论类型理论》,吴从周译,颜厥安审校,学林文化事业有限公司 1999 年版,第 85 页。

附近的著名建筑,再通过定位该著名建筑来定位目的地;而涵摄则是以"城际铁路(主要规范)→城市道路(首级辅助规范)→社区道路(次级辅助规范)→……→目的地(个案裁判)"的方式逐级定位目的地。

(二)请求权基础思维与个案类比思维的互动

1. 请求权思维对英美判例法的意义

类推始于特殊终于特殊,起点是具体个案,终点也是具体个案。但这并不意味类推的结构是纯粹的水平推论。类推并不是单纯的个案相似性比对,其结构实际上体现为"特殊→一般→特殊",是先从与待决案件具有相似性的判例中提炼规范并一般化,将其适用范围扩及待决案件,再将待决案件涵摄于该规范之下,虽然该一般化的规范在类推过程中未必总是被明确表述。[1] 换言之,类推并不是从特殊到特殊的单线论证,而是存在一般化的"第三对比项",是演绎与归纳的混合形态,其中天然内涵司法三段论。只有在一个潜在的普遍前提下,从特殊到特殊的推论才有可能,否则就是恣意行为。[2] 既然类推天然内涵司法三段论,请求权思维对于判例法就同样有意义。事实上,英美惯用的IRAC(问题→规则→适用→结论)分析法与请求权思维确有相似之处[3],也有美国学者呼吁法院借鉴法庭报告技术/关联分析法。[4]

2. 个案类比在请求权思维中的作用

私法领域,法官不得以法无明文规定为由拒绝裁判。因为法律必有漏洞,所以法官有义务填补规范漏洞。请求权思维要求遍检所有可

---

[1] 参见〔德〕埃尔马·邦德:《类推:当代德国法中的证立方法》,吴香香译,朱庆育校,载《求是学刊》2010年第3期。

[2] 参见〔德〕亚图·考夫曼:《类推与"事物本质"——兼论类型理论》,吴从周译,颜厥安审校,学林文化事业有限公司1999年版,第75—77页、第81页、第99页。

[3] Lutz-Christian Wolff, *Structured Problem Solving: German Methodology from a Comparative Perspective*, Legal Education Review, Vol. 14, 2003, p. 38.

[4] James R. Maxeiner, *Imagining Judges that Apply Law: How They Might Do It*, Penn State Law Review, Vol. 114:2, 2009, p. 470,483.

能的请求权基础,可准确定位法律漏洞。[1] 而法律漏洞填补的首要方法就是类推,即借助个案类比进行法律续造。即使不存在法律漏洞之处,个案类比对于请求权思维也有其意义。作为大前提的请求权基础是抽象规范,将其适用于个案必须借助辅助规范、学理与判例层层具体化。判例之所以能够发挥具体化媒介的作用,就是因为作为具体个案,它与待决案件的距离更近。在相似判例中已经得到适用的请求权基础规范,可成为指引待决案件之规范找寻的路标。成文法法域的司法实践同样重视案例类型化的意义正在于此:通过类案具体化抽象规范,方便后续案件的规范找寻。

三、小结

请求权基础思维首先是民事案件的裁判思维,而案例解析是法律人的基本技能,所以,请求权思维也应是法学课堂的训练内容。但是课堂中很难直面真实案件,法学院的请求权基础训练仅专注于请求权基础的找寻,案件事实则是给定的,因而只是请求权思维的"练习版"。请求权思维的课堂模拟不考虑事实认定,只关心规范找寻:内在结构是对单项请求权基础的检视,须全面检索其各层级的辅助规范(积极要件)与防御规范(消极抗辩);外在结构则是对备选的多项请求权基础依特定的顺序依次检视,原则是越特别的请求权基础越在先,构成要件越少的请求基础越在先。

"练习版"请求权思维是依给定的小前提找寻大前提,但现实中的案件难点往往首先是小前提的认定。诉讼实战中的请求权思维以"法庭报告技术/关联分析法"为载体,其核心是从假设的大前提出发认定小前提,即以请求权思维指引案件事实的萃取,在法官的引导下,双方

---

[1] Vgl. Dieter Medicus, Anspruch und Einrede als Rückgrat einer zivilistischen Lehrmethode, AcP 174(1974), S. 321.

当事人共同完成由请求权基础之要件与抗辩组成的"拼图"。[1]法庭报告技术/关联分析法的审理原则是程序先于实体、法律先于事实、原告先于被告,并据此将裁判过程划分为程序阶段、原告阶段、被告阶段、证据阶段与裁判阶段。其中最关键的原告阶段与被告阶段,又可并称为陈述阶段,是先于证据阶段的纯粹法律审查,依次检视原告与被告的陈述能否支持他们各自的主张(法律合理性),实质是将课堂模拟的请求权方法分别运用于原告陈述与被告陈述的检视,只是以"陈述"(尚未审查真假)代替了"给定事实"。具有法律意义(指向要件或抗辩)的双方矛盾陈述构成争议事项,须举证认定,而一旦争议事项被证明为真或假,裁判结论也就呼之欲出。支持同一诉请的多项请求权基础(请求权规范竞合),原则上可同时作为裁判理由,当事人没有权利也没有义务"择一"。

作为裁判方法,请求权基础思维的对手是法律关系思维与个案类比思维。法律关系思维与请求权思维的区别在于:前者是事实认定先于规范找寻;后者是规范找寻先于事实认定。法律关系思维更擅长的领域是体系构建而非个案裁判,但在司法裁判中也有其功能,它可以助力请求权基础的找寻,也是物权变动状况的检视方法。个案类比思维与请求权思维的区别则在于:前者是从具体个案到具体个案的论理;后者是从抽象规范到具体案件的论理。但在请求权基础思维中,个案类比方法同样有用武之地。不仅借助个案类比的类推是法律漏洞填补的首要方法,而且个案类比还具有协助定位请求权基础的路标功能。

---

[1] James R. Maxeiner, *Imagining Judges that Apply Law: How They Might Do It*, Penn State Law Review, Vol. 114:2, 2009, p. 476.

中篇

请求权基础体系

《民法典》的规范体系,主要依立法者视角构建,基本线索是权利类型及其效力。《民法典》"提取公因式"的编排体例则大体依照抽象程度递减的方式为规范排序:总则编的规则最具有一般性;进入各分编,仍然遵循通则在先、分则在后的编排体例,不断重复"从一般到特别"的体系逻辑。但法律适用的找法过程"逆向"于立法,遵循的是"从特别到一般"的检索程序。因而,《民法典》的立法体系并不能无缝对接法律适用。

法律适用旨在解决纠纷。与立法者视角相比,适用者视角更关注面对纠纷时如何高效甄别法典各项规范对于法律适用的意义。民事纠纷的解决,关键在于请求权基础。而请求权基础方法作为法律适用方法,体现的正是从特别到一般的思维过程。与之相对应,请求权基础及其辅助规范、防御规范体系是"公因式展开"后的民法体系,直接服务于法律适用。

《民法典》施行之后必将迎来解释论的时代,以请求权基础为线索的规范梳理,为规范解读提供了新的视角。但请求权基础规范的梳理,意义不仅在于法律适用。法典是立法的巅峰,但这并不意味着法典编纂的思考就此终结,法典亦非规范体系化的终点。基于请求权基础视角的规范梳理,可检验《民法典》规范体系的科学性,进而提示可能的改良方向。

为此,本书中篇首先从宏观层面探讨《民法典》编纂中请求权基础的体系构建问题(第四章);再从中观层面以最能体现请求权基础之救济属性的侵权责任编为例,对《民法典》中的请求权基础规范体系作解释性重述(第五章);微观层面则选取《民法典》第462条(占有保护请求权)、第598条(出卖人主给付义务)、第604条(交付移转买卖价金风险)三个条文,展示请求权基础视角下的法条评注。

三个条文作为微观样本,分别展现请求权基础及其辅助规范、防御规范的不同关系状态。其中,《民法典》第462条与第598条所涉均为请求权基础。不同的是,第462条的辅助规范大多未被实定法条文化,而是体现为学理与判例中的柔性辅助规范(第六章);第598条下挂的辅助规范群则在实定法中有体系化的条文呈现(第七章)。《民法典》第604条则为抗辩排除规范,性质上属于防御规范,只是其防御的对象是另一项防御规范(第八章)。

第四章　民法典编纂中
请求权基础的体系化

"法即法的负负得正",德国法学家沙普(Jan Schapp)与舒尔(Wolfgang Schur)在著作中援引黑格尔的这句名言意在表明,唯有通过"不法","法"才得以界定,无"不法"也就无所谓"法"。[1] 根据这一典型的黑格尔"正题—反题—合题"定式,法律所规定的,无非是何为"不法"、如何消除"不法"并重建"适法"状态。以上三个环节,恰好可以用来说明请求权基础的适用过程:"何为不法"对应请求权之产生[2];"如何消除'不法'并重建'适法'状态"则构成请求权的内容。

这一视角,也正体现了民法作为救济法的特点。民事纠纷一旦发生,法官寻找可供适用的法律规范时,往往以原告对被告所提出的"请求"为线索。探寻请求权基础即成为法律适用的核心。[3] 这也意味着,为实现请求权基础的体系化,民法典编纂应以规范的适用为重要考量指标,反过来说,法典对于请求权基础规范的囊括程度,亦可印证与检验法典的体系周延程度。

基于上述考虑,本章拟以请求权思维为视角,考察法典的规范配置

---

[1] Schapp/Schur, Einführung in das Bürgerlichen Recht, 4. Aufl., München: Franz Vahlen, 2007, S.2.
[2] 原合同请求权除外。
[3] 分类上,民事诉讼可三分为给付之诉、确认之诉与形成之诉,请求权基础的探寻仅限于给付之诉。不过,三种类型的诉讼并不具有同等的重要性,具有绝对优势地位的是给付之诉,并且,确认之诉与形成之诉大多可作为给付之诉的先决问题而被吸收。

与请求权基础体系化之间的密切关联,所要讨论的问题是:民法典编纂为何必须考量请求权基础(第一部分);怎样构建请求权基础体系(第二、三部分);以及如何在立法技术层面落实请求权基础体系(第四部分)。另需说明的是,本章所称请求权基础体系,系指各类请求权基础及其辅助规范、防御规范所共同形成的规范整体。

一、民法典编纂应认真对待请求权基础

民法典编纂应考量请求权基础问题有三个层面的原因:其一,功能层面的原因是,民法典与请求权基础均以解决纠纷为旨归;其二,逻辑层面的原因是,请求权基础体系是民法公因式展开后的规范全貌;其三,现实层面的原因是,无论在理论、教学还是实务中,请求权基础均已成为民法教义学的焦点。

(一) 民法典的任务与请求权基础的功能

与公法奉行"法无授权即禁止"不同,私法以"法无禁止即自由"为原则。相应的,在强制与任意的区分下,作为私法载体的民法典,必然以任意规范为主要内容。任意规范的拘束对象是法官而非当事人。[1] 民法规范亦因此主要体现为裁判规范。[2] 这意味着,集民事规范于一体的民法典,应便于法官寻找裁判规范(找法)。

那么,法官要找的"法"是什么?民法典既然以解决纠纷为旨归,相应的规范体系就必然体现为"救济权"体系。自温德沙伊德从"诉权"中剥离出实体法上的"请求权"概念后[3],"请求权"即在私法救济体系中居于枢纽地位。典型的民事纠纷表现为原告请求被告为或者不为

---

[1] 参见苏永钦:《寻找新民法》(增订版),北京大学出版社2012年版,第10页;朱庆育:《民法总论》(第2版),北京大学出版社2016年版,第51页。
[2] 张俊浩:《物权行为是民事裁判规范中的必要概念》,载王洪亮、张双根、田士永主编:《中德私法研究》(第1卷),北京大学出版社2006年版,第248页;朱庆育:《民法总论》(第2版),北京大学出版社2016年版,第60—61页。
[3] 参见金可可:《论温德沙伊德的请求权概念》,载《比较法研究》2005年第3期。

一定的行为,即表现为一定的请求权要求。据以支持原告之请求权主张的规范,即"请求权基础"。"无请求权基础即无请求权"[1],民事领域的法官找法,本质上是找寻请求权基础规范。[2]

"请求权基础"并非孤立概念,背后嵌套的是体系化的法律适用方案,即"请求权基础探寻方法"。请求权方法的提问方式是"谁得向谁依何种规范为何种请求",检视程式上有两个特征:其一,依一定顺序依次检索各个请求权基础;其二,对单个请求权基础(主要规范)的检视,并不限于该条文自身,而是对其各层级构成要件(辅助规范)与抗辩(防御规范)的全面检视。

既然民法典的首要任务是解决纠纷,即方便法律适用,而法律适用的核心是找法,即寻找请求权基础,那么在民法典编纂过程中,就应认真对待请求权基础与请求权方法,将找法问题提前纳入立法考量。

(二)请求权基础体系是展开公因式的规范全貌

《德国民法典》的五编制及其影响下的民法典编纂,均以"提取公因式"为核心技术,按照抽象程度递减的方式为规范排序:总则编的规则最具有一般性,即使进入各分编,仍然遵循总则在先、分则在后的编排体例,不断重复从一般到特别的体系逻辑。但法律适用的"找法"过程恰恰相反,遵循的是从特别到一般的检索程序。

请求权方法作为法律适用方法,体现的是从特别到一般的思维过程。与之相应,请求权基础体系是将公因式展开后的民法体系,可直接适用于司法裁判。它是德国民法思维的主导,梅迪库斯称其为"民法教

---

[1] Vgl. Brox/Walker, Allgemeiner Teil des BGB, 42. Aufl., München: Franz Vahlen, 2018, S. 288.

[2] 可能的反驳是,民事诉讼不仅有给付之诉,还有确认之诉与形成之诉。但不可否认的是,在三种类型的诉讼中以给付之诉最为重要,且确认之诉、形成之诉大多可作为给付之诉的先决问题而被吸收。

学法的脊梁"。[1] 它被深度植入学理、教学与实务之中。德国民法教义学的最新发展,即以请求权基础为线索重述民法,例如彼得森(Jens Petersen)认定请求权基础是民法的内在体系[2],沙普则直接将民法定义为请求权基础体系。[3]

德国的请求权基础研究是"法典在先、学理在后",我国的状况则相反,是"学理在先、法典在后"。这为我们在立法中将请求权基础纳入考量提供了契机。如果说法典编纂以"提取公因式"为核心技术,那么最严谨的做法似乎应是,先铺开公因式提取之前的民法规范全景图,再探讨在多大的范围内、提取多少层级的公因式。而请求权基础与其辅助规范、防御规范形成的规范群落,就为我们提供了这样的规范全景图。

(三)请求权基础已成为民法教义学的焦点

鉴于请求权基础对法律适用的重要意义,近年来它已成为我国民法教义学的焦点,受到理论界、教育界与实务界的多方瞩目。请求权基础进入我国主流学术视野,大约源自2001年王泽鉴先生《法律思维与民法实例:请求权基础理论体系》一书的出版(2009年更名为《民法思维:请求权基础理论体系》)[4]。此后,请求权基础越来越向民法教义学的中心位置靠拢。[5] 同时,请求权方法也引领了民法案例教学的热

---

[1] Vgl. Dieter Medicus, Anspruch und Einrede als Rückgrat einer zivilistischen Lehrmethode, AcP174(1974), S. 313ff.

[2] Vgl. Jens Petersen, Anspruchsgrundlage und Anspruchsaufbau als Abbildung des inneren Systems der Privatrechtsordnung, in: Festschrift für Dieter Medicus zum 80. Geburtstag, Köln: Carl Heymanns, 2009, S. 295ff.

[3] Vgl. Jan Schapp, Das Zivilrecht als Anspruchssystem, JuS 7(1992), S. 537ff.

[4] 参见王泽鉴:《法律思维与民法实例:请求权基础理论体系》,中国政法大学出版社2001年版;王泽鉴:《民法思维:请求权基础理论体系》,北京大学出版社2009年版。

[5] 参见杨立新:《民事裁判方法》,法律出版社2008年版;杨立新:《请求权与民事裁判应用》,法律出版社2011年版;王洪亮:《请求权基础的解释与反思》,法律出版社2015年版;朱庆育:《民法总论》(第2版),北京大学出版社2016年版,第560—568页;梁慧星:《裁判的方法》(第3版),法律出版社2017年版,第321—326页。

潮,并催生出一系列教学副产品。[1] 尤其是 2019 年全国各大院校掀起的请求权基础(鉴定式)案例教学热潮,更是呈现出一派"忽如一夜春风来,千树万树梨花开"的景象。[2]

请求权基础在学术研究、法学教育中已炙手可热,而司法实务对请求权基础的兴趣似乎尤在学术理论之上。

一方面,法官群体积极投入请求权基础研究。邹碧华法官的《要件审判九步法》即将请求权方法融入审判实践。[3] 国家法官学院自 1998 年起,与德国国国际合作机构共同举办法律适用方法培训班,并自 2012 年起出版《法律适用方法》系列丛书。[4] 2019 年最高人民法院对《民事案件案由规定》的释义书,则直接以《最高人民法院民事案件案由适用要点与请求权规范指引》为题。[5]

另一方面,实务界已接纳请求权基础并将其运用于审判实践,且这一趋势仍在迅猛发展之中。2019 年《全国法院民商事审判工作会议纪

---

〔1〕 如吴香香:《法律适用中的请求权基础探寻方法——以"福克斯被撞致其猎物灭失案"为分析对象》,载陈金钊、谢晖主编:《法律方法》(第 7 卷),山东人民出版社 2008 年版,第 223—234 页;姚明斌:《论出卖他人之物:一个基于请求权基础的分析》,载《研究生法学》2010 年第 3 期;许德风:《论基于法教义学的案例解析规则——评卜元石:〈法教义学:建立司法、学术与法学教育良性互动的途径〉》,载田士永、王洪亮、张双根主编:《中德私法研究》(第 6 卷),北京大学出版社 2010 年版,第 26—36 页;田士永:"民法学案例研习"的教学目的》,载黄进主编:《中国法学教育研究》(2014 年第 4 辑),中国政法大学出版社 2014 年版,第 77—91 页;季红明、蒋毅、查云飞:《实践指向的法律人教育与案例分析——比较、反思、行动》,载李昊、明辉主编:《北航法律评论》(2015 年第 1 辑),法律出版社 2016 年版,第 214—228 页;葛云松:《一份基于请求权基础方法的案例练习报告——对于一起交通事故纠纷的法律适用》,载《北大法律评论》2015 年第 2 期;朱晓喆:《请求权基础实例研习教学方法论》,载《法治研究》2018 年第 1 期。《中德私法研究》自 2011 年起设"私法教室",专栏刊载请求权基础案例报告(张双根、田士永、王洪亮、朱晓喆、纪海龙、吴香香等)。

〔2〕 包括但不限于北京大学、中国人民大学、中国政法大学、华东政法大学、中南财经政法大学、西南政法大学、西北政法大学、北京航空航天大学、上海财经大学等。北京大学出版社的"法律人进阶译丛"(李昊主编),也在陆续出版德国请求权基础案例研习教材。

〔3〕 参见邹碧华:《要件审判九步法》,法律出版社 2010 年版。

〔4〕 参见国家法官学院、德国国际合作机构:《法律适用方法:物权法案例分析》,中国法制出版社 2013 年版;国家法官学院、德国国际合作机构:《法律适用方法:合同法案例分析方法》(第 2 版),中国法制出版社 2015 年版;国家法官学院、德国国际合作机构:《法律适用方法:侵权法案例分析方法》(第 2 版),中国法制出版社 2015 年版。

〔5〕 参见人民法院出版社编著:《最高人民法院民事案件案由适用要点与请求权规范指引》(上下册),人民法院出版社 2019 年版。

要》中,明确提出"注意树立请求权基础思维"。各级法官在裁判文书中高频使用"请求权基础"表述,以北大法宝司法案例库为例,截至2021年5月20日,全文检索"请求权基础",共命中54,501篇裁判文书。图4-1归纳了其中2007—2019年间使用"请求权基础"表述的裁判文书数,直观地显示了这一趋势:

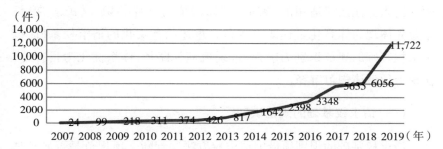

图4-1 2007—2019年裁判文书中使用"请求权基础"
表述的增长趋势

如同医学本身不是目的,治愈病人才是,法典本身也不是目的,解决纠纷才是。民事纠纷的"请求→抗辩"架构,决定了民法典作为体系化的纠纷解决方案,以判断"请求"是否成立为首要任务。在此意义上,民法典的品质很大程度上取决于是否完备呈现了请求权基础规范体系。[1] 面对立法的急迫与实践的急需,必须认真对待请求权基础问题。

---

[1] 对这一问题的关注,还可参见许德风:《法教义学的应用》,载《中外法学》2013年第5期;周江洪:《论民法典透明度的实现及其障碍》,载《法制与社会发展》2015年第6期;李永军:《我国未来民法典应坚持规范属性》,载《政法论丛》2016年第1期;汤文平:《法典编纂视野下的请求权体系研究》,载《兰州学刊》2016年第3期;胡坚明:《请求权基础规则与法典化立法》,载《华东政法大学学报》2016年第6期;翟新辉:《论民法的裁判法、权利法品格与我国民法典编纂的语言表达取向》,载《财经法学》2017年第3期;茅少伟:《民法典的规则供给与规范配置——基于〈民法总则〉的观察与批评》,载《中外法学》2018年第1期。

二、已条文化的请求权基础

请求权基础的体系化,可按照已条文化与未条文化的请求权基础分别探讨。《民法典》出台前,我国民事立法的主体工程即已完成,法学研究进入关注法律适用的"解释论"阶段成为学界共识。《民法典》编纂首先体现为体系化重述既有规范。重述已条文化的请求权基础,以请求权基础的规范识别为前提、系统梳理为路径、体系优化为目标,方法论上须诉诸规范解释。

(一) 请求权基础的规范识别

请求权基础的识别须借助请求权方法。判断一项规范是否属于请求权基础,切入点是法律效果而非构成要件。如"损害赔偿"的请求权基础,法律效果常表述为"有权请求损害赔偿"或"有义务为损害赔偿"。但指向"损害赔偿"的请求权规范并非唯一,这又涉及请求权基础多元性。法律适用中,多元请求权基础有其检视次序,原则上越特别的请求权基础越应置于前列[1],以避免检视某请求权基础时,需以其他请求权基础为前提。[2] 检视次序通常如下:合同请求权→类似合同的请求权→无因管理请求权→物法上的请求权→侵权与不当得利请求权。全面的请求权基础识别可循此顺序展开,但囿于篇幅,本章仅以合同法与物法中的个别请求权基础为例进行说明。

1. 基于合同的请求权基础示例

请求权基础可分为请求权基础规范与法律行为两类。合同本身就是请求权基础,可排除任意规范的适用。但在法典编纂层面,更有意义的仍是法律规范。合同请求权有原生请求权与派生请求权之别。以买

---

[1] 参见[德]迪特尔·梅迪库斯:《请求权基础》,陈卫佐等译,法律出版社 2012 年版,边码 13。
[2] 参见王泽鉴:《民法思维:请求权基础理论体系》,北京大学出版社 2009 年版,第 58 页。

卖合同为例,原生请求权基础规范分别是原《合同法》分则买卖合同章第135条(出卖人主给付义务,《民法典》第598条)与第159条第1句(买受人主给付义务,《民法典》第626条第1句)。但首要的派生请求权基础规范却并不在买卖合同章,而是原《合同法》总则第107条(违约责任,《民法典》第577条)。因为所有的合同都涉及违约责任,原《合同法》总则第107条实为所有合同共用的派生请求权基础规范,从而属于合同法的"公因式",位于合同法总则。

2. 基于物法的请求权基础示例

物法上的请求权基础数量远少于合同法,因为物权的直接效力并非"请求",但物权的保护与实现仍须借助"请求"实现。物权的保护被规定于原《物权法》第三章第32—38条(对应《民法典》第233—239条),但这7项规范中仅原《物权法》第34条(《民法典》第235条)与第35条(《民法典》第236条)为真正的请求权基础规范,其余均为参引规范。以原《物权法》第37条为例:"侵害物权,造成权利人损害的,权利人可以请求损害赔偿……"该规范虽具有请求权基础的外观,但并非独立的请求权基础规范,因为侵害物权致害成立侵权责任,应适用一般侵权规则,即原《侵权责任法》)第6条第1款[1],原《物权法》第37条不能作为独立的裁判依据。《民法典》第238条通过增加"依法"二字明确了其参引性规范的属性。

归纳起来,请求权基础识别的重点有二:其一,拆解"括号外"各层级"公因式"中涉及的请求权基础(如原《合同法》第107条=《民法典》第577条),使其与"括号内"的请求权基础相链接。其二,甄别真正的请求权基础,筛除隐藏在请求权基础外观下的参引规范。我国民事法律中原本存在大量此类"似是而非"的请求权基础(如原《物权法》第37条),增加了识别难度。但《民法典》通过在条文中增加"依法"的表述,使很多隐藏的参引规范得以显形。

---

[1]《民法典》侵权责任编第1165条第1款的表述为:"行为人因过错侵害他人民事权益造成损害的,应当承担侵权责任。"文本中增加了"造成损害的"。

(二)请求权基础的系统梳理

逐一识别之后的作业,是请求权基础的系统梳理:一方面,以各请求权基础为线索,梳理其各层级的辅助规范与防御规范;另一方面,以总则、分则的区分为前提,梳理总分编制与请求权基础体系的关联。

1. 主要规范、辅助规范与防御规范

请求权方法以对请求与抗辩的对抗性考量为基础。与其攻防结构相应,请求权基础(主要规范)之外的规范,其作用或在于进一步具体化请求权基础之构成要件与法律效果,从而为辅助规范;或在于规定权利未发生的抗辩、权利已消灭的抗辩,以及权利行使抗辩,从而为防御规范。辅助规范与防御规范也有层级之分。

以合同解除后的损害赔偿请求权为例,其主要规范为《民法典》第566条第1款(原《合同法》第97条)。《民法典》第563条(法定解除事由,原《合同法》第94条)为第566条的辅助规范。《民法典》第590条第1款第1句(不可抗力免责,原《合同法》第117条第1款第1句)为第566条的防御规范。《民法典》第590条第2款(迟延后的不可抗力不免责,原《合同法》第117条第1款第2句)则为该条第1款第1句的防御规范(防御规范的防御规范)。《民法典》第180条第2款(不可抗力定义,原《合同法》第117条第2款)则同时构成上述第563条第1款第1项、第590条第1款第1句、第590条第1款第2句的次级辅助规范。

2. 总分编制与请求权基础体系

实证法无论在形式上是法典还是单行法,只要使用"提取公因式"的立法技术,就必然出现规范的双重不完整:"括号外"的公因式不完整,"括号内"剩余的规范也不完整。[1] 由此产生规范链条的断裂,无法直接适用于案件裁判,请求权方法则提供了弥合规范裂缝的工具。

---

[1] 参见朱庆育:《法典理性与民法总则——以中国大陆民法典编纂为思考对象》,载《中外法学》2010年第4期。

(1)请求权基础规范主要栖身于分则

总分编制之下,请求权基础规范依其类型分散于分则各编之中。物权编中除物权保护与占有保护请求权之外,限制物权人与所有权人间也存在法定的给付关系,设定物权的合同(如抵押合同)也可能产生请求效力(如请求履行登记义务),从而构成请求权基础。基于合同与类似合同的请求权基础集中于合同编,但舍债法总则而单设合同编的体例安排,需要为适用于所有债之关系的给付障碍请求权寻找栖身之所。人格权编除消极防御性请求权规范外,大多体现为侵权请求权基础的辅助规范。侵权责任编的请求权基础较为集中,但现行规则中仍欠缺违反保护性法律侵权与故意悖俗侵权规则。

(2)总则供给共用的辅助与防御规范

在主要规范、辅助规范与防御规范的分类下,总则编的规范大多为请求权基础的辅助规范或防御规范,如法律行为、意思表示是合同请求权的辅助规范,诉讼时效是各类请求权基础的防御规范。可依抽象程度将辅助规范与防御规范划分为两类:一类抽象程度较高,构成各类请求权基础共同的辅助规范或防御规范,属于"公因式"规则;另一类抽象程度较低,仅针对特定的请求权基础发挥辅助或防御功能,常附从于分则中的请求权规范而出现。

(三)请求权基础的体系优化

请求权基础的体系优化可从法效、要件、抗辩与举证四个层面切入。

1. 法效层面

法效层面的优化重点,是避免请求权基础的冗余与错位。冗余者,如《民法典》总则编(原《民法总则》)民事责任章,多数规范只是重复整理下层规范,看似具有请求权基础的外观,但是否属于独立的请求权基础仍颇值疑问,徒增识别与检索障碍,对法律适用或非有益。错位者,如原《合同法》第121条第1句:"当事人一方因第三人的原因造成违约的,应当向对方承担违约责任。"该规范同样具备请求权基础外观,但功能仅在于确认合同的相对性,并非请求权基础规范。[1] 但《民法典》第593条将第1句改为"……应当依法向对方承担违约责任",通过增加"依法"二字明确了该规范并非请求权基础。

2. 要件层面

要件层面所涉为各层级的辅助规范。请求权基础规范的要件是否齐备,须借助其辅助规范判断。欠缺相应辅助规范者,即存在"隐藏要件",如过错的判断以具备责任能力为前提,而原《侵权责任法》却并未为侵权请求权基础配置相应的责任能力规则,《民法典》侵权责任编亦然。再如,《民法典》第164条(原《民法总则》第164条)之滥用代理权责任规范,仅规定代理人"承担民事责任"、恶意串通的代理人与相对人"承担连带责任",而此类责任的性质与范围,以滥用代理权行为有效与否为其先决问题,应配置相应的辅助规范。

3. 抗辩层面

抗辩层面所涉为各层级的防御规范。优化的方向有二:其一,甄别要件与抗辩。如欠缺行为能力属于法律行为的效力障碍事由(而非生效要件),实为抗辩而非要件(见下文第四部分条文组织示例)。其二,辨析抗辩对象。抗辩可针对主要规范,也可针对辅助规范,还可针对防御规范。

如在"请求→抗辩→抗辩排除"的视角下,《民法典》第604条(原《合同法》第142条)之交付移转风险规则,实为一项抗辩排除规范。出卖人交付标的物后,标的物意外毁损灭失致使给付不能的,不必再为给付。那么,基于双务合同的牵连性,针对出卖人的价金请求权(请求),买受人本应取得拒绝给付的抗辩,也不必再履行对待给付(抗辩)。

---

[1] 参见纪海龙:《买卖合同中的风险负担》,载王洪亮等主编:《中德私法研究(11):占有的基本理论》,北京大学出版社2015年版,第299—315页;吴香香:《〈合同法〉第142条(交付移转风险)评注》,载《法学家》2019年第3期。废除说,可参见解亘:《论〈合同法〉第121条的存废》,载《清华法学》2012年第5期。其他限缩解释路径,可参见周江洪:《〈合同法〉第121条的理解与适用》,载《清华法学》2012年第5期;王洪亮:《债法总论》,北京大学出版社2016年版,第236页。

但在买卖合同中,买受人却因交付而承受价金风险,拒绝履行的抗辩被排除(抗辩排除)。在此"请求→抗辩→抗辩排除"的规范链条中,原《合同法》仅规定了其中的"请求"(第159条第1句=《民法典》第626条第1句)与"抗辩排除"(第142条=《民法典》第604条),却欠缺连接二者的"抗辩"(双务合同的给付不能方丧失对待给付请求权)[1],导致原《合同法》第142条的抗辩对象"缺位"。《民法典》沿袭了此之"缺位"。

4. 举证层面

举证分配很大程度上是实体法问题[2],要件与抗辩的区分即直接影响举证分配。请求权方法中单个请求权基础的检视步骤,所呼应的恰是举证分配。特定请求权基础是否成立,须完成"请求权已成立→未消灭→可行使"三个层次的检索,拆解为四个步骤:第一,满足请求权成立要件;第二,不存在请求权未产生的抗辩;第三,不存在请求权已消灭的抗辩;第四,不存在阻止请求权行使的抗辩权。后三步所涉均为抗辩,由被告举证。若将所有条文均置于请求权基础检视框架中予以验证,其举证分配将一目了然。

如《民法典》第235条(原《物权法》第34条)所规定之"无权占有不动产或者动产的,权利人可以请求返还原物",即违反了举证负担:该条所涉为物权请求权中的原物返还请求权,占有本权应为原物返还请求权的抗辩事由(消极要件),仅在占有人举证存在占有本权时,才可排除物权人的返还请求;而该条的文义却易使人误以为占有人"无权"是原物返还请求权之积极要件,从而误将占有人欠缺占有本权的举证负担分配于物权人。

通过识别请求权基础,梳理其辅助规范与防御规范,并在法效、要件、抗辩与举证层面系统优化"已条文化的请求权基础",一方面可对既有规范中的主要规范、辅助规范与防御规范进行体系整合;另一方面这

---

[1] 类似规范如《德国民法典》第326条第1款第1分句。
[2] 关于实体法与举证分配的关联,可参见胡东海:《"谁主张谁举证"规则的历史变迁与现代运用》,载《法学研究》2017年第3期。

种"地毯式"检查也标记出林林总总的法律漏洞,须借助"未条文化的请求权基础"进行漏洞填补。

三、未条文化的请求权基础

未条文化的请求权基础或辅助规范、防御规范,有些已有成熟表述,有些仍在争议中。已有成熟表述的,可直接条文化入典。仍在争议中的,部分可通过政策决断入典,其余则不若有意识地进行立法留白。此外还应甄别法外空间与规范漏洞,并保持法典的开放性与演进可能。

(一)有成熟表述的请求权基础(或其辅助规范、防御规范)

私法领域,法官不得以法无明文规定为由拒绝裁判,因而私法法源并不限于已条文化的规范。针对未条文化的请求权基础,首要工作是梳理已达成专业共识并形成成熟表述的主要规范及其辅助规范、防御规范,以条文化的形式固化通说。所谓成熟表述,可能体现为学理表述、判例表述,也可能体现为比较法表述。

1. 有成熟表述的主要规范示例

以纯粹经济损失为例。此类非因绝对权受侵害而发生的财产损害,原则上并非侵权法的保护对象,因其不具有对世性,从而不可期待他人防免。原《侵权责任法》与《民法典》侵权责任编均未明确规定。但从其对世性着眼,纯粹经济损失若具备公示可能,就不应再拒绝为其提供救济。基于保护性法律与善良风俗产生的行为义务提供了这样的公示可能,因上述行为义务本身即具有对世性,从而违反保护性法律或故意违反善良风俗造成他人纯粹经济损失,即应承担侵权责任。[1]《德国民法典》第823条第2款、第826条,我国台湾地区"民法"第184条第1款第2句与第2款的正当性即在于此。关于违反保护性法律侵

---

[1] 参见苏永钦:《再论一般侵权行为的类型——从体系功能的角度看修正后的违法侵权规定》,载氏著:《走入新世纪的私法自治》,中国政法大学出版社2002年版,第300—334页。

权与故意悖俗侵权,我国学理也有成熟表述[1],在法典中予以条文化或为更优的方案。

2. 有成熟表述的辅助规范示例

关于间接占有的定义性规范,是典型的有成熟表述的辅助规范(《德国民法典》第868条)。原《物权法》第五编虽然规定了占有制度,但此之占有是否包括间接占有,实定法并未表态。但并不能因此即武断认定应对间接占有持否定态度。全国人大常委会法制工作委员会在原《物权法》第27条的立法理由中,多次使用间接占有解释占有改定。[2] 原最高人民法院《关于适用〈中华人民共和国担保法〉若干问题的解释》(已废止)第88条也使用了"间接占有"。法院也在裁判文书中广泛使用"间接占有"术语,不仅有判决明确指出间接占有属于占有[3],还有判决在实质上承认多级间接占有,认为多重转租的中间转租人为占有人。[4] 间接占有规则作为有成熟表述的辅助规范,同样具备入典条件。但遗憾的是《民法典》最终仍未将该概念纳入法典,不过全国人大常委会法制工作委员会在《民法典》第228条的立法理由中同样多次使用间接占有概念解释占有改定制度。[5]

3. 有成熟表述的防御规范示例

以给付风险为例。债务人原应负担给付义务,直至达到清偿效果。但若给付风险已经移转,则债务人不必再为给付,从而给付风险的移转规则,系针对债权人原给付请求权的防御规范。特定之债的给付风险

---

[1] 参见葛云松:《纯粹经济损失的赔偿与一般侵权行为条款》,载《中外法学》2009年第5期;于飞:《违背善良风俗故意致人损害与纯粹经济损失保护》,载《法学研究》2012年第4期。

[2] 参见全国人大常委会法制工作委员会民法室编:《〈中华人民共和国物权法〉条文说明、立法理由及相关规定》,北京大学出版社2007年版,第41页。

[3] 参见最高人民法院民事判决书(2014)民一终字第116号、江苏省宿迁市中级人民法院民事判决书(2015)宿中民终字第00480号。

[4] 参见浙江省湖州市中级人民法院民事判决书(2010)浙湖民终字第305号。

[5] 参见黄薇主编:《中华人民共和国民法典物权编释义》,法律出版社2020年版,第40—41页。

自合同生效时移转[1],种类之债的给付风险自特定化时移转。[2] 给付风险存在于所有债权债务关系中,是应位于债法总则的债法"公因式"。但我国当前《民法典》未设债法总则,原《合同法》与《民法典》合同编均未就给付风险单设规则。虽然最高人民法院《关于审理买卖合同纠纷案件适用法律问题的解释》(以下简称《买卖合同解释》)第 11 条(2020 年修正前为第 14 条)将特定化作为种类物买卖价金风险移转的前提,但也未能揭示特定化与给付风险的关联。然给付风险早有成熟表述,完全可条文化入典。

(二)仍在争议中的请求权基础(或其辅助规范、防御规范)

争议中的请求权基础,若已存在明确的政策决断,则可依请求权基础类别,确定其问题领域与争议焦点,并提出解决方案。对于理论研究尚在发展中、没有形成固定案型的请求权基础,则可有意识地进行"立法留白",设置"计划内"的规范漏洞。

1. 政策决断示例

法律争议的决断有些取向于政策考量[3],如农村承包地的三权分置。《农村土地承包法》与《民法典》物权编区分土地承包经营权与土地经营权,并规定流转期限 5 年以上的土地经营权,未登记不得对抗善意第三人[4],土地经营权担保未登记不得对抗善意第三人。[5] 据此,5 年以下的土地经营权无登记能力,只能体现为债权;而 5 年以上的土地经营权,产生对抗效力以登记为前提。

但基于政策的立法决断虽可入典,却无法消弭争议:5 年以上有登

---

[1] 也有观点认为,给付风险产生的前提是给付的可替代性,特定之债无给付风险,如〔德〕迪特尔·梅迪库斯:《德国债法总论》,杜景林、卢谌译,法律出版社 2004 年版,第 133 页。但两种观点只是观察角度不同,法律效果并无差异。

[2] 参见王洪亮:《债法总论》,北京大学出版社 2016 年版,第 94—95 页。

[3] 参见戴孟勇:《论政治因素对编纂民法典的影响》,载《云南社会科学》2018 年第 1 期。

[4] 参见《民法典》物权编第 341 条,《农村土地承包法》第 41 条。

[5] 参见《农村土地承包法》第 47 条第 2 款。

记资格却未登记的土地经营权,与5年以下不具有登记资格的土地经营权,在权利效力上是否应区别对待?以租赁方式流转土地经营权超过5年且经登记者,是否成为次级用益物权,从而此类承租权为法定物权?不足5年的土地经营权不具有登记能力,该土地上得否设立担保物权?在5年以上但未登记的土地经营权之上设立担保物权,担保物权的登记是否以土地经营权的权属登记为前提?单纯基于政策考量的规范设计无法"自转",应借助民法体系内在的概念与制度资源,实现与既有体系的衔接。

2. 立法留白示例

"在一个只能由科学解释的问题上,只要科学解释还没有形成,一切还在酝酿中,法学界还在争论将要制定的规则的效力范围,对此的思考还没有得出结果时,立法就只能沉默。"[1]以实践中颇具争议的让与担保为例。让与担保否定论的理由是,让与担保是通谋虚伪表示,违反物权法定、流押流质禁止,且欠缺公示导致隐秘担保。让与担保肯定说则认为,让与担保所让渡的权利虽超出其经济目的(担保),但双方当事人约定担保,仍出于真实的效果意思,与通谋虚伪的表面行为不同。让与担保的本质并不是"担保物权",而是"担保债权",担保义务成立于债权层面而非物权层面。受让人取得的是具有绝对性但同时受债法限制的完全物权。在对外关系方面,担保权人取得完全所有权;在内部关系方面,仅得在担保目的的范围内行使其权利。[2]即使在肯定说之下,对于让与担保的客体(是否限于动产)、清算义务、非从属性等问题也远未形成统一见解。对于此类问题,《民法典》的立法留白可为裁判与学理提供发展空间。

---

[1] [德]霍尔斯特·海因里希·雅科布斯:《十九世纪德国民法科学与立法》,王娜译,法律出版社2003年版,第171页。

[2] 争议梳理,可参见高圣平:《动产让与担保的立法论》,载《中外法学》2017年第5期;龙俊:《民法典物权编中让与担保制度的进路》,载《法学》2019年第1期;吴从周:《让与担保制度在台湾之发展现状——兼评中国大陆最高人民法院(2011)民提字第344号民事判决》,载氏著:《民事实务之当前论争课题》,元照出版有限公司2019年版,第221—249页。

（三）法外空间与请求权基础开放性

并非所有法律沉默都应被视为漏洞，只有在非属"法外空间"的问题上欠缺规则时，才有"漏洞"可言。因而，有必要对法外空间予以甄别，探究模糊地带的问题何时以及如何纳入规范视野。同时，还应保持体系的开放性与演进可能。

1. 法外空间的甄别

法律秩序放弃对"法外空间"进行评价，既不评价其为合法，亦不评价其为非法，只是将其视为"不禁止"，让诸行为人自己以其自由良心判断，并且不论结果如何，均宽容这种判断。[1] 法外空间的甄别难点之一，即情谊行为。情谊行为与法律行为的区别在于，行为人是否具有受法律约束之意思。因二者的区分在发生给付障碍时才有意义[2]，所以除了是否无偿之外，判断的关键还在于当事人是否认真考虑过不履行的后果。情谊行为通常无法作为合同请求权基础，因其排除合同给付义务与违约责任，但并不必然排除保护义务等附随义务。情谊行为也不排除侵权责任，但仍得类推无偿合同的责任优待。[3] 原因在于，有法律拘束意思的无偿法律行为尚且享有责任优待，无法律约束意思的情谊行为更应如此。

2. 体系开放与演进

请求权基础体系是演进中的开放体系。作为裁判规范的民法典也应保持其开放性与演进可能。民法典中的法律原则堪当此任。法律原则没有明确的构成要件与法律效果，用于案件裁判时必须予以具体化。它虽引导裁判的方向，但并不要求作出特定决定。因而，法律原则体系

---

[1] 参见〔德〕亚图·考夫曼：《类推与"事物本质"——兼论类型理论》，吴从周译，颜厥安审校，学林文化事业有限公司1999年版，"附录：四十五年来的法律哲学历程"，第209页。

[2] Vgl. Werner Flume, Allgemeiner Teil des Bürgerlichen Rechts, 2. Band, 4. Aufl., Berlin Heidelberg:Springer, 1992, S. 87.

[3] 参见朱庆育：《民法总论》（第2版），北京大学出版社2016年版，第81—82页。

绝非封闭体系,而是永未完成、也不可能完成的开放体系。[1]

以"附保护第三人作用合同"为例,该理论即诚信原则的具体化。为了避免侵权责任在救济方面的缺陷,德国法院基于诚信原则,通过判例形成了"附保护第三人作用合同"理论,其典型情形如顾客的幼年女儿在商场滑倒。债法改革时该理论被《德国民法典》第311条第3款第1句条文化。我国原《合同法》与《民法典》合同编对此均无明文,理论与实务中也未形成统一见解,但仍不妨在个案裁判中,基于诚信原则将合同债务人的保护义务扩张至此类第三人。

综上,对于未条文化的请求权基础或其辅助、防御规范,若已形成成熟表述,即可以条文化的形式入典;若仍在争议中,除因政策决断必然入典的规范外,可有意识地设置立法留白,留待学理与判例继续发展;同时,还应避免混淆法外空间与法律漏洞,并借助法律原则保持体系的开放与演进。

四、立法技术层面请求权基础的体系化

整合"已条文化的请求权基础"与"未条文化的请求权基础",即形成请求权基础的内在体系。余下的任务是在立法技术层面,构建请求权基础外在体系,以请求权方法组织民法素材。自微观至宏观依次涉及条文组织、规范配置与体系构造三个层面。

(一)条文组织

以请求权方法组织条文最为精确:从法律效果切入,拆解权利主体、义务主体、适用前提、抗辩事由与举证分配。立法技术层面最值得关注的是要件与抗辩的区分。兹以法律行为的成立与生效为例。

依《民法典》第134条(原《民法总则》第134条),法律行为的成立

---

[1] 参见〔德〕卡尔·拉伦茨:《法学方法论》,陈爱娥译,商务印书馆2003年版,第362页。

要件是具备意思表示。《民法典》第143条(原《民法总则》第143条)则规定:"具备下列条件的民事法律行为有效:(一)行为人具有相应的民事行为能力;(二)意思表示真实;(三)不违反法律、行政法规的强制性规定,不违背公序良俗。"自文义观察,该条规定的是法律行为的"一般生效要件"。此外,特定法律行为可能还须满足"特别生效要件",如登记、批准等。归纳起来,法律行为生效似应满足三层"要件":成立要件→一般生效要件→特别生效要件。但若将其置于请求权基础的攻防结构之下,则不免令人生疑。

依请求权基础的攻防模式,要件由请求人举证,抗辩由相对人举证。以上述法律行为的三重"要件"为出发点,合理的推论只能是,提出请求者有义务举证上述"要件"均满足。然而,基于私法自治理念,法律行为一经成立,即应被推定为有效,怀疑其效力者负担反证推翻的义务。这样的举证分配也符合《民法典》第136条(原《民法总则》第136条)第1款之表述:"民事法律行为自成立时生效,但是法律另有规定或者当事人另有约定的除外。"据此,行为能力、意思表示瑕疵、违反法律强制规定、违反善良风俗等事由,并非请求人的举证事项,而是相对人应予反证的效力障碍事由,从而并非要件而系抗辩。[1]

进而言之,法律行为之效力检视,实可分为四阶:其一,成立要件;其二,特别生效要件[2];其三,不存在效力尚未发生的抗辩,如各类无效事由,及效力待定且未经补正的事由;其四,不存在效力嗣后消灭的抗辩,如各类可撤销事由。其中,前两阶为要件,后两阶为抗辩。由此反观《民法典》第143条(原《民法总则》第143条),该条的表述逻辑似乎是为了"正面"规定法律行为的有效条件,从而与《民法典》第144—154条(原《民法总则》第144—154条)之"反面"的效力瑕疵规则相呼

---

[1] 德国法学家莱嫩(Detlef Leenen)与中国法学家陈自强、苏永钦、朱庆育等,均有意识地从举证分配层面重构法律行为要件与抗辩体系,相关梳理可参见朱庆育:《民法总论》(第2版),北京大学出版社2016年版,第115—124页。

[2] 但附条件、附期限、意定形式等意定生效要件的存在与违反,应由相对人举证,因而并非特别生效要件,而系效力未发生的抗辩。

应。但若以请求权思维检查,则该条实为一项"迷惑"性规范,即"要件"与"抗辩"错位。

(二)规范配置

以请求权基础为指针的规范配置,突出以规范属性确定配置模式,立法技术上必然要求有意识地区分主要规范、辅助规范与防御规范,完全法条与不完全法条,强制规范与任意规范。

1. 主要规范、辅助规范与防御规范的配置

具有体系关联的请求权基础(主要规范)应以规范群的形式出现。如《民法典》第459—461条(原《物权法》第242—244条)所涉实为"占有人与回复请求人的权利义务关系",只有存在物权人的回复请求权,且物权人向无权占有人主张返还占有物时,后者无权占有期间所生的收益、费用、损害等问题才会显现,因而上述规范实为物权返还请求权的"从请求权"或其"附从后果",体例上紧随物权返还请求权(原《物权法》第34条=《民法典》第235条)或更可取。

辅助规范与防御规范的配置,依其抽象程度不同而区分为两类:其一,多个请求权基础共用的辅助或防御规范,因具备公因式的性质,应位于各层级的总则中,如合同成立的要约与承诺规则可置于总则(物权编、婚姻家庭编、继承编,甚至人格权编均有合同)。其二,针对特定请求权基础的辅助规范或防御规范,体例上应紧随其主要规范,如正当防卫、紧急避险仅保护绝对权,在效力上为不法阻却事由,为侵权请求权基础的防御规范,可置于侵权责任编。

2. 完全法条与不完全法条的配置

立法技术层面,应尽量避免将请求权基础设置为不完全法条。辅助规范对应说明性法条,防御规范对应限制性法条。参引规范的设置应以必要为限。我国既有民法规范配置的一大流弊,是滥用注意规范。注意规范常具有请求权基础的外观,但并非真正的请求权基础,无法作为独立的裁判依据,虽然在解释上可将其界定为参引规范,但由此徒增

立法、释法、用法成本,有悖于法典的体系融贯要求与裁判规范属性。

3. 强制规范与任意规范的配置

基于民法的私法属性,法典中的请求权基础大多体现为任意规范,系当事人未明示排除,从而"默示"选定的规范依据。立法技术上不必以"当事人另有约定的除外"指示任意规范。因为所有任意规范均使用该表述实无必要,而仅在个别任意规范中使用该表述又易生误解:未使用该表述者是否即为强制规范?不若明确强制规范的表述模式,其余皆为任意规范。

解释性与填补性任意规范的区分也至关重要。解释性任意规范的典型表述,如《德国民法典》第154条第2款(当事人约定合同应作成证书者,有疑义时,证书未作成前,合同未成立),或我国台湾地区"民法"第166条(契约当事人约定其契约须用一定方式者,在该方式未完成前,推定其契约不成立)。与之对照,原《合同法》第32条(当事人采用合同书形式订立合同的,自双方当事人签字或者盖章时合同成立)与《民法典》合同编第490条第1款第1句(当事人采用合同书形式订立合同的,自当事人均签字、盖章或者按指印时合同成立),却是以填补性任意规范的模式设置解释规范[1],可能不当地限制了自治空间。

(三) 体系构造

请求权基础体系所呈现的,实质是提取公因式之前的民法体系全貌。民法典体系构造的核心在于发现并提取公因式。公因式提取的方式与程度,决定了法典的面貌。但若公因式的抽象度过高则难免导致意义空洞,提取层级过多则会导致规范断点频现。因而,立法中如何提取公因式,何时嫁接典型列举、类推扩展技术即成难题。

1. 公因式的发现与提取

公因式的发现与提取并非任意为之,而是有其逻辑证成模式,这里可以总则编为例。总则编作为《民法典》的"公因式",设有基本规定、

---

[1] 这种表述模式还可能导致任意规范与强制规范的混淆。

自然人、法人、非法人组织、民事权利、民事法律行为、代理、民事责任、诉讼时效、期间计算共10章。其中真正撑起总则的是法律行为(含代理)。法人、非法人组织章，固然有其"公因式"的一面，但若依法人类别，将相应规范拆解于公司法等特别法中，并不影响甚至更便于法律适用。民事权利、民事责任章，则只是在重申下级规范，并非真正的"公因式"。诉讼时效章以债权为典型规范对象，也并非必须置于总则。基本规定、自然人、期间计算章的规范体量较小，以"序编"代之也未尝不可。换言之，若非法律行为规范，总则本身是否必要都可置疑。[1]

那么，"法律行为"是否堪当民法的"公因式"？《民法典》分编以债、物二分为基本架构，我国当前的《民法典》虽未设债法总则，但物权编、合同编、侵权责任编的设置仍遵循物、债二分的逻辑。若法律行为是公因式，则至少应在物、债两个领域均有适用。债法中法律行为的典型是债权行为(合同编)，此并无疑义。争议不断的是，物权编中是否存在物权行为。以总分编制的"公因式"提取技术观察，若没有物权行为，法律行为在物权编的意义即非常有限，而如果法律行为主要表现为债权行为，将其提取为整部《民法典》的"公因式"，似有名不副实之嫌。由此推论，甚至可以说，没有物权行为也就不必有总则编。

2. 类推扩展的使用比例

提取"公因式"不是唯一的体系构建原则，还要考虑找法的便利性。若"公因式"的抽象程度过高，反而可能引发过分泛化的担心，因为越是一般化的概念或规范，就越是空洞无意义，与案件事实的距离就越远，规范解释与类型化的难度就越高。另外，"公因式"的提取层级过多，也会导致规范链条的过度断裂，弥合规范裂缝的操作就更加繁复。应与"公因式"提取技术结合使用的，系"典型例示+类推扩展"技术，该技术既可用于特定规范的设置，也可用于规范群落的体系安排。

---

[1] 参见朱庆育:《法典理性与民法总则——以中国大陆民法典编纂为思考对象》,载《中外法学》2010年第4期。

"列举+概括"条款是该技术在条文组织中的体现,如原《侵权责任法》第 2 条第 2 款"本法所称民事权益,包括……等人身、财产权益"的规定。该条款所列举者以绝对权为典型,未被列举的权益是否为侵权法的保护对象,取决于它与所列举的绝对性权益是否具有本质相似性。《民法典》侵权责任编未保留该条文,于法律适用而言,或许并非明智之举。

规范群落的体系安排中,适用"典型例示+类推扩展"的典型是买卖合同章。首先规定买卖合同规则,再规定其他有偿合同参照买卖规则(原《合同法》第 174 条=《民法典》第 646 条),体现的并非"公因式"提取技术,而是类推扩展技术。"公因式"提取与类推扩展技术的使用比例是立法中极难掌握的分寸问题,唯有找到二者间适当的平衡点,才能构建出真正的"裁判友好型"法典。

五、小结

法典体系化是旧问题,从请求权基础切入是新视角。以请求权基础为线索的规范体系,实质是以争议解决为导向的民法体系表达,可直接服务于法律适用。不独法律适用是争议解决过程,立法活动同样是争议解决方案的体系化。法律争议的"请求→抗辩"架构先在于法典,形式意义的民法可能体现为民法典,实质意义的民法却必然体现为请求权基础体系。民法典编纂中借助请求权方法,可系统升级既有的请求权基础(已条文化的请求权基础),甄别规范漏洞并予填补(未条文化的请求权基础),并保持体系的开放性。同时,请求权基础的体系化,也在条文组织、规范配置与体系构建等方面,对立法技术提出了更高要求。《民法典》出台后,请求权基础的体系化梳理,更是法律适用的关键。在此意义上,《民法典》并非请求权基础体系化的终点,而是新的开端。

第五章　请求权基础规范体系梳理

——以《民法典》侵权责任编为例

《民法典》出台后,民法学的研究重心必然转向解释论。然而,解释论也有不同视角。《民法典》作为体系化的纠纷解决方案,其首要功能系为法官提供裁判依据,而民事法官找法作业的根本,则在探寻请求权基础。在此意义上,以请求权基础这一新兴学术视角解读民法典的规范体系,对法律适用颇有助益。

《民法典》中最能体现请求权基础救济属性与请求权方法适用架构的是侵权责任编。总分编制下的民法典编纂,以提取"公因式"为主要技术,侵权责任编也体现了这种从一般到特别的总分结构:第一章一般规定与第二章损害赔偿相当于侵权责任编的"小总则",其后各章则相当于"侵权分则"。不过,法律适用的规范检视方向与法典编纂相反,是从特别到一般的逆向过程。就此而言,可直接与围绕诉讼请求而展开的法律适用相对接的规范体系,并非法典的总分体系,而是"公因式"展开后的请求权基础规范体系。为此,本章旨在运用请求权基础方法,以诉讼中的攻防结构为基点,借助主要规范(请求权基础)、辅助规范(常体现为说明性法条)与防御规范(抗辩规范,常体现为限制性法条)的区分技术,呈现侵权请求权基础规范体系的展开逻辑。

本章正文分为四节,依如下论证脉络展开:首先,侵权请求权基础的体系梳理,以主要规范的识别与检视程式为第一步,因而,本章第一部分先从规范类别与主体两个视角甄别构成独立侵权请求权基础的主要规范,并在区分责任成立与责任范围两个阶段的框架下,厘清各类侵权请求权基础的检视程式。其次,第二部分对侵权责任编的请求权基础规范序列作细化整理,整理顺序以归责原则与侵权人的单复数为标准,依过错侵权、过错推定、不问过错、公平责任与数人侵权渐次展开。再次,鉴于请求权基础视角下的规范体系以主要规范为主轴,以辅助规范与防御规范为两翼,第三部分即转向侵权责任编中的辅助规范与防御规范,以及未条文化的柔性辅助规范与柔性防御规范。最后,法典的体系性决定了任何一编均不完整,侵权责任编亦是如此。所以,第四部分探讨侵权请求权基础与《民法典》其他各编的规范关联,以尽可能呈现《民法典》中侵权请求权基础规范体系的全貌。

一、侵权请求权基础的甄别与检视

民事诉讼的两造:原告请求,被告抗辩。据以支持原告请求权主张的规范为请求权基础,据以支持被告抗辩的规范为防御规范。进一步具体化请求权基础之构成要件或法律效果的规范则为辅助规范。在与辅助规范、防御规范相对的意义上,请求权基础规范又称为主要规范。同时,辅助规范可能有其次级辅助规范或防御规范,防御规范也可能有其辅助规范或防御规范。如此层层叠叠,围绕主要规范形成规范之网。请求权基础的检视,并不限于主要规范自身,而是对其各层级辅助规范与防御规范的全面审查。[1] 就此而言,"请求权基础"并非孤立概念,背后嵌套的是体系化的法律适用方案,贯穿该体系的核心线索即请求权基础规范。

---

[1] 关于主要规范及其辅助规范、防御规范的层级关系,参见刘小砚:《论证明责任分配视域下民法典的规范构造》,载《华东政法大学学报》2019年第3期。

(一)侵权请求权基础的甄别

1. 规范类别视角下请求权基础的识别

当事人的请求权主张(如赔偿损失)体现在规范的法律效果部分,因而,请求权基础的识别应从法律效果切入。然而,法律效果包含请求权的规范,也可能是"伪装的请求权基础"。最易混淆的,是各类看似具有请求权基础外观的参引规范,如《民法典》第1165条第2款(依照法律规定推定行为人有过错,其不能证明自己没有过错的,应当承担侵权责任)。更隐蔽的参引规范甚至不显示"依照法律""依法"等指示词,如第1177条第2款的自助过当参引过错侵权一般规则(第1165条第1款),再如,第1236条(从事高度危险作业造成他人损害的,应当承担侵权责任)并非高度危险责任的一般规则[1],而是参引第1237条及其以下各条规定的具体的高度危险责任。

此外,请求权基础视角下,宣导规范因无独立的裁判适用价值而无法归列为主要、辅助或防御规范中的任何一种,如第1164条(本编调整因侵害民事权益产生的民事关系)、第1228条第1款(医疗机构及其医务人员的合法权益受法律保护)等。

2. 主体视角下侵权请求权基础的识别

探寻请求权基础的提问方式是"谁得向谁根据何种规范为何种请求"。就侵权请求权基础而言,通常以直接受害人为请求权人、行为人自身为相对人。但在例外情形下,请求权人可能是间接受害人或其他主体,相对人也可能涉及行为人之外的他人。某些情况下,该"行为人之外的他人"甚至需要法益衡量才能作出判断。

以间接受害人为请求权人者,如被侵权人死亡时,其近亲属的请求权(第1181条第1款),以及支付医疗费、丧葬费等合理费用者的费用

---

[1] 不同观点,参见王利明:《论高度危险责任一般条款的适用》,载《中国法学》2010年第6期。

赔偿请求权(第1181条第2款)。[1] 在《民法典》新增的生态环境损害情形中,因生态环境破坏已超出私法范畴,请求权人还可能是公法主体或准公法主体(新增第1234、1235条)。

相对人也涉及行为人之外的他人者,如监护人责任(第1188、1189条)、使用人责任(第1191条第1款第1句、第2款第1分句,第1192条第1款第1句)、机动车交通事故的保险赔付(第1213条)等。

因相对人界定模糊须借助法益衡量予以判断者,如饲养动物致害的"饲养人或者管理人"(侵权责任编第九章)、建筑物致害的"所有人、管理人或者使用人"(第1253条)、林木致害的"所有人或者管理人"(第1257条)等。

(二)侵权请求权基础的检视程序

1. 责任成立与责任范围

侵权请求权基础的检视可区分为责任成立与责任范围两个阶段:首先,确认侵权责任是否成立。此亦回答侵权请求权是否成立。其次,若侵权责任成立,再确定侵权责任的具体内容。此回答侵权请求权的范围。各类侵权请求权的检视程序通常仅在责任成立部分有差别,责任范围的检视则大致相同。

立法的新变化也暗合了责任成立与责任范围的分阶。侵权责任编的重大变化之一,是强调侵权责任以"损害赔偿"为原则,表现在:其一,与原《侵权责任法》第6、7条相比,《民法典》第1165、1166条在"侵害"之外增加了"损害"要件[2],突出了侵害与损害的区分。[3] 其二,第二章章名由原《侵权责任法》的"责任构成和责任方式"改为"损

---

[1] 但费用补偿请求权的性质更接近不当得利或无因管理。
[2] 指出原《侵权责任法》第6条未设置损害要件之弊端者,如张新宝:《民法分则侵权责任编立法研究》,载《中国法学》2017年第3期。
[3] 参见程啸:《中国民法典侵权责任编的创新与发展》,载《中国法律评论》2020年第3期。

害赔偿"[1],最终的体系呈现是,第一章一般规定对应责任成立,第二章损害赔偿对应责任范围。

2. 责任成立阶段的检视

责任成立的关键之点在于归责原则,因而,在此阶段,各类侵权请求权因归责原则而各有其不同的检视程式。此外,数人侵权另须处理侵权主体之间的责任分配,检视程式须作独立观察。

(1)过错侵权

① 典型检视程式

过错侵权责任成立的典型检视程式是:先在客观层面确认存在应予负责的加害行为,再考量行为人在主观层面是否具有过错。

客观层面又分事实构成与不法性二阶。满足事实构成的前提,是侵权法所保护的绝对权受到侵害(非因侵害绝对权所致的纯粹经济损失有其特定的检视程式)、存在加害行为,且二者间存在因果关系(责任成立因果关系)。不法性是可推翻的推定。满足事实构成,即推定加害行为具有不法性,推翻的方式是证明存在不法性阻却事由。[2] 因而,在请求权方法的框架下,不法性的意义在于对应权利未成立的抗辩。

主观层面的过错以责任能力为前提[3],无责任能力者谈不上过错。[4] 但责任能力同样为推定,由主张责任能力欠缺者举证。《民法典》未直接规定责任能力,但蕴含在法条中。由于过错侵权一般条款(第1165条第1款)的责任主体是"行为人",并未局限为完全行为能力人,所以可认为能够因过错而实施侵害之人未必是完全行为能力人。

---

[1] 2002年《民法典草案》侵权部分一审稿第二章章名即为"损害赔偿",二审稿时改为"责任构成和责任方式",参见张谷:《作为救济法的侵权法,也是自由保障法——对〈中华人民共和国侵权责任法(草案)〉的几点意见》,载《暨南学报(哲学社会科学版)》2009年第2期。

[2] 主张区分不法性与过错者,参见张金海:《论违法性要件的独立》,载《清华法学》2007年第4期。

[3] 参见周友军:《我国〈侵权责任法〉修订入典的初步构想》,载《政治与法律》2018年第5期。

[4] 参见李昊:《对民法典侵权责任编的审视与建言》,载《法治研究》2018年第5期。

无行为能力者固然不能成为责任主体,但有不法识别能力的限制行为能力人则无妨作为"行为人"承担过错责任。承担过错责任的能力不同于行为能力,其所对应的便是"责任能力"。

归纳起来,过错侵权请求权基础在责任成立阶段的检视步骤为:事实构成(绝对权受侵害+加害行为+责任成立因果关系)→不法性(不法性阻却抗辩)→可归责性(责任能力抗辩+过错)。[1]

② 特殊检视程式:框架权利侵害、不作为侵权

过错侵权责任成立的典型检视程式无法简单套用到框架权利(如框架性人格权)侵害与不作为过错侵权。

框架权利因为权利的内容与边界模糊,是否存在加害行为须在个案中借助法益衡量判断,不法性也无从推定[2],而须借助加害行为的认定予以积极认定。[3] 换言之,加害行为与不法性的认定同一,均须借助法益衡量[4],这一过程也同时合并过错的认定。以框架性人格权为例,第 998 条与第 999、1020、1025、1026、1027、1036 条分别提示了生命权、身体权和健康权(仅限躯体健康权)之外的人格权侵害的法益衡量因素,以及姓名、名称、肖像、名誉、个人信息的合理使用(实为与新闻报道、舆论监督、文艺创作、科学研究、言论表达等的法益衡量)。而且,以第 998 条为据,生命权、身体权和躯体健康权之外的人格权即使因被列举而有名化,也并非严格意义上的具体人格权,而仍属类型化的框架性人格权,需要借助法益衡量确认是否存在加害行为与不法性。

据此,框架权利侵权请求权基础在责任成立阶段的检视程式为:框架权利受侵害(法益衡量与加害行为、责任成立因果关系、不法性、过错判断合一)→责任能力(抗辩)。

---

[1] 这里的检视程式与我国传统上的侵权责任四要件说并无实质冲突,只是为了分析的精确,将要件拆解到最小单元。

[2] 参见陈聪富:《侵权违法性与损害赔偿》,北京大学出版社 2012 年版,第 36 页。

[3] 参见于飞:《论德国侵权法中的"框架权"》,载《比较法研究》2012 年第 2 期。

[4] 参见[德]埃尔温·多伊奇、汉斯-于尔根·阿伦斯:《德国侵权法——侵权行为、损害赔偿及痛苦抚慰金》(第 5 版),叶名怡、温大军译,刘志阳校,中国人民大学出版社 2016 年版,边码 18。

在不作为侵权中,加害行为、责任成立因果关系、不法性与过错的判断同一,均通过"有作为义务而不作为"认定。具体而言:第一,不作为加害行为,以作为义务为前提,违反作为义务即存在加害行为。第二,不作为与结果之间,并不存在一个因果链条,而是"若无此不作为则结果发生的可能性必定大为降低"的关系。为此,责任成立因果关系由作为义务的违反推定,除非行为人可证明即使尽到作为义务侵害也无法避免。因而,不作为侵权所考量的并非真实的因果关系,而是被设想的因果关系。[1] 第三,不作为侵害通常系间接侵害,不法性无法直接推定,而须借助作为义务的违反积极确认。[2] 第四,作为义务之违反本身即"疏于尽到在交往中必要的注意",与过错的判断合一。第五,作为义务由请求权人积极证明,不作为则因属于消极事实,不必由请求权人证明,"绝对权受侵害+作为义务"即可推定行为人违反作为义务(不作为),除非行为人可证明自己尽到作为义务。

因而,不作为侵权请求权基础在责任成立阶段的检视程式为:绝对权受侵害→作为义务(推定行为人不作为、责任成立因果关系存在、具有不法性与过错)→尽到作为义务抗辩(同时排除加害行为、责任成立因果关系、不法性与过错)→无避免可能性抗辩(排除责任成立因果关系的条件性)→责任能力(抗辩)。

(2)过错推定

甄别过错推定侵权时,困难的不是与作为的过错侵权相区分,而是与不作为过错侵权相区分。过错推定侵权常与违反交往安全义务类不作为侵权外观相似。甚至可以说,过错推定侵权是从不作为过错侵权中择出的法定类型。

不作为过错侵权的"过错"要件本就是由"有作为义务而不作为"所推定的,因而,过错推定侵权与不作为侵权的区别,并不在于过错要

---

[1] 参见朱岩:《侵权责任法通论·总论》,法律出版社2011年版,第351页。
[2] 参见[德]迪特尔·梅迪库斯:《请求权基础》,陈卫佐等译,法律出版社2012年版,边码335。

件是否为推定,而在于:不作为侵权情形,行为人的作为义务需要请求权人积极证明;过错推定侵权情形,请求权人则不必举证"作为义务"的存在,作为义务或者由法律条文具体化(如第1256条第2句"不能证明已经尽到清理、防护、警示等义务的"),或者由给定情形下的"致害事实"即可推定存在"作为义务+作为义务的违反"(如第1255条堆放物致害、第1257条林木致害)。换言之,就过错推定侵权,请求权人证明给定情形下的"绝对权受侵害"要件,即可推定"作为义务的违反";就不作为侵权,请求权人则需证明"绝对权受侵害+作为义务"两项要件。

据此,过错推定侵权请求权基础在责任成立阶段的检视程式为:给定情形的绝对权受侵害→(推定存在作为义务且作为义务被违反、责任成立因果关系、不法性与过错)→尽到作为义务抗辩(同时排除加害行为、责任成立因果关系、不法性与过错)→无避免可能性抗辩(排除责任成立因果关系的条件性)→责任能力(抗辩)。

(3)不问过错与公平责任

① 不问过错

不问过错侵权的常见表达是"无过错侵权",但侵权人未必真的没有过错,而是责任成立与否不以过错为前提,因而本章采"不问过错"的表述。

不问过错侵权以危险责任为典型。危险责任是危险行为或状态而非不法行为所生责任,实质是风险分配问题。因而,危险责任以危险实现代替了加害行为要件,不以不法性与过错为责任成立的前提。[1] 责任成立因果关系则仅须检视条件性,相当性被危险实现所取代[2],但受规范目的限制。[3] 特定类型的不问过错侵权责任成立因果关系为抗辩而非要件(如第1230条环境生态侵权)。不问过错侵权的成立

---

[1] 参见〔德〕哈里·韦斯特曼:《德国民法基本概念》(第16版)(增订版),张定军、葛平亮、唐晓琳译,中国人民大学出版社2013年版,第156页。
[2] 参见〔德〕马克西米利安·福克斯:《侵权行为法》,齐晓琨译,法律出版社2006年版,第258页。
[3] 同上书,第260页。

是否以责任能力为要件,则有争议。本书认为,责任能力不适用于营运责任(如第1237条核事故),但适用于行为责任与占有责任(如第1239条占有或使用高度危险物),后者以责任主体有能力意识到危险为前提。

归纳起来,不问过错的危险责任在责任成立阶段的检视程式为:绝对权受侵害→危险实现(代替加害行为)→责任成立因果关系(危险实现代替相当性判断)→责任能力(抗辩,区分类型判断是否检视)。

② 公平责任

公平责任并非一般意义上的不问过错侵权,也并非如表面文义所显示的双方"都没有过错"就可适用。性质上,公平责任与其说是"责任",不如说是特定情形下的牺牲补偿(见下文),须以过错侵权责任、过错推定侵权责任与不问过错侵权责任均不成立为其适用前提。此外,公平责任往往使当事人行为自由受到无法事先防控的限制,因此,适用时需慎之又慎。即使过错责任机制失灵并且不问过错责任机制也无能为力,也不意味着作为结果责任的公平责任当然适用。

《民法典》第1186条的公平责任条款以"依照法律的规定",代替了原《侵权责任法》第24条的"可以根据实际情况",从而否定了该条款为独立的请求权基础。据此,公平责任的适用必须以法有明文规定为限,典型情形如第1188条第2款有财产的被监护人致害时被监护人与监护人的公平责任,第1190条第1款无行为意思且无过错致害的公平责任。各类公平责任请求权基础有其各自不同的检视程式。

(4)数人侵权

数人侵权,有共同加害型(第1168条)、因果关系竞合型(第1171条)、因果关系聚合型(第1172条)、共同危险行为(第1170条)等不同类型。各类数人侵权请求权基础在检视程式上的差别主要体现于责任成立因果关系要件:共同加害型、因果关系聚合型数人侵权,所检视的是各加害人的行为作为整体与绝对权受侵害之间是否具有责任成立因果关系,而非就每个侵害人的行为单独检视[1];因果关系竞合型数人侵权,以每位加害人的行为与绝对权受侵害之间均具备因果关系为要件;共同危险行为,则不以责任成立因果关系为前提,或者说该因果关系为法律所推定。[2]

3. 责任范围阶段的检视

(1)责任范围的检视程式

各类侵权请求权基础在责任成立阶段的检视虽各不相同,但在责任范围阶段原则上并无差异,均须具备"损害+责任范围因果关系"。责任范围因果关系与责任成立因果关系不同:后者于责任成立阶段检视,探讨的是"绝对权受侵害"与"加害行为"之间的因果关系;前者则于责任范围阶段检视,探讨的是"损害"与"绝对权受侵害"之间的因果关系。

惩罚性赔偿(第1185条、第1207条、第1232条)与精神损害赔偿(第1183条[3])还应满足各自的特别要件。

(2)例外情形下责任成立与责任范围的合并检视

责任成立与责任范围的区分,很大程度上是基于责任成立因果关系与责任范围因果关系的区分,在"最终损害"与"加害行为"的因果关系判断中,加入了"绝对权受侵害"这一"过滤器",避免一般性地保护纯粹经济损失。纯粹经济损失仅在满足特定前提时,如违反保护性法律或故意违背善良风俗时,才受侵权法保护。纯粹经济损失与"最终损害"常同一,因而不必区分责任成立与责任范围两个阶段,出现所谓"因果关系的缩短"。

(3)责任成立与责任范围的区分意义

责任成立与责任范围的区分,使侵权请求权基础的检视更精准,其

---

[1] 共同加害型数人侵权的因果关系,参见朱岩:《侵权责任法通论·总论》,法律出版社2011年版,第204页;因果关系聚合型数人侵权的因果关系,参见张新宝:《民法分则侵权责任编立法研究》,载《中国法学》2017年第3期。

[2] 参见陈自强:《民法侵权行为法体系之再构成——"民法"第191条之3之体系地位》,载氏著:《债权法之现代化》,北京大学出版社2013年版,第112页。

[3] 《民法典》第1183条第2款的故意或重大过失侵害自然人具有人格意义之特定物的精神损害赔偿规则为新增条款。

意义主要体现为：其一，在因果关系判断上，加入绝对权受侵害这一中间环节，将加害行为与最终损害之间的因果关系判断分成两个阶段，既提高判断的精准度，又让绝对权发挥过滤作用，避免为纯粹经济损失提供一般保护，避免过分限制行为自由。其二，区分责任成立因果关系与责任范围因果关系，可以更准确地呈现各类侵权在因果关系判断上的差异与共性。不同类型的侵权，差别主要在责任成立阶段，责任范围阶段则大致相同。例如，典型过错侵权的责任成立因果关系须积极证明，而不作为侵权、过错推定侵权的责任成立因果关系则为推定，不问过错侵权的责任成立因果关系相当性被危险实现所替代。但无论何种侵权，责任范围因果关系均须积极证明。其三，过错要件在责任成立阶段而非责任范围阶段检视[1]，过错指向加害行为而非最终的损害结果。

二、侵权责任编的请求权基础规范序列

侵权责任编第二章的标题由原《侵权责任法》的"责任构成和责任方式"改为"损害赔偿"，明确了侵权请求权以损害赔偿为权利内容。[2] 与侵权损害赔偿请求权相区别的，是侵权责任编第1167条的"停止侵害、排除妨碍[3]、消除危险等"消极防御性绝对权请求权。此类请求权虽不以过错为前提[4]，但仍须具备不法性[5]，系绝对权之内在效力的

---

[1] Vgl. Kötz/Wagner, Deliktsrecht, 13. Aufl., München: Franz Vahlen, 2016, Rn. 130.
[2] 参见杨立新：《侵权责任法回归债法的可能及路径——对民法典侵权责任编草案二审稿修改要点的理论分析》，载《比较法研究》2019年第2期。
[3] 排除侵害（第236条）与排除妨碍（第1167条）的表述并无实质差异，参见茅少伟：《防御性请求权相关语词使用辨析》，载《法学》2016年第4期。
[4] 关于绝对权请求权与过错的关系，参见崔建远：《民法总则应如何设计民事责任制度》，载《法学杂志》2016年第11期；也有观点指出，归责原则仅得适用于损害赔偿请求权，绝对权请求权无所谓归责，参见程啸：《民法典侵权责任编的体系结构及总则部分的完善》，载《财经法学》2018年第6期。
[5] 类似观点，参见王洪亮：《论侵权法中的防御请求权》，载《北方法学》2010年第1期。反对观点，参见叶名怡：《论侵权预防责任对传统侵权法的挑战》，载《法律科学（西北政法大学学报）》2013年第2期。

必然推衍[1],从属于其所保护的绝对权。[2]

侵权请求权基础的规范序列由过错侵权、过错推定、不问过错、公平责任与数人侵权的请求权基础构成。

(一) 过错侵权请求权基础

侵权责任以过错责任为原则,以过错推定、不问过错、公平责任为例外。过错侵权不必列举具体类型,凡无特别规定之处,均以过错侵权一般条款(第 1165 条第 1 款)为其请求权基础。但被法律列举的侵权类型未必意味着即属特殊侵权,例如,侵权责任编第六章所规定的医疗损害责任就是过错侵权在医疗损害领域的具体化,归责原则并无特殊之处。

1. 过错侵权的典型保护对象:绝对权

侵权规则须衡平受害人保护与行为人自由,无法期待防免的侵害不应课予侵权责任。基于防免的期待可能性[3],过错侵权以绝对权为典型保护对象。绝对权(如物权与人格权)在外观上具有可识别性,可一般性地排除不特定他人的干涉。可识别性的意义在于,使他人可以得知权利的存在,从而可期待他人防免加害。防免加害是消极不作为义务,因而,所谓"他人可以得知权利的存在",不必具体到确知权利内容与权利人,仅须得知此处存在一项非属自身的权利即可。但作为相对权的债权与此不同,因为即使该债权已经存在,第三人也无从查知其

---

[1] 就绝对权请求权与侵权请求权的关系,有不同观点。其一,绝对权请求权与侵权请求权相互独立,参见杨立新:《侵权责任法回归债法的可能及路径——对民法典侵权责任编草案二审稿修改要点的理论分析》,载《比较法研究》2019 年第 2 期;崔建远:《绝对权请求权抑或侵权责任方式》,载《法学》2002 年第 11 期。其二,绝对权请求权应纳入侵权请求权,参见魏振瀛:《〈民法通则〉规定的民事责任——从物权法到民法典的规定》,载《现代法学》2006 年第 3 期。其三,绝对权请求权可作为不同于损害赔偿的其他侵权请求权,参见朱虎:《物权请求权的独立与合并——以返还原物请求权为中心》,载《环球法律评论》2013 年第 6 期。其四,绝对权请求权与侵权请求权可竞合,参见王洪亮:《妨害排除与损害赔偿》,载《法学研究》2009 年第 2 期。

[2] 参见程啸:《中国民法典侵权责任编的创新与发展》,载《中国法律评论》2020 年第 3 期。

[3] 参见苏永钦:《再论一般侵权行为的类型——从体系功能的角度看修正后的违法侵权规定》,载氏著:《走入新世纪的私法自治》,中国政法大学出版社 2002 年版,第 307 页。

存在,从而不能期待第三人防免加害。

由此推论,如果债权可以识别,从而可期待他人防免加害,就没有理由拒绝为其提供侵权保护。例如,以占有为权能的债权(如租赁权)因占有而得以外显,占有虽无法显示债权的具体内容,却足以排除他人侵害,从而此类债权作为"物权化"的类绝对权,也受过错侵权一般规则的保护。[1] 据此,绝对权与因占有而"绝对化"的债权之过错侵权的请求权基础均为第1165条第1款。归纳起来,过错侵权保护的重心不仅在于权利,更在于该权利的对世性,据此建立最起码的期待可能性,以保留合理的行为空间。[2] 就过错侵权的保护客体,较之权利与利益的区分,更有意义的毋宁是绝对权与其他权益的区分。[3]

2. 纯粹经济损失侵权请求权基础

纯粹经济损失(非因绝对权侵害产生的财产损害[4],如债权、客户资源等)原则上无法纳入侵权保护,除非满足防免可能性(对世性)的要求。纯粹经济损失本身不具有对世性,但保护性法律(多为刑法或行政法规范[5])或善良风俗作为对世规范,若与纯粹经济损失相结合,同样可以产生防免义务。[6] 换言之,过错违反保护性法律或故意违反善良风俗致纯粹经济损失的,因保护性法律与善良风俗本身有对世效力,保护对象无法识别的抗辩即不再成立,从而仍可成立过错侵权。这也是违反保护性法律侵权与故意悖俗侵权的规范意义所在,通过对世性规范作为"媒介",例外地为纯粹经济损失提供侵权保护。

---

[1] Vgl. Larenz/Canaris, Lehrbuch des Schuldrechts, Bd. 2. Besonderer Teil, Halbbd. 2, 13. Aufl., München: C. H. Beck, 1994, S. 396.

[2] 参见苏永钦:《再论一般侵权行为的类型——从体系功能的角度看修正后的违法侵权规定》,载氏著:《走入新世纪的私法自治》,中国政法大学出版社2002年版,第304—305页。

[3] 参见葛云松:《〈侵权责任法〉保护的民事权益》,载《中国法学》2010年第3期。

[4] 参见葛云松:《纯粹经济损失的赔偿与一般侵权行为条款》,载《中外法学》2009年第5期。

[5] 参见朱岩:《违反保护他人法律的过错责任》,载《法学研究》2011年第2期。

[6] 参见苏永钦:《再论一般侵权行为的类型——从体系功能的角度看修正后的违法侵权规定》,载氏著:《走入新世纪的私法自治》,中国政法大学出版社2002年版,第310页。

但问题在于,《民法典》并未设置违反保护性法律侵权与故意悖俗侵权的相应条款,此两类侵权请求权的规范基础何在？本书赞同以类型化过错侵权一般条款之目的论解释方式为其提供请求权基础。[1]详言之,即结合第 8 条(民事主体从事民事活动,不得违反法律,不得违背公序良俗)将第 1165 条第 1 款之"过错侵害他人民事权益"解释为三种具体类型:其一,过错侵害他人绝对权(与类绝对权),绝对权本身具有对世性;其二,过错违反保护性法律致他人纯粹经济损失,保护性法律为对世规范;其三,故意违反善良风俗致他人纯粹经济损失,善良风俗为对世规范。其中,故意悖俗的"故意"内涵于"悖俗"本身,或者说,违反善良风俗必然为故意。

(二)过错推定侵权请求权基础

首先可以明确的是,第 1165 条第 2 款(依照法律规定推定行为人有过错,其不能证明自己没有过错的,应当承担侵权责任)并非过错推定侵权的请求权基础,而系参引规范,意义仅在说明过错推定以法之明文规定为前提。

1. 过错推定的指示性语词

过错推定侵权之过错由致害事实推定,不必由请求权人举证,行为人举证自己没有过错方可排除责任。在举证分配视角下,过错推定侵权请求权基础的指示性语词大致有三类:其一,"不能证明自己没有过错的"(第 1253 条第 1 句、第 1255 条、第 1257 条);其二,"不能证明已经尽到……义务的"及其类似表述(第 1256 条第 2 句、第 1258 条);其三,"(能够证明)尽到……职责的"(第 1188 条第 1 款第 2 句、第 1199 条、第 1248 条)。顺便指出,与原《侵权责任法》第 89 条、第 91 条第 1

---

[1] 类似观点,参见葛云松:《〈侵权责任法〉保护的民事权益》,载《中国法学》2010 年第 3 期。主张通过类推已被立法化的纯粹经济损失保护条款找寻请求权基础者,参见于飞:《违背善良风俗故意致人损害与纯粹经济损失保护》,载《法学研究》2012 年第 4 期。对将第 1165 条第 1 款限缩解释为三个小一般条款的方案提出质疑者,参见叶金强:《〈民法典〉第 1165 条第 1 款的展开路径》,载《法学》2020 年第 9 期。

款在举证分配上的语焉不详相比,《民法典》第 1256、1258 条的条文表述清晰地显示了其举证分配。

有疑问的是,"未尽……义务(职责)"的表述是否同样指示了过错推定侵权,典型者如第 1198 条之"未尽到安全保障义务"。于此涉及过错推定与不作为过错侵权的区分。过错推定侵权是从不作为侵权中择选的法定类型,但不作为侵权之作为义务的存在需要请求权人积极证明,而过错推定的作为义务或为法律所明定或由致害事实推定。就此而言,"安全保障义务"由法律所明定,似乎应为过错推定。但该论断未必经得起推敲,原因在于,"安全保障义务"内容非常宽泛,不同情形有不同表现,个案中侵权人违反了何种安全保障义务,仍须由受害人举证,而无法直接由致害事实推定。或者更明确地说,安全保障义务在个案中的具体化举证仍被分配于受害人,更接近不作为过错侵权。同理,第 1200 条的"未尽到教育、管理职责的"[1]、新增第 1254 条第 2 款的"未采取必要的安全保障措施的"[2],也因教育管理职责、安全保障措施内容宽泛须待具体化,而可解释为不作为过错侵权。

但在第 1195 条第 2 款、第 1197 条、第 1206 条、第 1207 条,虽然同样采用了"未(及时)采取……措施"的表述或类似表述,但因在其所涉及的投入流通后发现的产品缺陷、网络侵权情形,生产者、销售者、网络服务提供者的作为义务不仅为法律条文所明定,而且内容具体,故受害人不必证明作为义务的存在,从而更接近过错推定侵权。[3]

2. 过错推定侵权请求权基础

过错推定侵权请求权基础,可大致区分为人之监督义务人责任与

---

[1] 对比第 1200 条限制行为能力人被侵时教育机构责任的表述"未尽到教育、管理职责的",与第 1199 条无行为能力人被侵时教育机构责任的表述"能够证明尽到教育、管理职责的",前者为不作为过错侵权,后者为过错推定就更明确,对无行为能力人的保护力度高于限制行为能力人。

[2] 此处所涉实为安全保障义务,参见曹险峰:《侵权法之法理与高空抛物规则》,载《法制与社会发展》2020 年第 1 期。第 1254 条第 2 款之"依法"的表述,也是对第 1198 条安全保障义务的参引。

[3] 认为网络服务提供者承担过错侵权责任者,参见杨立新:《民法典侵权责任编草案规定的网络侵权责任规则检视》,载《法学论坛》2019 年第 3 期。

物之管理义务人责任两大类型,两类义务均属于广义的交往安全义务。

(1)人之监督义务人的过错推定

人之监督义务人的过错推定责任以监护人责任最为典型。就第1188条第1款第2句,即"监护人尽到监护职责的,可以减轻其侵权责任"的文义而言,存在不同的解释可能,有附减责事由的不问过错责任[1]、混合责任[2]、过错推定责任[3]等观点。本书认为,监护人尽到监护职责的,应允许其责任减轻至"零"。尤其是,若被监护人行为符合一般理性人(成年责任能力者)的注意义务标准,则监护人也应因已尽到监护职责而不必承担任何责任。

体系解释也可为此论断提供支持:依第1169条第2款第2分句,他人教唆、帮助被监护人侵权情形,监护人未尽到监护职责的,应当承担"相应的责任"。于此,一方面,"相应的责任"当系与过错相应的责任;另一方面,依反面解释,监护人尽到监护职责的,即不必承担责任。据此,第1188条第1款第1句、第1189条第1分句、第1169条第2款第2分句均可解释为针对监护人的过错推定侵权请求权基础。

就无行为能力人致害,教育机构作为其监督义务人,也承担过错推定责任(第1199条)。

此外,如上文所述,网络服务提供者对网络用户的监督义务也可产生过错推定责任。[4]

(2)物之管理义务人的过错推定

物之管理义务人的过错推定侵权请求权基础,则涉及投入流通后发现的产品缺陷责任(第1206条第1款)、动物园动物致害(第1248

---

[1] 参见张新宝:《民法分则侵权责任编立法研究》,载《中国法学》2017年第3期。
[2] 参见朱广新:《论未成年人致人损害的赔偿责任》,载《法商研究》2020年第1期。
[3] 争议梳理,参见高圣平主编:《中华人民共和国侵权责任法立法争点、立法例及经典案例》,北京大学出版社2010年版,第395—397页。
[4] 全国人大常委会法制工作委员会似将其解释为过错责任,参见黄薇主编:《中华人民共和国民法典侵权责任编释义》,法律出版社2020年版,第98、101页。

条)〔1〕、建筑物致害(第1253条第1句)、堆放物致害(第1255条)、公共道路障碍物致害(第1256条)、林木致害(第1257条)、地下设施施工致害(第1258条第1款)、地下设施致害(第1258条第2款)等情形。

(三)不问过错侵权请求权基础

不问过错侵权,尤其是危险责任,与其说是一种责任,不如说是风险分配〔2〕,而且是风险分配的特殊规则。风险分配的一般原则是"自担风险、自吞苦果",法律并不补偿由偶然事件造成的损害。不问过错侵权则突破这一原则,令他人代受害人承受风险,因而需要特别的正当化理由:该他人制造了危险来源并从中得利,且仅该他人有可能控制或分散危险。〔3〕

不问过错侵权不仅突破了过错要求,而且是风险分配的例外规则,仅在法有明文规定时方可适用。第1166条并非不问过错侵权请求权基础,而系参引性规范,指向各类具体的不问过错侵权规则。侵权责任编中的此类不问过错侵权请求权基础大致涉及三种情形:其一,为被使用人负责;其二,为产品缺陷负责;其三,为特殊危险负责。

1. 为被使用人负责

私法自治的消极要求是责任自负且仅为自己行为负责,为他人行为负责则需要特别的正当性。此正当性来源有二:其一,应将他人的行为视同自己的行为;其二,自己对他人有监督义务。而在后者,实质仍是为自己的行为负责。

自第1191、1192条的文义观察,使用人责任(用人单位为工作人员、个人间劳务关系的接受劳务方为提供劳务方负责)均未提及"指示或者选任过错",而新增的第1193条定作人为承揽人的致害负责,则以

---

〔1〕 立法论层面反对动物园承担过错推定责任者,参见杨立新:《民法分则侵权责任编修订的主要问题及对策》,载《现代法学》2017年第1期。

〔2〕 参见〔德〕迪特尔·梅迪库斯:《请求权基础》,陈卫佐等译,法律出版社2012年版,边码322。

〔3〕 参见王泽鉴:《侵权行为》(第3版),北京大学出版社2016年版,第15页。

"对定作、指示或者选任有过错"为前提。二者的差异在于,承揽人行为的独立性更强,并不属于被使用人,不宜将其行为视同定作人行为。

体系解释之下,使用人责任(第1191条第1款、第2款第1分句,第1192条第1款第1句)为"代负责任",即将被使用人行为视同使用人自身的行为,从而以被使用人行为满足所有侵权要件(包括过错)为前提。而定作人对承揽人的定作、指示或选任有过错时,为承揽人的致害负责(第1193条但书),实质仍是定作人为自己的过错行为负责,属于过错侵权在此情形下的具体化,适用前提是承揽人行为满足侵权事实构成(绝对权受侵害+加害行为+责任成立因果关系),不法性与过错的考量对象则是定作人。

2. 为产品缺陷负责

依侵权责任编第四章产品责任之规范,在对外关系上,生产者、销售者为产品缺陷负责系不问过错责任。例外规则是第1206条产品投入流通后发现的缺陷,适用过错推定(见上文)。此外,医疗品缺陷(第1223条)、建筑物质量缺陷(第1252条第1款第1句)系特殊的产品缺陷,应可适用产品责任规范;不同的只是,建筑物质量缺陷的举证分配倒置,建筑物致害推定存在质量缺陷,除非建设单位、施工单位能够反证推翻(新增第1252条第1款第1句但书)。

3. 为特殊危险负责

为特殊危险负责的不问过错侵权责任,大致有三类:其一,行为致害(第五章机动车交通事故责任、第七章环境污染和生态环境破坏责任),其中,机动车若并未被用作交通工作,其特殊危险即没有实现,不能适用危险责任。[1] 其二,饲养动物致害(第九章,但第1248条动物园责任为过错推定),也可视为广义的行为致害。其三,高度危险物致害(第八章),又可分为营运类(第1237、1238、1240条)与占有类(第1239、1241条)。

---

[1] 参见〔德〕马克西米利安·福克斯:《侵权行为法》,齐晓琨译,法律出版社2006年版,第269页。

第1236条(从事高度危险作业造成他人损害的,应当承担侵权责任)并非独立的请求权基础,不宜解释为高度危险责任的一般条款,否则通过解释"高度危险作业"即可突破不问过错以法律明文规定为前提的限制,危及过错归责的一般原则。

(四)公平责任侵权请求权基础

对侵害人而言,公平责任比不问过错责任更严苛,前者尚以具体情形下特别的正当性为前提,而公平责任似乎仅以极抽象的"公平原则"作为责任依据。为了防止公平责任的滥用,《民法典》第1186条的公平责任条款增设了"依照法律的规定"之要求。据此,该条款并非请求权基础,而系参引规范,仅具说明价值,须指示参照公平责任的具体条款始得适用。公平责任虽然也不问过错,但与不问过错责任的规范目的并不相同。不问过错的本质是风险分配,而公平责任的本质是牺牲补偿,兹以有财产的被监护人致害的公平责任(第1188条第2款第1分句)与行为人无过错失去意识或控制致害的公平责任(第1190条第1款第2分句)予以说明。

行为人失去意识或控制且无过错的,过错责任、过错推定、不问过错责任均不成立,受害人本无从主张损害赔偿。但侵权之债与合同之债不同,侵权之债的债权人无从选择自己的债务人,被谁侵害是随机事件。换言之,对受害人而言,在外观上完全相同的侵害行为,若为一般人所为,因过错判断采客观化的"所属群体标准",原则上不考虑侵害人的个体状态,受害人通常可得救济。但在行为人失去意识或控制的情形中,却将个体特征纳入考量,从而导致受害人无从受偿。于此,行为人受到优待,受害人则为此作出"牺牲",其地位较之被一般人侵害为劣,且此种牺牲既无从选择也无法避免。因而,在行为人的经济状况允许且综合考量其他因素下,在不影响行为人保护的限度内,可依公平原则令其适当补偿受害人。

同理,有财产的被监护人致害所生的公平责任实质也是牺牲补偿。

被监护人侵害他人且具有责任能力与过错的,可依过错侵权的一般条款(第1165条第1款)使其承担侵权责任。监护人则在未尽监护职责的范围内承担过错推定责任。若受害人已依被监护人过错责任或监护人过错推定责任获得赔偿,则不必适用公平责任。但若被监护人过错责任不成立(如不具有责任能力或无过错)、监护人过错推定责任也不成立,或者仅对监护人的侵权请求权成立但监护人不具备给付能力,受害人即处于牺牲而未受补偿的状态。于此,受害人的牺牲体现为被监护人责任能力受限,且不必遵循一般过错标准(适用同龄人标准),享有责任能力与过错方面的法律优待。同样的侵害行为,由于过错标准的不同,在一般人须承担责任之处,被监护人可能不必承担责任。换言之,受被监护人侵权的受害人,其法律地位较之被一般人侵害为劣。为了保护被监护人,受害人作出了牺牲,且牺牲无法提前规避。因此,在被监护人"有财产"且基于个案整体的公平考量,在不突破被监护人保护的范围内,可令其对受害人为适当补偿。据此,被监护人公平责任是对受害人牺牲的补偿。[1] 这同时也意味着,若被监护人已经尽到相同情形下完全行为能力人应尽的注意时,受害人既无所牺牲,也就没有理由要求被监护人承担公平责任。[2]

在牺牲补偿请求权之外,侵权责任编也规定了其他公平责任,如第1188条第2款第2分句之"不足部分,由监护人赔偿";第1192条第2款接受劳务方对提供劳务方的补偿义务,以及备受争议的高空抛物条款中的补偿义务(第1254条第1款之"由可能加害的建筑物使用人给予补偿")。[3] 但公平责任如此扩张是否有足够的正当性,在法政策上仍容有争议。[4]

---

[1] 由此引申,第1188条第2款第2分句之"不足部分,由监护人赔偿"作为公平责任的正当性或可商榷。因为监护人不曾享有责任能力与过错优待,受害人无所牺牲,也无从主张牺牲补偿。
[2] 参见张金海:《公平责任考辨》,载《中外法学》2011年第4期。
[3] 认为凡使用"补偿"一词均为公平责任者,参见程啸:《民法典侵权责任编的体系结构及总则部分的完善》,载《财经法学》2018年第6期。
[4] 相关质疑,参见张金海:《公平责任考辨》,载《中外法学》2011年第4期。

(五)数人侵权请求权基础

数人侵权的请求权基础,可区分外部关系与内部关系分别观察。

1. 外部关系

(1)一般规则

共同加害型数人侵权(第1168条),以行为人"共同实施"加害行为为特征,各侵权人为共同故意,或至少为共同过失[1],承担连带责任。[2] 因果关系竞合型数人侵权(第1171条),各行为人分别实施加害行为,且每个人的行为与受害人的绝对权受侵害之间均须具备责任成立因果关系,承担连带责任。因果关系聚合型数人侵权(第1172条)同样是各行为人分别实施加害行为,但只有数人行为相结合作为一个整体,与受害人绝对权受侵害之间的责任成立因果关系才具备,各人承担按份责任。共同危险行为(第1170条)各行为人虽然均实施了危险行为,但最终致害的仅为其中一人或数人的行为,为了克服受害人的举证困难,各行为人承担连带责任(但能确定具体加害人的情形,实质并非共同危险行为)。

教唆、帮助他人侵权也属于数人侵权,其性质须分情况探讨:其一,教唆、帮助完全行为能力人侵权,第1169条第1款为第1168条共同加害型数人侵权在此情形的具体化。其二,教唆、帮助行为能力受限者侵权,若行为能力受限方有责任能力(识别不法的能力),也适用共同加害型数人侵权规则,但教唆、帮助者与被教唆、被帮助者的行为作为整体,又与未尽监护职责的监护人间成立因果关系聚合型数人侵权。而若被教唆、帮助者无责任能力,则教唆、帮助者与未尽监护职责的监护人成立因果关系聚合型数人侵权。因此,第1169条第2款第2分句可

---

[1] 参见[德]埃尔温·多伊奇、汉斯-于尔根·阿伦斯:《德国侵权法——侵权行为、损害赔偿及痛苦抚慰金》(第5版),叶名怡、温大军译,刘志阳校,中国人民大学出版社2016年版,边码188。

[2] 认为共同侵权限于共同故意者,参见程啸:《民法典侵权责任编的体系结构及总则部分的完善》,载《财经法学》2018年第6期;以共同过错为已足者,参见周友军:《我国〈侵权责任法〉修订入典的初步构想》,载《政治与法律》2018年第5期。

解释为第1172条之因果关系聚合型数人侵权的具体化。

(2)具体规则

具体的数人侵权还可能表现为过错侵权、过错推定、不问过错、公平责任的不同组合。

其一,数人均为过错侵权,如承揽人与有过错的定作人之部分连带责任(第1193条但书)。再如,第三人与承担补充责任的安全保障义务人(第1198条第2款第1句)、第三人与承担补充责任的教育机构(第1201条第1句),系过错侵权与不作为过错侵权的结合。上述规范实为因果关系聚合型数人侵权的具体化。但补充责任情形,第三人对外承担全部责任,补充责任人则对外承担与其过错程度与原因力相当的责任(相应的补充责任)[1],实质是对外的部分连带责任。[2]

其二,过错侵权与过错推定的结合,如有过错的被监护人与监护人(过错推定)的不真正连带责任(第1165条第1款结合第1188条第1款)、监护人(过错推定)与受托人(过错)的部分连带责任(新增第1189条)、网络侵权人(过错)与网络服务提供者(过错推定)的连带责任(第1195第2款与第1197条)。上述情形实为因果关系聚合型数人侵权,但法律效果上设置为连带责任或部分连带责任。此与因果关系聚合型数人侵权一般条款(第1172条)的按份责任不同,似乎存在评价矛盾。

其三,过错侵权与不问过错的结合,如劳务派遣单位(过错)与接受派遣单位(不问过错)的不真正连带责任(第1191条第2款)。

使用人(不问过错)与故意或重大过失的被使用人之不真正连带(第1165条第1款结合第1191条第1款第1句或第2款第1分句或第1192条第1款第1句)也属于此种情形。虽然第1191条第1款第2句、第1192条第1款第2句规定的是使用人对故意或重大过失的被使

---

[1] 参见杨立新:《侵权责任法:条文背后的故事与难题》(第2版),法律出版社2018年版,第165页。

[2] 认为补充责任是有顺位的部分连带责任者,参见刘召成:《违反安全保障义务侵权责任的体系构造》,载《国家检察官学院学报》2019年第6期。

用人之追偿权,但若允许使用人追偿,亦应允许受害人直接向被使用人主张权利,否则在使用人无给付能力而被使用人有偿付能力情形受害人无从救济,而在使用人仅部分赔偿情形,其追偿权可以实现,受害人却无从直接自加害人处受偿。[1]

同理,第三人过错致产品缺陷,第三人与生产者、销售者(不问过错)成立不真正连带责任(第1165条第1款结合第1204条);第三人过错致建筑质量缺陷,第三人与建设、施工单位(不问过错)也成立不真正连带责任(第1165条第1款结合第1252条第1款第2句)。

此外,属于此类数人侵权的还有第三人过错所致的生态破坏(第1233条)、第三人过错所致的饲养动物侵权(第1250条)的连带责任,高度危险物交由他人管理时所有人(过错)与管理人(不问过错)的连带责任(第1241条),以及租赁/借用/未经允许驾驶他人机动车发生交通事故时机动车使用人与有过错的机动车所有人/管理人的部分连带责任(第1209条、新增第1212条)。

其四,过错推定与不问过错的结合,如不能证明尽到防止非法占有高度危险物之高度注意义务的所有权人与不问过错的非法占有人间的连带责任(第1242条)。再如,堆放物品等妨碍公共道路通行的,行为人(不问过错)与公共道路管理人(过错推定)的部分连带责任(第1256条)。

其五,数人均为不问过错,如缺陷产品生产者与销售者的连带责任(第1203条第1款)、数人环境侵权(第1231条)。机动车交通事故责任中,挂靠人与被挂靠人(新增第1211条)、拼装或应报废机动车的转让人与受让人(第1214条)、盗窃人/抢劫人/抢夺人与使用人(第1215条第1款第2句)的连带责任也属此类。

其六,数人侵权还可能体现为公平责任与其他责任形态的组合,如公平责任与过错责任的组合(第1192条第2款),以及数人均为公平责

---

[1] 支持使用人与故意或重大过失的被使用人承担连带责任者,参见张新宝:《民法分则侵权责任编立法研究》,载《中国法学》2017年第3期。

任者(第1188条第2款)。

2. 内部关系：追偿权

数人侵权且对外承担连带责任的,侵权人承担的赔偿责任若超过其内部份额,对其他侵权人有追偿权(第178条第2款),且在此范围内承受债权人权利(第519条第2款,法定债权移转)。除非法律明文规定或可由规范目的认定内部有最终责任人,原则上各侵权人在内部承担按份责任。

法律明文规定内部有最终责任人的主要类型,是过错侵权与其他侵权形态组合情形,由过错侵权人为最终责任人,如使用人对故意或重大过失的被使用人的追偿权(第1191条第1款第2句、第1192条第1款第2句),不问过错侵权人对过错第三人的追偿权(第1204条、第1233条第2句、第1252条第1款第2句、第1253条第2句),以及公平责任承担者对过错第三人的追偿权(如新增第1192条第2款第2句)。

同理,本书认为,在过错侵权与过错推定结合型数人侵权,无论对外是连带责任还是按份责任,因过错侵权人为直接侵害人,应为内部最终责任人;在过错推定与不问过错结合型数人侵权,同样无论对外是连带责任还是按份责任,均以过错推定侵权人为内部最终责任人。

需要特别探讨的是,产品缺陷情形生产者与销售者的追偿关系。依第1203条第2款,产品缺陷由生产者造成的,生产者为内部最终责任人;产品缺陷由销售者过错造成的,销售者为内部最终责任人。该规则常被解读为生产者对内承担不问过错责任,销售者对内承担过错责任。[1] 然而,有疑问的是,若产品瑕疵由销售者造成,但销售者并无过错,内部关系如何处理？依上述规范,若销售者对外承担了赔偿责任,则不产生追偿问题,实际是以销售者为最终责任人;而若生产者对外承担了赔偿责任,同样不产生追偿问题,以生产者为最终责任人。由此产生的结果是,由谁承担最终责任很大程度上取决于受害人向谁主

---

[1] 参见黄薇主编:《中华人民共和国民法典侵权责任编释义》,法律出版社2020年版,第122页。

张权利,从而具有一定的随机性。因此,"销售者对内承担过错责任"的表述并不准确。

由此引申,医疗品缺陷作为特殊的产品责任,在追偿问题上可做相同解释,虽然第1223条仅规定了医疗机构对医疗品生产机构的追偿权。

此外,在一方对外承担补充责任的数人侵权,对外关系在本质上为部分连带责任,也有内部追偿关系。承担补充责任的一方对最终责任人有法定追偿权,如安全保障义务人对第三人的追偿权(新增第1198条第2款第2句)、教育机构对第三人追偿权(新增第1201条第2句)。在机动车交通事故责任,保险人、道路交通事故社会救助基金管理机构对交通事故责任人也有追偿权(第1215条第2款、第1216条),后者为最终责任人。

三、侵权责任编的辅助规范与防御规范

请求权基础规范序列展示了请求权基础思维下侵权责任编的体系线索,但主要规范的构成要件或法律效果仍需借助各层级的辅助规范予以具体化。法律适用中,即使案件事实完全符合主要规范与辅助规范的要件要求,也不意味着当事人的请求权主张一定可以得到支持,因为还可能存在支持对方抗辩或抗辩权的防御规范。在此意义上,请求权基础检视是对主要规范、各层级辅助规范与防御规范的通盘检视。辅助规范与防御规范可能体现于明文规定,也可能是以学理或判例形式体现的柔性规范。

(一)侵权责任编中的辅助规范

若干请求权基础可能共用辅助规范(高抽象度),每项请求权基础也可能有其特别的辅助规范(低抽象度)。此外,辅助规范也可能有次级辅助规范,谓之辅助规范的层级性。

1. 高抽象度的辅助规范(共用的辅助规范)

高抽象度的适用前提类辅助规范,如原《侵权责任法》第 2 条第 2 款以"列举+概括"的方式规定了受侵权保护的"民事权益",构成各类侵权请求权基础共用的辅助规范。该条款所列举的权益以绝对权为主,从而侵权法以绝对权为典型保护对象的特征清晰可辨。但《民法典》侵权责任编并未保留该条款,似乎有意以第 1164 条的"民事权益"笼统指代侵权保护客体。如此一来,侵权保护客体以绝对权为原则,以纯粹经济损失为例外的功能导向就只能诉诸规范解释。

高抽象度的法律效果类辅助规范,则以侵权责任编第二章"损害赔偿"为典型。但侵害人身权益造成财产损失的利润剥夺请求权(第 1182 条第 1 分句)[1],可能并非侵权损害赔偿的逻辑推衍[2],而是权益侵害型不当得利的法律效果。[3]

2. 低抽象度的辅助规范(个别的辅助规范)

另有抽象度较低、仅对特定请求权基础的要件或法效进一步具体化的辅助规范:适用前提类,如医务人员的说明与取得同意的义务(第 1219 条第 1 款)、依规定填写并妥善保管病历资料的义务、患者隐私与个人信息的保密义务、不实施不必要检查的义务(第 1225—1227 条)、医疗过错的认定(第 1222 条[4])等;法律效果类,则如机动车交通事故赔偿的保险先付规则(新增第 1213 条)、生态环境修复责任(新增第 1234 条)、生态环境侵权的损失与费用赔偿(新增第 1235 条)等。

3. 辅助规范的不同层级

辅助规范有层级之分,可以残疾赔偿金与死亡赔偿金(第 1179 条)为例说明。二者为人身损害赔偿的内容,系各类请求基础共用的法

---

[1] 本条将原《侵权责任法》第 20 条的实际损害先于利润剥夺改为二者择一。
[2] 认为利润剥夺请求权为侵权与不当得利的混合形态者,参见朱岩:《"利润剥夺"的请求权基础——兼评〈中华人民共和国侵权责任法〉第 20 条》,载《法商研究》2011 年第 3 期。
[3] 参见张谷:《论〈侵权责任法〉上的非真正侵权责任》,载《暨南学报(哲学社会科学版)》2010 年第 3 期。
[4] 第 1222 条虽使用了"推定"有过错的表述,但实为过错的认定因素,无推翻的可能,参见张新宝:《侵权责任编起草的主要问题探讨》,载《中国法律评论》2019 年第 1 期。

律效果类辅助规范,但二者的性质和范围仍须借助次级辅助规范进一步具体化。

就残疾赔偿与死亡赔偿金的性质而言[1],2001 年原最高人民法院《关于确定民事侵权精神损害赔偿责任若干问题的解释》第 9 条将其界定为"精神损害抚慰金"(2020 年修订已删除),但 2003 年原最高人民法院《关于审理人身损害赔偿案件适用法律若干问题的解释》(以下简称原《人身损害解释》)第 31 条又将其界定为"财产损失"(2020 年修订已删除)。结合侵权责任编为精神损害赔偿单设规定(第 1183 条)的立场,将残疾赔偿金、死亡赔偿解释为"财产损失"更可取。[2]

依 2020 年《人身损害解释》第 12 条与第 15 条,此二者的赔偿以上一年度"城镇居民人均可支配收入"或"农村居民人均纯收入"为标准计算 20 年,实质是对可预期收入(从业能力丧失)的赔偿,即收入赔偿。与收入赔偿相对的是支出赔偿,典型者如被扶养人生活费。然而,依 2003 年原《人身损害解释》第 17 条,残疾赔偿金/死亡赔偿金(收入赔偿)与被扶养人生活费(支出赔偿)可同时主张,但如此规定有令被害人双重获利之嫌,原因在于:支出源自收入,收入赔偿当可覆盖支出赔偿,二者不可同时主张。侵权责任编第 1179 条的赔偿范围并未列举被扶养人生活费[3],得解释为残疾赔偿金/死亡赔偿金覆盖了被扶养人生活费。2020 年修订后的《人身损害解释》第 16 条也明确规定,被扶养人生活费计入残疾赔偿金或者死亡赔偿金。

此外,第 1180 条的"同命同价"规则也构成死亡赔偿金的次级辅助

---

[1] 关于死亡赔偿金的性质争议梳理,参见张新宝:《〈侵权责任法〉死亡赔偿制度解读》,载《中国法学》2010 年第 3 期。

[2] 参见叶金强:《论侵害生命之损害赔偿责任——解释论的视角》,载《环球法律评论》2011 年第 5 期。

[3] 该条沿袭自原《侵权责任法》第 16 条,被扶养人生活费被残疾赔偿金、死亡赔偿金吸收。但值得注意的是,最高人民法院《关于适用〈中华人民共和国侵权责任法〉若干问题的通知》(2010 年 6 月 30 日)第 4 项要求依据《最高人民法院关于审理人身损害赔偿案件适用法律若干问题的解释》第 28 条的规定,将被抚养人生活费计入残疾赔偿金或死亡赔偿金,似乎形式上将被扶养人生活费纳入残疾赔偿金、死亡赔偿金,但实际计算时二者得并存(可争议)。2018 年《产品质量法》第 44 条则明确将残疾赔偿金、死亡赔偿金与被扶养人生活费并列。

规范。

(二)侵权责任编中的防御规范(抗辩规范)

排除或限制另一规范之适用者为防御规范(抗辩规范)[1],依其防御对象可分为:主要规范的防御规范、辅助规范的防御规范与防御规范的防御规范(抗辩排除规范)。此外,防御规范也可能需要进一步具体化,从而有其辅助规范。

1. 主要规范的防御规范

侵权请求权基础(主要规范)的防御规范依其发生作用的阶段不同,可分为阻却权利发生的抗辩(权利未发生抗辩)、导致权利消灭的抗辩(权利已消灭抗辩)与阻止权利行使的抗辩(权利行使抗辩权)。

(1)权利未发生抗辩

侵权责任编中阻却权利发生的抗辩规范[2],涉及受害人故意(第1174条)、第三人加害(第1175条,阻断因果关系)、文体活动中的自甘冒险(新增的第1176条第1款)、自助行为(新增的第1177条第1款,阻却不法性),以及各类过错推定侵权的过错排除规范与不问过错侵权的免责事由。此外,高度危险责任的赔偿限额也属于权利未发生的抗辩规范(第1244条)。

(2)权利已消灭抗辩

侵权责任编中的权利消灭抗辩规范,涉及新增的无偿搭乘机动车方减责规则(第1217条主文),以及其他减责规则(第1239条、第1240条[3]、第1243条、新增的第1246条但书)。[4]

需要特别说明的是受害人与有过失(第1173条)。与有过失作为

---

[1] 防御规范与作为其防御对象的规范之间常体现为例外与原则的关系。关于原则与例外关系的探讨,参见易军:《原则/例外关系的民法阐释》,载《中国社会科学》2019年第9期。

[2] 我国学理所讨论的侵权抗辩事由,多指阻却权利发生的抗辩,相关梳理参见冯珏:《论侵权法中的抗辩事由》,载《法律科学(西北政法大学学报)》2011年第4期。

[3] 本条将原《侵权责任法》第73条的被侵权人过失减责改为重大过失减责。

[4] 另一种可能的解释是,各类减责事由并非权利部分消灭的抗辩,而系权利部分未发生的抗辩。

减责事由,也会导致侵权请求权部分消灭。但本书认为,与有过失系受害人违反对自己的不真正义务[1],此之违反与加害人行为一起导致了损害后果,因而属于特殊的"因果关系聚合型数人侵权(第1172条)"。在检视程式上,"加害人行为+受害人违反不真正义务"构成加害行为整体,责任成立因果关系须考量该整体行为(而非单独的加害人行为)与绝对权受侵害之间的因果关系,且须考量受害人责任能力;于责任范围部分再根据原因力与过错程度确定责任比例。

循此逻辑,受害人故意作为特殊的与有过错(第1174条),也属于特殊的"因果关系聚合型数人侵权(第1172条)"。受害人故意情形,加害人过错状态可能是故意、重大过失、轻过失或无过失。加害人过错状态不同,二者对致害后果的原因力与过错程度比例也不同,一概适用"行为人不承担责任"的后果未必妥当。本书认为,规范文义上,第1174条"因受害人故意"的"因"字或可限缩解释为,仅限加害人重大过失、轻过失或无过失情形;而在加害人故意情形,二者均为故意,原因力与过错程度相当,不宜解释为"因"受害人故意,不必适用加害人免责的后果。

(3)权利行使抗辩权

侵权责任编中的权利行使抗辩权,依通行解释,可考虑的是补充责任承担者的"顺序抗辩权"(第1198条第2款第1句第2分句、第1201条第1句第2分句)。[2] 依此抗辩权,受害人请求赔偿时,补充责任承担者得以直接侵害人尚未赔付为由暂时拒绝履行。[3] 但本书认为,所谓补充责任,实质是因果关系聚合型数人侵权(第1172条)的具体化,"补充责任"承担人系为自己的不作为侵权负责,对外仅承担部分责任已是优待,其"顺序利益"的正当性存疑。基于目的论限缩的考量,"承担相应的补充责任"或有另一种解释可能,即无论受害人是否已向

---

[1] 参见〔德〕埃尔温·多伊奇、汉斯-于尔根·阿伦斯:《德国侵权法——侵权行为、损害赔偿及痛苦抚慰金》(第5版),叶名怡、温大军译,刘志阳校,中国人民大学出版社2016年版,边码22。

[2] 参见杨立新:《侵权责任法》,北京大学出版社2014年版,第164页。

[3] 参见张新宝:《我国侵权责任法中的补充责任》,载《法学杂志》2010年第6期。

直接侵害人索赔,在受害人向"补充责任承担者"主张权利时,后者均应承担与其原因力及过错程度相当的赔偿责任。

2. 辅助规范、防御规范的防御规范

侵权责任编中辅助规范的防御规范,如第1220条紧急情况下医务人员取得患者同意之义务的排除,系第1219条第1款(辅助规范)的防御规范。

防御规范的防御规范(抗辩排除规范),如第1176条第1款但书之故意或重大过失仍须承担责任,系文体活动自甘冒险加害人免责规范的抗辩排除规范。第1224条第1款医疗机构不承担责任的各类情形系医疗侵权请求权成立的防御规范(抗辩规范),第2款之医疗机构或医务人员也有过错时仍承担责任[1],则系第1款之抗辩排除规范。无偿搭乘机动车方减责为防御规范(第1217条主文),其但书(机动车使用人故意或重大过失除外)则为此防御规范的防御规范。危险责任限额(第1244条)系危险责任的防御规范,新增的但书(行为人有故意或者重大过失的除外)则系此防御规范的防御规范。

(三) 柔性辅助规范与防御规范

请求权基础思维的内在结构,体现为对其积极要件(辅助规范)与消极抗辩(防御规范)的全面检索。请求权基础的各项要件与抗辩均需具体化才能适用,但此之"具体化规范"却未必体现为法律条文,因为在法无明文规定之处,法官的论证义务仍然存在,就不可避免地需借助学理与判例。[2] 于此,学理与判例扮演了"柔性"辅助规范或防御规范的角色。

以过错侵权请求权基础为例,第1165条第1款规定:"行为人因过错侵害他人民事权益造成损害的,应当承担侵权责任。"就该请求权成

---

[1] 结合第1224条第1款可以推知,第2款所涉实为患者与有过失。
[2] 关于私法法源的多元性,参见汪洋:《私法多元法源的观念、历史与中国实践——〈民法总则〉第10条的理论构造及司法适用》,载《中外法学》2018年第1期;李敏:《论法理与学说的民法法源地位》,载《法学》2018年第6期。

立的积极要件,依法条文义,"行为人""因""过错""侵害""民事权益""造成""损害"等概念均需进一步具体化,而侵权责任编予以条文化的仅为其中的"损害"要件(第二章损害赔偿)。就该请求权成立的消极抗辩,《民法典》虽规定了正当防卫(第 181 条第 1 款)、紧急避险(第 182 条第 1、2 款)、紧急救助(第 184 条)、自助行为(第 1177 条第 1 款)、自甘冒险(第 1176 条第 1 款)等不法性阻却事由,却欠缺责任能力规范(欠缺责任能力构成权利未发生抗辩)。此外,该请求权基础还有未条文化的权利消灭抗辩与权利行使抗辩权。

1. 未条文化的柔性辅助规范

对照上文请求权基础的甄别与检视部分,第 1165 条第 1 款可拆解为"行为人因过错侵害他人民事权益"与"造成损害"两部分,分别对应责任成立与责任范围两个阶段。责任成立阶段需要具体化的要件为"行为人+民事权益+侵害+责任成立因果关系(因)+过错";责任范围阶段需要具体化的要件则为"损害+责任范围因果关系(造成)"。

其中,已条文化的辅助规范仅限"损害"要件。上文已述及的柔性辅助规范,则为"民事权益"(以绝对权为原则,纯粹经济损失为例外)与"侵害"(区分作为与不作为)的认定。"行为人""责任成立因果关系""过错""责任范围因果关系"也各有其柔性辅助规范:其一,"行为人"含自然人与法人,且自然人不限于完全行为能力人,而是有责任能力者,如有不法行为识别能力的限制行为能力人;有过错的被监护人致他人损害时承担责任的依据也是第 1165 条第 1 款。其二,"责任成立因果关系"与"责任范围因果关系"均须满足"条件性+相当性+规范保护目的"。其三,"过错"系"能注意而不注意"[1],采客观化的群体类型标准。

2. 未条文化的柔性防御规范

权利未发生的抗辩,如欠缺责任能力,对应的柔性防御规范为"无行为能力人无责任能力,限制行为能力人的责任能力以个案中的识别

---

[1] 参见曾世雄:《损害赔偿法原理》,中国政法大学出版社 2001 年版,第 81 页。

能力为断";再如受害人同意为不法性阻却事由。[1] 权利已消灭抗辩对应的柔性防御规范,则涉及未条文化的责任减免事由、损益相抵等。

权利行使抗辩权对应的柔性防御规范中,可探讨者为留置抗辩权,以认可侵权人得主张必要费用补偿请求权为前提(第985条不当得利),侵权人在自己受偿之前得拒绝给付。留置抗辩权可由诚信原则导出,也可通过类推同时履行抗辩权(第525条)得出。不过,在侵权责任形式为金钱赔偿时,可通过计算损害时的损益相抵规则予以解决。因而,留置抗辩权的适用意义在于其他侵权责任形式(如返还)与费用补偿请求权的对抗。诉讼中行使留置抗辩权的结果是判决同时履行,而非不必为给付。

四、散见其他编的侵权请求权规范

《民法典》之所以为"典"系因其体系性,侵权责任编的规则无法自足,须与其他各编中的侵权请求权基础、辅助规范、防御规范相连接,方可呈现侵权请求权基础的完整规范体系。不过鉴于亲属继承规范的特殊性与封闭性,下文的梳理以前四编为主,暂不涉及婚姻家庭编与继承编。

(一)总则编与侵权请求权基础

总则编作为《民法典》的"公因式",其规范原则上可适用于其余各分编,自请求权基础视角观察,常体现为各类请求权基础共用的辅助规范或防御规范,夹杂少量主要规范。

第一章"基本规定",第8条"民事主体从事民事活动,不得违反法律,不得违背公序良俗",与过错侵权一般条款(第1165条第1款)相结合,可推导出违反保护性法律侵权类型与故意违背善良风俗侵权类型,从而为纯粹经济损失的例外保护提供了规范通道。

---

[1] 参见程啸:《侵权责任法》(第3版),法律出版社2021年版,第346页。

第二章"自然人",多数规范均可作为侵权请求权基础之辅助规范,辅助认定请求人与相对人的主体资格,以及责任人的责任能力。胎儿利益特殊保护(第16条)得延伸至侵权请求权,请求侵权损害赔偿也可纳入胎儿利益保护的范畴("涉及遗产继承、接受赠与等"),从而该项规范也可作为侵权请求权基础之主体认定的辅助规范。失踪人财产代管人的赔偿责任(第43条第3款)、恶意申请他人死亡宣告的赔偿责任(第53条第2款)实质上均为侵权责任,须参引侵权规范补足要件与抗辩。

第三章"法人"与第四章"非法人组织",对侵权请求权基础的意义也在于辅助主体的认定。需要与侵权责任编第1191条的使用人责任相区别的,是第62条的法定代表人职务侵权:前者系代负责任,但后者究系使用人责任的特殊情形抑或独立的请求权基础(法人对自己的不当行为负责[1])仍可争议[2];法人追偿权的要件也更宽松,法定代表人有过错即可追偿,而非限于故意或重大过失。另外,第83条营利法人滥用出资人地位的责任可视作故意违反善良风俗侵权的具体化。

第五章"民事权利",对各类权利的界定可辅助侵权请求权基础之保护客体的认定,从而为其辅助规范。但绝对权之外的民事权利受侵权保护,须以违反保护性法律或故意违反善良风俗为媒介。第120条"民事权益受到侵害的,被侵权人有权请求侵权人承担侵权责任"仅系宣导规范而非侵权请求权基础。

第六章"民事法律行为",在侵权关系双方合意排除或改变侵权规则时,可发挥防御规范或防御规范之辅助规范的作用。此外,欺诈(第148—149条)、胁迫(第150条)、乘人之危(第151条)系法律行为的可撤销事由,但撤销有除斥期间限制(第152条),除斥期间经过后,受诈

---

〔1〕 参见〔德〕克雷斯蒂安·冯·巴尔:《欧洲比较侵权行为法》(上卷)(第2版),张新宝译,法律出版社2004年版,第225页。

〔2〕 将第62条视作第1191条之特殊情形者,参见最高人民法院侵权责任法研究小组编著:《〈中华人民共和国侵权责任法〉条文理解与适用》,人民法院出版社2016年版,第245—246页。

欺、受胁迫或危难被乘方还可诉诸故意悖俗侵权,请求赔偿纯粹经济损失,甚至废止合同或债权。[1] 恶意串通侵害他人的(第154条),他人的纯粹经济损失也可诉诸故意悖俗侵权予以救济。

第七章"代理",也有侵权请求权基础规范,如第167条规定的代理事项违法之被代理人与代理人的连带责任(违反保护性法律侵权的具体化)、第164条第2款规定的代理人与相对人恶意串通时对被代理人的连带责任(故意悖俗侵权的具体化)。

第八章"民事责任",与侵权责任编的关系最为密切。[2] 按份责任(第177条)与连带责任(第178条)可成立数人侵权的辅助规范。责任承担方式(第179条)可辅助侵权请求权基础之法律效果的具体化。不可抗力(第180条第1款)阻却因果关系,为防御规范。正当防卫(第181条第1款)、紧急避险(第182条第1、2款)阻却不法性,也系防御规范。防卫过当(第181条第2款)或避险过当(第182条第3款)则参引侵权规范。攻击性紧急避险的补偿义务(第182条第2款)系牺牲补偿[3],与公平责任的性质类似。见义勇为情形的侵权人责任(第183条第1句)参引侵权规则。[4] 紧急救助(第184条)阻却不法性,系防御规范,但若采目的论限缩解释,紧急救助人作为无因管理人并非绝对免责,应对故意或重大过失负责。[5] 英烈条款(第185条)究系侵权规范的参引规范还是独立的请求权基础则仍有争议。[6]

请求权基础视角下,违约与侵权的竞合(第186条)可能解释为请

---

[1] 关于欺诈的侵权责任,参见许德风:《欺诈的民法规制》,载《政法论坛》2020年第2期。

[2] 由于民事责任与各种债之关系的复杂关系,有观点认为,民事责任章是体系化失败的产物,参见李宇:《民法总则要义:规范释论与判解集注》,法律出版社2017年版,第842页。

[3] 参见张谷:《论〈侵权责任法〉上的非真正侵权责任》,载《暨南学报(哲学社会科学版)》2010年第3期。

[4] 受益人的补偿义务(第183条)则系无因管理(第979条)的特别规则。不同观点,参见王轶:《作为债之独立类型的法定补偿义务》,载《法学研究》2014年第2期。

[5] 立法论层面赞同紧急救助者对故意与重大过失负责而非完全豁免者,参见杨立新:《〈民法总则〉民事责任规定之得失与调整》,载《比较法研究》2018年第5期。

[6] 支持该条为独立请求权基础者,如刘颖:《〈民法总则〉中英雄烈士条款的解释论研究》,载《法律科学(西北政法大学学报)》2018年第2期。

求权基础竞合(而非请求权竞合)更合理。请求权思维的典型问句"谁得向谁根据何种规范为何种请求",预设的提问对象是裁判者而非当事人,当事人不必回答"根据何种规范",选择裁判依据是法官而非当事人的权限与职责。[1]

第九章"诉讼时效",时效抗辩权系权利行使抗辩权,相应规范系侵权请求权基础的防御规范(第192条第1款),及防御规范的辅助规范(如时效期间的起算)或防御规范(如时效中止、中断事由)。第196条不适用诉讼时效的请求权若基于侵权产生,则为时效的抗辩排除规范。

(二)物权编与侵权请求权基础

侵权以绝对权为主要保护对象,而物权是典型的绝对权。在此意义上,物权的取得、转让、消灭规则可构成侵权请求权基础的辅助规范、次级辅助规范或辅助规范的防御规范。

1. 物权保护与侵权请求权基础

物权体系内的保护系物权请求权,规定于物权编第三章,其具体形态,即原物返还请求权(第235条)[2]、排除妨害与消除危险请求权(第236条),系不以过错为前提的绝对权请求权。因物权请求权有其具体规范,所以不必适用侵权责任编第1167条的绝对权请求权条款。

与原《物权法》第36、37条相比,物权编第三章的第237、238条在修理、重作、更换、恢复原状、损害赔偿等物权保护方式前增加了"依法"的表述,从而明确了此两项规范所涉并非物权请求权,而系合同(重作、更换)或侵权的参引规范。

此外,物权编中还有诸多隐性侵权参引规范,如不当异议登记的损害赔偿(第220条第2款第3句)、提供虚假材料申请登记的赔偿责任(第222条第1款)、业主大会或者业主委员会的损害赔偿请求权(第

---

[1] 参见吴香香:《请求权基础思维及其对手》,载《南京大学学报(哲学·人文科学·社会科学)》2020年第2期。

[2] 关于原物返还请求权与侵权请求权的关系,参见王洪亮:《原物返还请求权:物上请求权抑或侵权责任方式》,载《法学家》2014年第1期。

286条第2款)、共有物分割的损害赔偿(第303条第2句)、质权人侵害质物或擅自转质的损害赔偿(第431、434条),留置权人侵害留置物的损害赔偿(第451条)、第三人善意取得后原所有权人对无权处分人的损害赔偿请求权(第311条第2款)等。

原《物权法》第92条第2分句规定了相邻权人因利用相邻不动产造成损害时的赔偿义务,但《民法典》第296条删去了此分句,背后的考量也许是,于此可直接诉诸侵权规则,不必单独规定。然而问题在于,相邻关系产生的赔偿义务,严格而言应为补偿义务。因相邻关系的限制,不动产权利人不得主张排除妨害,系为相邻权人而"牺牲"自身利益,由此承受的损害应予补偿。该补偿请求权的性质系牺牲补偿请求权(私人征收),无关过错与否,并非侵权损害赔偿。[1]

2. 占有保护与侵权请求权基础

占有是否为侵权法的保护客体,素有争议。[2]《民法典》第462条第1款第3分句规定"因侵占或者妨害造成损害的,占有人有权依法请求损害赔偿",与原《物权法》第245条第1款第3分句相比,增加了"依法"二字,从而否定了该条款为独立的请求权基础,明确其参引规范性质。据此,占有人得否主张侵权损害,仍以侵权规则本身为断。本书认为,单纯占有因无归属内容,不存在可得赔偿的"占有损害",不受侵权保护。但通过占有而呈现出一定绝对性的债权(如租赁权),则可纳入侵权保护范畴,只是受保护的并非占有,而是其背后的本权。

"所有人与无权占有人关系"中区分占有人善意恶意的损害赔偿规则,系侵权法的特别规范。依第459条反面解释,为保护善意占有人的信赖(善意信赖自己为有权占有),在其占有期间占有物受损的,不必承担损害赔偿责任,而无论善意占有人是否有过错。[3] 此外,自规范目

---

[1] 参见[德]埃尔温·多伊奇、汉斯-于尔根·阿伦斯:《德国侵权法——侵权行为、损害赔偿及痛苦抚慰金》(第5版),叶名怡、温大军译,刘志阳校,中国人民大学出版社2016年版,边码607。

[2] 争议梳理,参见吴香香:《论侵害占有的损害赔偿》,载《中外法学》2013年第3期。

[3] 参见席志国:《论德国民法上的所有人占有人关系——兼评我国〈民法典〉第459—461条之规定》,载《比较法研究》2020年第3期。

的考量,所有人与无权占有人关系规则意在优待善意占有人,而非加重恶意占有人负担,恶意占有人依一般规则负责即可。因而,第459条与第461条第2分句的恶意占有人赔偿责任仍可解释为参引规范[1],参引过错侵权的一般规则(第1165条第1款)。

(三)合同编与侵权请求权基础

1. 合同编通则中共用的辅助规范与防御规范

《民法典》没有设立债法总则,大量本属于债法总则的规范不得不落脚于合同编,因而,合同编通则实质扮演着债法总则的角色。《民法典》第468条也明确了合同编通则的"小债总"地位:"非因合同产生的债权债务关系……没有规定的,适用本编通则的有关规定,但是根据其性质不能适用的除外。"侵权责任虽然独立成编,但本质上仍为债法规范,《民法典》第118条也将其明确界定为债的发生原因。因而,合同编中实质性的债总规则同样可适用于侵权之债,可作为侵权请求权基础的辅助规范或防御规范。

合同编中债的分类、履行、保全、转让等规则,均可作为侵权请求权基础之辅助规范,如履行地点、期限、方式与费用(第510、511条),金钱债务之债权人可请求以实际履行地的法定货币履行(第514条),按份之债(第517条)与连带之债(第518、519、521条),提前履行(第530条第1款)与部分履行(第531条第1款),债权人代位权(第535—537条)与撤销权(第538—539条)、债权转让(第547、550条)与债务承担(第551、552、554条),数项相同种类债务的履行顺序(第560条),有关费用、利益与主债权的履行顺序(第561条),金钱债务无给付不能(第579条),第三人替代履行的费用承担(第581条),受领迟延时债务人

---

[1] 第459条的条文还为恶意占有人损害赔偿设置了"因使用"的前提,似乎因使用造成损害的无论过错与否均应赔偿,而非因使用造成的损害则适用过错侵权一般规则。但如此区分的正当性颇值疑问。第461条的恶意占有损害赔偿则无此前提要求。体系解释之下,第459条之"因使用"的表述并无实质意义,或可以将第459条与第461条均解释为过错侵权的参引条款。

的增加费用请求权(第589条第1款)等。

合同编规范中可作为侵权请求权基础之防御规范者,则如债权转让与债务承担中债务人的抗辩(第546第1款、第548、549、553条);债权债务因履行、抵销、提存、免除或混同而终止(第557、559、568—571、575、576条,权利消灭抗辩);受领迟延丧失利息请求权(第589条第2款,权利消灭抗辩);部分连带债务人履行、抵销[1]、提存、被免除、混同或被受领迟延的权利消灭或限制效力(第520条);同时履行抗辩权的类推(第525条,权利行使抗辩)等。

此外,提前履行、部分履行、债权人受领迟延产生的费用请求权(第530条第2款、第531条第2款、第589条第1款),作为独立的请求权基础规范,也可能适用于侵权请求权的提前履行、部分履行或受领迟延。

2. 侵权请求权基础与合同请求权基础的互动

侵权请求权基础与合同请求权基础存在一定的此消彼长关系。[2]违约损害多为纯粹经济损失,但不会纳入侵权保护。缔约过失所致的损害,如交通费、鉴定费、咨询费等,也常常是各类纯粹经济损失。缔约过失的适用范围也有可能与侵权请求权基础产生重叠,例如恶意磋商、恶意欺诈或泄露、不正当使用商业秘密或信息等(第500、501条),通常也符合故意违反善良风俗侵权的适用前提。此外,合同附随义务、瑕疵给付、附保护第三人作用合同理论等,保护范围同样涉及纯粹经济损失。[3] 随着合同请求权的扩张,越来越多类型化的纯粹经济损失借助合同请求权得到救济,不必再诉诸违反保护性法律或故意违反善良风俗类侵权。

侵权请求权基础与合同请求权基础也会发生所谓"竞合"[4],如违

---

[1] 但故意侵权产生的损害赔偿之债,受害人债权不能作为被动债权被抵销。
[2] 参见[奥]海尔姆特·库齐奥:《侵权责任法的基本问题(第一卷):德语国家的视角》,朱岩译,北京大学出版社2017年版,第93—97页。
[3] 参见李昊:《交易安全义务论——德国侵权行为法结构变迁的一种解读》,北京大学出版社2008年版,第200—201页。
[4] 对此"竞合"的见解梳理,参见张家勇:《合同法与侵权法中间领域调整模式研究——以制度互动的实证分析为中心》,北京大学出版社2016年版,第293—299页。

约造成的固有利益侵害与侵权、产品责任与质量不符合约定的合同责任、医疗损害责任与医事服务合同责任等。此之竞合，如前文所述，可解释为请求权基础竞合，而非请求权竞合。

（四）人格权编与侵权请求权基础

《民法典》编纂中关于人格权能否独立成编的争议焦点之一，即人格权保护规范是否可置于侵权责任编中[1]，此亦可见人格权编与侵权责任编的密切关联。第995条第1句"人格权受到侵害的，受害人有权依照本法和其他法律的规定请求行为人承担民事责任"的规定，最主要的参引对象即侵权责任编。人格权编自身的请求权基础则几乎仅涉及基于法律行为的人格权请求权。各类人格权的界定、权利内容等作为人格权编的规范主体，均可作为侵权请求权基础的辅助规范。

1. 人格权请求权与侵权请求权

人格权受侵害可能产生消极防御请求权（人格权请求权）与侵权请求权，侵权请求权的规范基础在侵权责任编（以第1165条第1款为原则），"停止侵害、排除妨碍、消除危险"等人格权请求权的规范基础则在侵权责任编第1167条。但"消除影响、恢复名誉、赔礼道歉"等请求权则未必属于人格权请求权，因其功能并不在于防御，而属于广义的"恢复原状"，实为侵权请求权。

就此而言，人格权编中各类具体的消极防御请求权，如类似"人身安全保护令"的人格权禁令（第997条），媒体侵害名誉权的更正、删除（第1028条），信用评价不当的更正、删除（第1029条），荣誉权侵害的

---

[1] 支持将人格权保护规范置于侵权编者，参见梁慧星：《中国民法典中不能设置人格权编》，载《中州学刊》2016年第2期；梁慧星：《民法典编纂中的重大争论——兼评全国人大常委会法工委两个民法典人格权编草案》，载《甘肃政法学院学报》2018年第3期。反对观点，参见王利明：《人格权的积极确权模式探讨——兼论人格权法与侵权法之关系》，载《法学家》2016年第2期；王利明：《论人格权编与侵权责任编的区分与衔接》，载《比较法研究》2018年第2期。

记载与更正（第 1031 条第 2 款）〔1〕，个人信息错误的更正、删除（第1037 条），个人信息泄露、篡改、丢失的补救与报告（第 1038 条第 2款）等，均可理解为"停止侵害、排除妨碍、消除危险"（第 1167 条）等人格权请求权的具体化，从而不以过错为前提，但须具备不法性。

人格权编自身几乎未设置侵害人格权的侵权请求权基础，指向侵权请求权的常为参引规范，且多有明确的指示语词（如"依照""依法"），如人格权侵害的民事责任（第 995 条第 1 句）、不合理使用姓名、名称、肖像、个人信息的责任（第 999 条第 2 分句）等。

2. 侵权请求权基础在人格权编的辅助规范与防御规范

人格权编中各类人格权的定义与适用条款（第 990 条、第 994 条第 1 分句、第 1002—1004 条、第 1012—1013 条、第 1017 条、第 1018 条、第 1023 条第 2 款、第 1024 条、第 1031 条第 1 款、第 1032 条、第 1034 条等）与权利行使方式规范（第 993 条、第 1006 条、第 1015 条、第 1016 条等），可作为侵权请求权基础的辅助规范或次级辅助规范，辅助认定侵权请求权基础的"绝对权受侵害"要件是否满足。

各类人格权侵害的禁止规范（如第 991 条、第 992 条、第 1006 条第 1 款第 2 句、第 1007 条第 1 款、第 1009 条、第 1014 条、第 1019 条、第 1033 条、第 1038 条等），可辅助认定侵权请求权基础的"加害行为"要件。作为义务规范（第 1005 条的法定救助义务、第 1008 条第 1 款的告知与同意义务、第 1039 条的保密义务）则可辅助不作为人格权侵害的认定。

各类有名化的人格权中，除生命、身体〔2〕、躯体健康以外，多为框架性权利（第 998 条）。如前文所述，框架性权利侵害的不法性检视需要借助法益衡量积极认定，而非通过不法性阻却事由消极排除，属于要件问题而非抗辩问题。与之相应，关于框架性人格权侵害之不法性判

---

〔1〕 质疑荣誉权之人格权属性者，参见满洪杰：《荣誉权作为独立人格利益之质疑——基于案例的实证分析》，载《法商研究》2012 年第 5 期。

〔2〕 第 1003 条将行动自由作为与身体完整并列的身体权之内容，其妥当性仍可商榷。不过，即使行动自由权单列，因其权利边界明确，也并非框架性人格权。

断的法益衡量规范(如第 998 条),就是侵权请求权基础的辅助规范,而非排除不法性的防御规范。[1]

人格权编中辅助侵权请求权基础之法律效果认定的辅助规范数量并不多,典型者如违约不影响精神损害赔偿(第 996 条)、消除影响、恢复名誉、赔礼道歉的责任承担方式(第 1000 条[2])等。

因诉讼时效规范为各类请求权基础共用的防御规范(权利行使抗辩权规范),停止侵害、排除妨碍、消除危险、消除影响、恢复名誉、赔礼道歉请求权不适用诉讼时效的规范(第 995 条第 2 句),为时效抗辩的排除规范,性质上系防御规范的防御规范。

归纳起来,人格权编中的多数条文均与侵权请求权基础有着千丝万缕的联系,是《民法典》各编中与侵权责任编规范血统最为相近的一编。

五、小结

请求权基础视角下侵权责任编的规范体系梳理,以侵权请求权基础的甄别为前提,以侵权请求权基础的检视程式为框架。请求权基础的识别须从法律效果部分切入,甄别的难点是各类具有请求权基础外观的隐性参引规范。侵权请求权基础的检视原则上区分责任成立与责任范围两个阶段,各类侵权请求权基础检视程式的差异主要体现在责任成立部分,但在保护纯粹经济损失的例外情形中,责任成立与责任范围的检视合一。

侵权责任编的请求权基础规范序列,区分消极防御性的绝对权请求权(第 1167 条)与侵权损害赔偿请求权。绝对权请求权不以过错为

---

[1] 进而言之,人格权请求权虽不以过错为前提,但仍需具备不法性,而框架性人格权的不法性又需借助法益衡量积极认定,从而,因框架性人格权受侵害主张停止侵害、排除妨碍、消除危险等人格权请求权的,同样须诉诸法益衡量。

[2] 行为人拒不承担消除影响、恢复名誉、赔礼道歉等责任,法院通过公告或公布裁判文书的方式执行而产生的费用赔偿请求权,实质为不当得利请求权。

前提。侵权损害赔偿请求权则以过错归责为原则,过错推定、不问过错、公平责任的适用均须具备特别的正当化理由。过错侵权请求权基础的典型保护对象是绝对权,纯粹经济损失的保护则须以违反保护性法律或故意违背善良风俗为媒介。过错推定侵权大多是从不作为过错侵权中择取的法定类型,以"不能证明没有过错的""不能证明已经尽到……义务的""(能够证明)尽到……职责的"为指示性语词,"未尽……义务(职责)"能否解释为过错推定,则须区分情形考量。不问过错侵权不仅是过错归责的例外,也是个人自担风险之风险分配规则的例外,由他人代受害人承受风险需要更严格的正当化解说,大致涉及为被使用人负责、为产品缺陷负责与为特殊危险负责三类情形。公平责任的本质是牺牲补偿,典型者如被监护人、失去意识或控制的行为人致害情形,因行为人享有责任能力或过错上的法律优待,受害人的地位较被一般人侵害为劣,个案考量之下可对受害人的"牺牲"予以补偿。在牺牲补偿之外增设其他公平责任类型的法政策理由仍值得探讨。数人侵权请求权基础则有外部关系与内部关系之分。

各类侵权请求权基础作为主要规范,支撑起侵权责任编的骨架,但完整意义上的请求权基础检视,还须通盘考量其各层级的辅助规范与防御规范。侵权责任编中的辅助规范,抽象度较高者,可能为各类侵权请求权基础所共用,常作为"公因式"被规定于前两章;抽象度较低者,则构成个别请求权基础的特定辅助规范,规定于相应的规范群落中。主要规范之防御规范的功能是阻却请求权发生、导致请求权消灭或障碍请求权行使。辅助规范与防御规范也可能有其防御规范,防御辅助规范的适用或排除防御规范的抗辩。侵权请求权基础检视力求拆解各层次要件与抗辩至最小层级,但并非所有的要件与抗辩都已经条文化,还须诉诸学理与判例中未条文化的柔性辅助规范与防御规范。

法典编纂的"公因式"提取技术,会导致规范的双重不完整,即括号外的"公因式"与括号内的规范均不完整。[1] 因此,侵权责任编也并非自足的规范体系,除有少量侵权请求权基础散在《民法典》其他各编之外,大量的辅助规范或防御规范也栖身于其他各编。总则编为侵权责任编供给了主体、权利、责任、时效等方面的辅助规范与防御规范。物权编则为侵权责任编供给了物权作为侵权保护客体的辅助规范与防御规范。物权编与侵权责任编均以绝对性权益为主要规范对象,物权保护、占有保护与侵权请求权基础在不同情形下可体现为参引、并立或排斥关系。就合同编而言,合同编通则作为小债权总则,也为侵权责任编提供了与其他债权债务关系共用的辅助规范或防御规范;各类合同请求权基础则与侵权请求权基础在适用范围上呈现出一定程度的此消彼长关系。人格权编与侵权责任编关联最为密切,多数规范均可作为侵权责任编的辅助规范。

---

[1] 参见朱庆育:《法典理性与民法总则——以中国大陆民法典编纂为思考对象》,载《中外法学》2010年第4期。

第六章　主要规范的评注释义

——以《民法典》第 462 条为例

《民法典》第 462 条规定：(第 1 款)"占有的不动产或者动产被侵占的，占有人有权请求返还原物；对妨害占有的行为，占有人有权请求排除妨害或者消除危险；因侵占或者妨害造成损害的，占有人有权依法请求损害赔偿。"(第 2 款)"占有人返还原物的请求权，自侵占发生之日起一年内未行使的，该请求权消灭。"

一、规范意旨

占有作为一项独立的法律制度在我国实证法中得以体现，始于原《物权法》的颁布。《民法典》沿袭原《物权法》，对占有的直接规定集中于物权编第五分编第二十章，分为两类规范：一是"所有人与占有人关系"规范(第 459—461 条)；二是占有保护规范(第 462 条)。《民法典》第 462 条源自原《物权法》第 245 条，只是为占有人的损害赔偿请求权增设了"依法"的表述。

关于占有保护的正当性，众说纷纭，代表性观点则有和平秩序维护理论、本权保护理论、维续利益保护理论与人格保护理论四种。[1] 时至今日,占有应予保护已是共识,而无论有权占有或无权占有,善意占有或恶意占有,自主占有或他主占有。《民法典》第462条的规范意旨也正在于保护占有不受法律禁止的私力侵害。

以物权为本权的占有人,诉诸占有保护较之物权保护更为便宜,因为只需证明占有的成立,而不必证明本权的权源,对不动产物权中不以登记为生效要件者尤其便利。以债权为本权的占有人,则通过占有保护制度获得了类似物权人的地位,如已交付但未登记的不动产受让人[2]、已交付但未登记的车辆受让人[3]、房屋承租人[4]、动产借用人[5],以及在我国尤其具有意义的福利公房使用权人[6]等。而保护无权占有人,更是占有保护不问本权的独立价值所在。[7]

甚至对违章建筑的占有也应予以保护。违章建筑之上得否成立动产所有权抑或不动产所有权,尚可探讨,但任何个人均无权判定某个建筑物是否构成违章建筑,不得以强力侵占、拆除或破坏[8]。江苏省盐城市中级人民法院民事判决书(2015)盐民终字第00955号即认为,"涉案房屋是否为违章建筑,并不影响权利人主张权利"。

但在不同情形之下,占有人需要依靠不同的救济手段。

占有侵害可分为占有侵夺与占有妨害:占有侵夺,对应占有返还请求权。占有妨害,则对应妨害排除请求权。有受妨害之虞的,应以妨害

---

[1] 关于占有保护的正当性探讨,可参见吴香香:《占有保护缘由辨》,载王洪亮等主编:《中德私法研究(11):占有的基本理论》,北京大学出版社2015年版,第3—43页;柯伟才:《论占有保护之原因——以耶林的观点为中心》,载陈小君主编:《私法研究》(第11卷),法律出版社2011年版,第96—125页;周梅:《间接占有中的返还请求权》,法律出版社2007年版,第75—80页。
[2] 参见最高人民法院民事判决书(2014)民一终字第116号。
[3] 参见陕西省紫阳县人民法院民事判决书(2010)紫民初字第685号。
[4] 参见山东省东营市中级人民法院民事判决书(2013)东民四终字第161号。
[5] 参见河南省平顶山市中级人民法院民事判决书(2015)平民二终字第410号。
[6] 参见天津市高级人民法院民事裁定书(2014)津高民申字第0542号。
[7] 参见甘肃省陇南市中级人民法院民事判决书(2014)陇民一终字第74号。
[8] 参见王利明:《物权法研究(上卷)》(第3版),中国人民大学出版社2013年版,第86页。

防止(消除危险)请求权予以救济。妨害排除、妨害防止请求权并称为占有妨害请求权。占有返还请求权与占有妨害请求权则统称为占有保护请求权,属于物上请求权。

根据占有侵害行为是否具有现时性,又可分为已经结束的占有侵害行为与正在进行的占有侵害行为。对于前者,占有保护请求权足敷使用;而针对正在进行的现时占有侵害,除占有保护请求权外,也应允许占有人以自力防御权进行自力救济。

另外,占有保护未必以占有受到侵害为前提。例如,占有物失落于他人领域但尚未被他人占有,此时,并不存在占有侵害。如果占有人享有追寻(通行)权(Verfolgungsrecht des Besitzers),令相对人负有许可并容忍占有人寻回其物之义务,则可有效保护占有人并阻止占有侵害行为之发生。

自本条文义观察,占有人对占有侵害行为可以主张占有返还、妨害排除与妨害防止,并可就因此所生之损害主张赔偿。其中,占有保护请求权作为物上请求权,以占有返还请求权与占有妨害请求权为其题中之义,第1款第1—2分句为请求权基础规范;而损害赔偿请求权是否属于占有保护的固有效力则有待进一步厘清。至于该项规范未予体现的占有自力防御权与占有追寻权,则须诉诸其他规范的扩张解释或类推适用。

二、占有保护请求权

占有保护请求权,系模仿所有权请求权而设立。虽然《民法典》并没有单独的所有权请求权规范,但第235—236条的物权请求权,仍是以所有权请求权为原型。与所有权人的返还请求权、妨害排除、妨害防止请求权相对应,占有人享有占有返还请求权与妨害排除、妨害防止请求权。至于第462条所规定的损害赔偿请求权是否属于占有保护请求权则有待商榷。

(一)占有返还请求权:第462条第1款第1分句

1. 适用前提

占有返还请求权,是针对占有侵夺而设立的占有保护请求权,以回复占有为其内容。至于被侵害的占有是动产占有抑或不动产占有,则在所不问。占有保护不同于本权保护:一方面,无论占有人是否为本权人均享有占有保护;另一方面,享有本权而从未进行占有者,只能诉诸权利保护而不能主张占有保护。

占有侵夺,是以法律禁止的私力(verbotene Eigenmacht)排除占有人对物的事实管领,具体而言,即非经法律许可且非基于占有人意思的占有剥夺。

其一,非经法律许可,即具有客观不法性,至于侵夺人对侵夺行为的不法性是否知情则在所不问。法律许可的事由,即不法阻却事由,如正当防卫、紧急避险、强制执行等。

其二,非基于占有人意思,并不意味着违反占有人意思,前者范围更广,包括占有人不知占有侵害的情形,而违反占有人意思则意味着占有人明知占有侵害而不同意。应予注意的是,因占有人交付而取得占有者,即使是因错误或诈欺而得,也是基于占有人意思取得,不构成占有侵夺。至于胁迫占有人放弃占有是否成立占有侵夺,德国学理认为,若心里胁迫达到与物理强制相当的程度,则构成占有侵夺[1];我国台湾地区学理则多持否定态度[2]。自保护占有人的角度而言,本书从前者。此外,已经取得之占有的持续,也不构成占有侵夺。因此,即使租赁期间届满承租人不返还标的物,也不构成占有侵夺,而构成无权占有,本权人得根据合同或侵权等请求权要求返还。

其三,排除占有人对物之事实管领,既包括排除对物之整体的事实

---

[1] Vgl. Münchener/Joost, Kommentar zum Bürgerlichen Gesetzbuch, 8. Aufl., München: C. H. Beck, 2020, §858, Rn. 7.

[2] 参见王泽鉴:《民法物权》(第2版),北京大学出版社2010年版,第537页;谢在全:《民法物权论(下册)》(第5版),中国政法大学出版社2011年版,第1225页。

管领,也包括排除对物之某一独立部分的事实管领。前者是整体侵夺,后者是部分侵夺,部分侵夺人取得对物的部分占有。

其四,占有剥夺行为与占有丧失之间应具备相当因果关系。

据此,占有侵夺的排除事由有三:其一,法律许可;其二,占有人同意;其三,不存在相当因果关系。其中,占有人同意也可默示为之,且仅直接占有人得为此同意,因为占有侵夺是剥夺物之事实管领,而此之管领人即直接占有人。为保护占有人,在侵夺行为实施之前,对占有侵夺的事前同意可随时撤回。

还应注意,占有侵夺以法律禁止的私力为前提,但此私力不必构成侵权行为,因占有返还请求权属物上请求权,不以侵夺人具有责任能力与过错为必要。此外,占有返还请求权的成立以物尚未灭失为前提,否则即产生侵权损害赔偿问题而非占有返还问题。

2. 请求内容

占有返还请求权的内容,为请求回复物之占有,应在侵夺地点履行。占有返还仅指向物之回复,并非恢复物在占有侵夺之前的状态,因此占有返还不同于恢复原状。若存在物的其他损害,则应诉诸以过错为要件的侵权赔偿。同理,占有返还请求权也不及于孳息与替代物,后者也是损害赔偿问题,已超出物上请求权的效力范围。

占有返还请求权可转让或继承,也可能与其他请求权发生竞合。但占有返还义务的履行障碍不适用债务不履行的一般规则,更明确地说,占有返还义务不单纯因不履行而转变为损害赔偿之债,因为单纯占有本身只具有排他效力而不具有财产归属内容,损害赔偿则以归属利益的丧失为前提,且以责任能力与过错为要件。

3. 权利主体

(1)直接占有人

直接占有人享有占有返还请求权当无疑义。部分占有人也有此权利,如各合租人对自己所承租独立房间的占有。但各直接占有人为共同占有人时,针对第三人仅得请求回复共同占有,各共同占有人之间就占有物的使用范围,则不得互相请求占有保护,而应诉诸内部关系,如合租人对共用厨房的占有。至于间接占有人与占有辅助人得否行使占有返还请求权则仍须探讨,因为《民法典》中没有直接采纳"间接占有"和"占有辅助"概念,但也未明确予以否定。因而,问题的关键即在于,是否有必要保护间接占有人与占有辅助人。

(2)间接占有人

首先应指出,占有保护制度并不以占有的公示功能为前提,否则即无以解释,占有并非不动产权利的公示方式,但不动产占有人仍受此保护。因此,即使否定间接占有的公示功能,也不意味着间接占有人不应享有占有保护。至于间接占有是否无法负载占有的公示功能,则已超出本书论域。下文仅探讨间接占有人是否应予保护。

支持者认为,间接占有人应予保护,尤其是间接占有人并非均享有本权,赋予间接占有人基于占有的保护性权利,恰可体现占有保护不问占有本权的制度精髓。[1] 反对者则认为,我国并未承认间接占有概念,间接占有并非对物的事实支配,而是一种虚设的占有。[2] 间接占有人为所有权人的,可以通过所有权保护途径寻求救济,即使直接占有人不行使占有保护请求权,所有权人也可以对第三人行使物权请求权。[3] 就占有保护而言,该概念的反对者似乎并不反对间接占有应受法律保护,而只是认为可以通过其他途径解决。[4]

---

[1] 参见张双根:《占有的基本问题——评〈物权法草案〉第二十章》,载《中外法学》2006年第1期;张双根:《间接占有制度的功能》,载《华东政法学院学报》2006年第2期;申卫星:《物权法原理》,中国人民大学出版社2008年版,第194—197页。

[2] 参见李锡鹤:《物的概念和占有的概念》,载《华东政法大学学报》2008年第4期;石佳友:《〈物权法〉占有制度的理解与适用》,载《政治与法律》2008年第10期;薛启明:《〈物权法〉占有制度三题》,载《研究生法学》2007年第3期。

[3] 参见王利明:《论占有》,载氏著:《民商法研究》(第4辑),法律出版社2001年版,第445—447页。但在后续的作品中,王利明教授的观点似有所松动,虽然仍认为"《物权法》不规定间接占有概念,具有一定的合理性",但也指出"尽管《物权法》中没有规定间接占有的概念,但区分直接占有和间接占有,对于全面理解占有的概念,强化对占有的保护,仍然具有一定的意义"。参见王利明:《物权法研究(下卷)》(第3版),中国人民大学出版社2013年版,第1474—1476页。

[4] 对此问题的探讨,还可参见刘家安:《含混不清的"占有"——〈物权法〉草案"占有"概念之分析》,载《中外法学》2006年第2期。

本书认为,虽然《民法典》中并未出现"间接占有"术语,却并不能因此简单地推断《民法典》对间接占有制度持否定态度。实际上,全国人大常委会法制工作委员会在对《民法典》第228条的立法理由中即多次使用间接占有概念解释占有改定制度。[1] 我国学者中也多有持此意见者。[2] 原最高人民法院《关于适用〈中华人民共和国担保法〉若干问题的解释》(已废止)第88条也已经使用了"间接占有"。实务中,不仅有法院判决明确指出间接占有属于占有,应予保护[3],还有判决在实质上也承认了多级间接占有,认为多重转租的转租人仍为占有人。[4]

此外,《德国民法典》之所以在第868条专门对"间接占有"作了定义,是因为它在第854条第1款规定直接占有"因取得对物的事实管领而取得",所以如果要承认不同于直接占有的间接占有,必须对此予以明确。与《德国民法典》不同,我国《民法典》中并没有明确界定占有为"对物的事实管领",那么也就不需要特别对"间接占有"予以界定。

具体到占有保护,并非如反对者所言,可以通过其他途径达到保护间接占有的目的。占有保护不同于权利保护,即使间接占有人同时是所有权人,所有权保护也不能取代间接占有保护。因为主张基于所有权的物上请求权,必须首先证明所有权的存在。但一般而言,证明所有权比证明间接占有更为困难,如此反而加重了间接占有人寻求救济的成本。在间接占有人享有其他本权的情形亦然。更重要的是,间接占

---

[1] 参见黄薇主编:《中华人民共和国民法典物权编释义》,法律出版社2020年版,第40—41页。

[2] 参见庄加园:《间接占有与占有改定下的所有权变动——兼评〈中华人民共和国物权法〉第27条》,载《中外法学》2013年第2期;常鹏翱:《占有行为的规范分析》,载《法律科学(西北政法大学学报)》2014年第2期。

[3] 参见最高人民法院民事判决书(2014)民一终字第116号、江苏省宿迁市中级人民法院民事判决书(2015)宿中民终字第00480号。

[4] 参见浙江省湖州市中级人民法院民事判决书(2010)浙湖民终字第305号。该判决虽正确认识到转租人也是占有人,但未能明确租赁期间届满后承租人拒绝迁出并不构成占有侵夺,中间转租人的返还请求权应以合同规则为依据。该案一审法院以原《合同法》相应规范作出裁判适用法律正确,而二审法院却认为,"原审法院……在案由确定上,将本案定为房屋租赁合同纠纷有所不当,本院将本案案由调整为占有保护纠纷"。

有人并非均是有权占有人,即使是无权间接占有人,同样应予保护。

既然间接占有人应予保护,并且间接占有保护制度不能被其他制度所取代,占有返还请求权的权利人即应包括间接占有人。只不过对占有侵夺的救济,其目的在于回复被侵夺之前的占有状态,间接占有人之占有保护请求权的内容,也就只能是要求回复自己的间接占有。所以,间接占有人只能请求将物返还于直接占有人,除非直接占有人不能或不愿收回占有。在直接占有人不愿或不能收回占有的场合,间接占有人主张物之返还,类似于债权人对次债务人的"代位权"。若为多级间接占有,还须所有下级占有人均不能或不愿收回占有。

同理,由间接占有本身的性质决定,间接占有是否被侵夺应以直接占有为断。而在直接占有人与间接占有人的相互关系中,若间接占有人非经法律许可且非基于直接占有人的意思侵夺直接占有,则直接占有人可对间接占有人主张占有返还,但间接占有人并不享有针对直接占有人的占有返还请求权。以租赁关系为例,即使租赁期满,承租人(直接占有人)拒绝返还,也不构成对出租人(间接占有人)的占有侵夺,承租人仍是直接占有人,出租人可诉诸债务不履行、所有权保护或不当得利制度,但不得以间接占有人的身份针对直接占有人行使占有返还请求权。[1]

(3)占有辅助人

与间接占有的处境类似,我国《民法典》既未明确采用占有辅助概念,也未明确予以否定。但人民大学民法典建议稿物权编第1130条有此建议条文:(第1款)"辅助占有是基于特定的从属关系,受他人的指示,而对物进行事实上的管领。"(第2款)"辅助占有的情形下,发出指示的人为占有人。"其理由谓:"社会生活中有些人虽然在事实上确实对物进行管领或控制,但是此种管领完全是为了他人的利益并遵照他人

---

[1] 但上海市第二中级人民法院民事判决书(2015)沪二中民二(民)终字第634号、上海市第二中级人民法院民事判决书(2012)沪二中民二(民)终字第1836号均以原《物权法》第245条第1款为依据,支持间接占有人要求直接占有人返还房屋。

的指示而进行……从常识的角度看,任何人都不会认为这样的一种占有是具有法律意义的占有,其与法律上的占有存在较大的差别。"[1]社科院民法典建议稿物权编第647条同样规定了占有辅助制度:"基于雇用或者其他类似关系,受他人指示而对物实行控制与支配的,仅该他人为占有人。"[2]

在占有辅助人与占有主人的关系中,占有的体素与心素出现了分化,占有主人具有心素,而体素则在占有辅助人处,对物之管领,占有辅助人必须服从占有主人的指示,占有辅助人对占有物并不享有自己的利益,因而,在占有侵夺情形,占有返还请求权人应当是占有主人。不过,占有主人仍不妨授权占有辅助人代其行使返还请求权。

4. 义务主体

占有返还请求权的义务主体即瑕疵占有人,具体而言,该义务主体须满足两项要件:其一,权利人请求返还占有之时,义务主体为占有人。若侵夺人抛弃占有,则不再是占有返还请求权的相对人,但仍不妨根据侵权规则要求其承担损害赔偿责任。其二,相对于请求权人,义务主体的占有为瑕疵占有。以法律禁止的私力获得的占有为瑕疵占有。不过,占有瑕疵具有相对性,甲侵夺乙之占有,甲相对于乙而言是瑕疵占有人,但第三人丙不得主张甲之占有为瑕疵占有。

关于瑕疵占有的具体认定,还需要注意以下方面。

首先,权利人请求返还占有之时,若侵夺人占有侵夺物,则该侵夺人为瑕疵占有人,有义务返还占有。即使侵夺人将占有物出租或借出,成为间接占有人,仍应返还间接占有。侵夺人的占有是否具有瑕疵,仅以是否实施了法律禁止的私力侵害为断,而与是否享有本权无关。一方面,即使是本权人,若通过占有侵害行为取得占有,也是瑕疵占有人。如租赁期满,承租人拒绝迁出,所有权人强行侵占房屋,由此

---

[1] 王利明主编:《中国民法典学者建议稿及立法理由·物权编》,法律出版社2005年版,第569—570页[程啸]。

[2] 梁慧星主编:《中国民法典草案建议稿附理由·物权编》,法律出版社2013年版,第687页[张广兴]。

取得的占有为瑕疵占有。另一方面,无权占有并不等于瑕疵占有,如上海市第二中级人民法院民事判决书(2015)沪二中民二(民)终字第634号所涉案件中,劳动聘用期结束后,原雇员仍使用校舍,构成无权占有,但其占有取得并非基于法律禁止的私力侵害,并非瑕疵占有。

其次,若侵夺人丧失占有,他的占有继受人是否为占有返还请求权的义务主体,需要区分情形:第一,侵夺人的概括继受人承继占有瑕疵,如继承人,无论他对前手的占有瑕疵是否知情。第二,占有的特定继受人,取得占有时知道其前手之占有瑕疵者,也为瑕疵占有人。只是此之占有继受,仅考量时间上的继受,如甲盗窃乙占有之物,甲也是乙的占有后手,只要甲知道乙的占有系侵夺而得,即须承继乙的占有瑕疵。此外,占有辅助人明知瑕疵占有仍为占有主人取得占有者,占有主人也为瑕疵占有人。

有疑问的是,交互侵夺得否排除占有瑕疵。典型者如,甲侵夺乙之占有,嗣后乙又夺回。甲侵夺乙之占有,甲相对于乙为瑕疵占有人,嗣后乙又夺回,乙相对于甲同样是瑕疵占有人。出于诉讼经济的考量,并结合占有保护请求权的除斥期间,我国台湾地区学者多认为,在乙之占有返还请求权的1年除斥期间内,甲作为相对于乙的瑕疵占有人,其占有返还请求权被排除。[1] 本书以为,单纯诉讼经济的考量,恐怕尚不足以排除占有保护。而从法无禁止即自由的角度出发,既然《民法典》未排除此等情形下甲的占有返还请求权,似很难拒绝为其提供占有保护。

5. 本权抗辩

《民法典》并未明确得否以本权对抗占有保护请求权。以占有本权对抗占有保护请求权有三种可能的途径:其一,以本权作为针对占有保护请求权的抗辩。其二,以本权作为具有既判力之判决的依据,对抗占

---

[1] 参见史尚宽:《物权法论》,中国政法大学出版社2000年版,第592页;王泽鉴:《民法物权》(第2版),北京大学出版社2010年版,第547页;谢在全:《民法物权论(下册)》(第5版),中国政法大学出版社2011年版,第1232页。我国台湾地区学者的解释路径以《德国民法典》第861条第2款为蓝本。

有保护请求权。其三,以本权作为针对占有之诉的反诉依据。

(1)以本权作为抗辩

我国学者大多主张,占有之诉中应禁止提起本权抗辩。[1] 在全国人大常委会法制工作委员会附于原《物权法》第245条的参考立法例中,也列举了《德国民法典》第863条与《日本民法典》第202条[2],这两项规范所规定者,即占有之诉中不得提起本权抗辩。由此观之,全国人大常委会法制工作委员会的态度似乎更倾向于占有之诉与本权保护的分离。司法实务中也有禁止本权抗辩的判决。[3]

关于占有之诉中禁止本权抗辩的理由,有不同的解释。黑克(Philipp Heck)认为,每个占有人对继续管领占有物都享有经济上的利益,占有状态的维续本身即构成一项独立的法益,此与占有是否存在本权无关。对本权抗辩的限制,是对占有保护的强化,而此种强化只能向占有人之维续利益寻求解释。维续利益不仅要求对占有的保护,而且要求迅速及时的保护。恢复维续性是一项自然意义上的急迫事由。因而本权抗辩的排除仅服务于占有之诉的急迫性。此项规范毋宁是一项程序上的优势,故而更适宜将其规定于民事诉讼法中,而非民法典中,它是"程序羊群中走失的羔羊"。[4] 也有学者主张,占有之诉中禁止本权抗辩,是因为占有之诉的暂时性。因为占有之诉中所作的判决并不能决定终局的归属状态,应当尽量简化占有之诉,排除本权抗辩。[5] 在以人格保护解释占有保护之正当性的学者看来,占有之诉中排除本权抗

---

[1] 参见王洪亮:《论基于占有的物上请求权——实体与程序上的理论继受》,载《清华法学》2007年第3期;刘智慧:《占有制度原理》,中国人民大学出版社2007年版,第351页。

[2] 参见全国人大常委会法制工作委员会民法室编:《〈中华人民共和国物权法〉条文说明、立法理由及相关规定》,北京大学出版社2007年版,第434、436页。

[3] 参见山东省东营市中级人民法院民事判决书(2013)东民四终字第163号。

[4] Vgl. Philipp Heck, Grundriss des Sachenrechts, Tübingen: J. C. B. Mohr, 1930, S. 13, 50ff.

[5] Vgl. Westermann/Gursky, Sachenrecht, 7. Aufl., Heidelbelg: C. F. Müller, 1998, S. 142.

辩,也是防止法律禁止之私力的必然要求。[1]

本书认为,占有侵害行为是对占有人的侵犯,相应的救济即应是消除侵犯的影响,恢复侵害之前的占有状态。对占有享有权利本身,并不能成为侵犯他人的理由,不能作为针对占有保护请求权的有效抗辩。仅在权利行使构成正当防卫或自助时,才可成为排除不法性的抗辩事由,但因其可排除不法性,也就不构成占有侵夺,无从成立占有之诉。故此,在占有之诉中禁止本权抗辩是禁止占有侵害的必然推衍。严格区分权利保护与占有之诉的意义即在于,排除权利人为任何法律禁止的私力行为。不过,本权抗辩禁止仍不妨由当事人约定排除。

(2)以本权作为具既判力之判决的依据

在占有侵害行为实施后,侵害人的占有本权被具有既判力的判决所确认的,占有保护请求权即消灭,以防止不必要的来回返还。但也有观点认为,即使是一项在占有侵害行为实施之前所做出的对占有本权的确认判决,也足以排除占有保护请求权。[2] 本书以为,该主张有过犹不及之嫌,因为这无异于为私人执法鸣锣开道。

(3)以本权作为反诉依据

虽然在占有之诉中不得提起本权抗辩,但可以占有本权为根据提起反诉,相对方可以反诉的方式实现抗辩目的。但前提是,反诉未"掏空"占有保护,即仅在法院就反诉作出具有形式既判力且可强制执行的判决时,才能以此为依据驳回占有之诉。[3] 此外,如果占有之诉与反诉判决同时作出,占有保护请求权也视为消灭。

6. 除斥期间:第 462 条第 2 款

第 462 条第 2 款规定,占有返还请求权因 1 年期间的经过而消

---

[1] Vgl. Hans Josef Wieling, Sachenrecht, Band I, 2. Aufl., Berlin Heidelberg: Springer, 2006, S. 207.

[2] Vgl. Westermann/Gursky, Sachenrecht, 7. Aufl., Heidelbelg: C. F. Müller, 1998, S. 146。

[3] Vgl. Baur/Stürner, Sachenrecht, 18. Aufl., München: C. H. Beck, 2009, S. 97.

灭,实务中也有相关判决。[1] 该期间限制,条文明定自"侵占发生之日"起计算。本书以为,"侵占发生"应解释为"侵夺行为结束"。至于占有人对侵夺行为是否知情或应知,则在所不问。[2]

有争议的是,该期间的性质如何界定。既有视其为诉讼时效者[3],也有视其为除斥期间者[4],还有观点认为,该期间属于无中止、中断的诉讼时效[5],或构成独立的期间类型[6]。该期间的性质界定,取决于期间效力,而期间效力之设定,又受制于规范目的。

本条第2款文义明确显示,此处所规定的期间,发生"请求权消灭"的效果。这属于除斥期间而非诉讼时效的效力特点。该请求权因时间经过而消灭的正当性则在于:占有状态并不属于终局的权利归属,因此,在特定期间经过后,丧失占有的前占有人即不值得享有独立于占有本权的保护。被侵害的暂时的占有状态,在一定时间经过后,保护必要性即让位于新的占有状态。换言之,该期间限制的正当性在于占有保护的暂时性。因此,应将此时间限制视为除斥期间,否则将导致法律关系长期的不稳定。不过,占有保护请求权罹于除斥期间,并不妨碍享有本权的占有人继续行使基于本权的请求权。

由此引申的问题是,占有返还请求权是否必须于1年期间内依诉行使(如《德国民法典》第864条第1款)?[7] 允许诉讼外行使可能导致的难题是,诉外请求但相对方拒绝返还的法效如何确定:若期间继续计算,对请求权人似不公;若期间中断或中止,则不符合除斥期间的性

---

[1] 参见陕西省安康市紫阳县人民法院民事判决书(2010)紫民初字第507号。
[2] 但四川省遂宁市中级人民法院民事判决书(2014)遂中民终字第108号以占有人"知道……侵占讼争房屋的事实"开始起算该1年期间,并得到四川省高级人民法院民事裁定书(2014)川民申字第920号的支持。
[3] 参见天津市高级人民法院民事裁定书(2014)津高民申字第0542号。
[4] 参见河南省郑州市中级人民法院民事判决书(2013)郑民二终字第323号。
[5] 参见朱岩、高圣平、陈鑫:《中国物权法评注》,北京大学出版社2007年版,第796—797页[朱岩]。
[6] 参见刘智慧:《占有制度原理》,中国人民大学出版社2007年版,第345页。
[7] 请求权适用除斥期间均会产生类似的问题,因为请求权不同于形成权,须对方履行才能实现。

质;若转用诉讼时效,又与占有保护的暂时性难以匹配。

(二)占有妨害请求权:第 462 条第 1 款第 2 分句

1. 适用前提

占有妨害请求权包括占有妨害排除请求权与占有妨害防止(消除危险)请求权。前者所救济者为仍在持续的占有妨害。若仅有妨害危险者,则应诉诸后者。

(1)占有妨害排除请求权的适用前提

占有妨害,是以法律禁止的私力所为的占有侵夺之外的占有侵害,具体而言,即占有侵夺行为之外的,非经法律许可且非基于占有人意思的占有侵害,既包括在他人占有的土地上挖地槽、断水断电等干扰占有人正常使用的有形妨害,也包括噪音、烟雾等无形妨害,多发生于不动产之上。

根据妨害的不同形态,可区分行为妨害与状态妨害。直接实施占有侵害行为造成占有妨害者为行为妨害。虽未直接实施妨害行为,但因其意思容许妨害状态之存在者,则构成状态妨害。而若是纯粹由自然原因导致的妨害状态,尚不足以构成占有妨害,妨害必须至少可追溯至妨害人的间接意思。更明确地说,即使是状态妨害,也以法律禁止的私力侵害为前提,只不过此处的私力体现为(有作为义务而)不作为。鉴于行为妨害与状态妨害的法律效果一致,均指向妨害排除,二者区分意义有限,更有意义的毋宁是自然事件与可归因于人之意识的占有妨害的区分。

占有侵夺与占有妨害有分界模糊之时,如停车于他人车库入口处、更换他人房锁[1]、在他人房屋中安装门窗[2]等。本书认为,占有侵夺

---

[1] 上海市第二中级人民法院民事判决书(2009)沪二中民二(民)终字第 145 号将此界定为妨害,山东省日照市中级人民法院民事判决书(2014)日民一终字第 235 号将用锁具锁死他人房门界定为妨害。

[2] 四川省遂宁市中级人民法院民事判决书(2014)遂中民终字第 108 号将此界定为侵占。

与占有妨害仅是侵害程度的差异而无本质不同,以占有剥夺为最严重,在有疑义时,宜解释为占有妨害。

在物被部分剥夺占有情形中,就该物之部分而言,侵夺人成立部分占有,构成部分占有侵夺,而对物之整体而言,又同时构成占有妨害,如将车持续停放于他人土地之上,构成对停放处土地的部分侵夺,以及对整个地块的占有妨害。[1]

(2)占有妨害防止(消除危险)请求权的适用前提

与占有妨害排除请求权以仍在持续的占有妨害为适用条件不同,占有妨害防止请求权不是以现时的占有妨害为前提,而是以存在妨害危险为前提,指向将来可能发生的占有妨害。妨害危险也可分为行为妨害危险与状态妨害危险。是否存在妨害危险,不以曾经发生妨害为必要,已经发生过妨害,固然为妨害危险的重要推定因素,但对于第一次发生的妨害同样应予救济。此外,妨害危险的认定也不以占有人意思为断,而是取决于一般社会观念的客观评价。

(3)排除事由

与占有侵夺同理,占有妨害与妨害危险的排除事由同样有三:其一,法律许可;其二,占有人同意;其三,不成立相当因果关系。但妨害人对于妨害的不法性是否知情在所不问。在妨害发生之前,对占有妨害的事前同意可随时撤回。基于占有保护请求权之物上请求权的属性,两类占有妨害请求权同样以物尚未灭失为前提,但不以妨害人的责任能力与过错为必要,以区别于基于侵权的损害赔偿请求权。

2. 请求内容

针对仍在持续的占有妨害,占有人可主张妨害排除请求权,请求侵害人除去妨害,费用由侵害人承担。占有人以自己的费用除去妨害时,得依不当得利或无因管理的规定,请求侵害人返还所支出的费用。

---

[1] 福建省福州市中级人民法院民事判决书(2015)榕民再终字第68号将部分占用他人厂区界定为占有妨害;江苏省宿迁市中级人民法院民事判决书(2015)宿中民终字第00480号将侵占房屋其中一间的案由定性为占有排除妨害纠纷,但文书中侵占、妨害均有出现。

妨害排除的目的仅在于除去妨害,而非恢复妨害发生之前的状态,因此,因排除妨害而支出的费用既不同于恢复原状的费用,也不同于因占有妨害而导致的其他损害,后二者均属于损害赔偿问题。[1] 如在他人占有的不动产上倾倒垃圾,妨害排除的内容仅限于清理垃圾,至于残留的土地污染,则并非妨害排除问题,而是侵权损害赔偿问题。若混淆妨害请求权与损害赔偿的适用条件,就可能出现架空过错侵权原则的危险,以不问过失的防御请求权代替以过错为要件的损害赔偿请求权。[2]

占有有受妨害之虞的,占有人可主张以不作为为内容的妨害防止请求权,以避免将来发生占有妨害。在宁夏回族自治区中卫市中级人民法院民事判决书(2014)卫民终字第254号所涉案件中,被告曾阻止原告转移机械设备,并表示以后仍将继续进行阻止,构成占有妨害危险,原告本可主张妨害防止请求权,但因在诉讼中主张占有返还,最终败诉。由此引发的问题是,占有返还请求权、占有妨害排除请求权与占有妨害防止请求权三者之间得否转换。本书以为,占有侵夺与妨害、妨害危险的区别仅是程度差异而非实质不同,且常有界限模糊之时,故而,若请求权人主张占有返还,但占有侵夺不能成立时,法院可主动审查占有妨害是否成立,妨害不能成立之时,法院也可主动审查妨害危险是否成立。反之亦然。[3]

占有妨害排除请求权与占有妨害防止请求权均不得单独让与,而是随占有移转而移转。与占有返还请求权相同,两类占有妨害请求权的履行障碍也不适用债务不履行的一般规则,因此造成的损害应诉诸侵权等其他法律规则,因为占有保护仅保护对物事实管领,而不涉及收益归属问题。

3. 权利主体

两类占有妨害请求权的权利主体与占有返还请求权相同。直接占

---

〔1〕 Vgl. Fabian Klinck, in: Staudinger/Eckpfeiler des Zivilrechts, Berlin: Sellier - de Gruyter, 2011, V. Rn. 58.

〔2〕 参见王洪亮:《妨害排除与损害赔偿》,载《法学研究》2009年第2期。

〔3〕 类似观点,可参见 Elmar Bund, Kommentar zum §861, in: J. von Staudingers Kommentar zum Bürgerlichen Gesetzbuch, Berlin: Sellier-de Gruyter, 2007, Rn. 19。

有人、间接占有人均可作为请求权人,而不问占有物是动产抑或是不动产。无论以物权为本权、以债权为本权,还是无权占有,均不影响占有妨害请求权的成立。在直接占有人与间接占有人的相互关系中,仅直接占有人针对间接占有人享有占有保护请求权。占有辅助人则并非权利主体,但仍有可能因占有主人的授权而代其行使权利。

4. 义务主体

占有妨害排除请求权以占有妨害人为其义务主体。占有妨害人即其意志决定了妨害的产生及持续之人,包括行为妨害人与状态妨害人。妨害行为或状态结束,妨害请求权也就消灭,但不影响侵权请求权等其他法律关系。与占有妨害排除请求权相应,占有妨害防止请求权的义务主体,于行为妨害危险为行为人,于状态妨害危险为危险源的支配者。

5. 本权抗辩

基于与占有返还请求权相同的理由,占有本权也不足以抗辩占有妨害排除请求权与占有妨害防止请求权,但若基于本权的反诉可终局地予以强制执行,则可挫败占有妨害之诉。此外,占有妨害行为实施之后或占有妨害危险产生之后,法院作出的对占有本权的确认判决,也可排除占有妨害排除请求权与占有妨害防止请求权,此前作出的判决则无此效力。

6. 除斥期间

根据第462条第2款之规定,仅占有人"返还原物"的请求权因1年未行使而消灭。由此产生的问题是,两类占有妨害请求权是否也应适用该1年期间。占有妨害请求权不适用除斥期间的理由似乎在于,其与占有返还请求权不同,只要占有妨害或妨害危险存在,占有人即应享有相应的救济权,没有必要为此权利设定时间限制。[1] 反之,有学者认为,占有妨害请求权同样具有占有保护的暂时性特征。基

---

[1] 参见黄薇主编:《中华人民共和国民法典物权编释义》,法律出版社2020年版,第636页。

于体系考量，没有理由于此区别对待占有返还请求权与占有妨害请求权。[1]

本书认为，若只要占有妨害或妨害危险存在，占有人即应予以保护，循此逻辑，在占有侵夺情形，只要占有尚未回复，占有侵害即存在，占有人同样应予以保护，那么占有返还请求权更不应该受到1年除斥期间的限制。占有侵夺是最严重的占有侵害形式，如果占有侵夺的救济权尚且受到1年除斥期间的限制，而针对侵害程度较轻之占有妨害的请求权反而不受此期间限制，无疑将导致法律评价上的矛盾。因此，应将第462条第2款规定的1年除斥期间适用于占有妨害排除、妨害防止请求权。

占有妨害请求权之1年除斥期间的起算应区分以下情形：

占有妨害排除请求权的期间限制，自妨害发生时起计算，无论占有人是否知情。有争议的是，对于反复发生的占有妨害，期间如何起算。有观点认为，应以最后一次妨害为起算时点。[2] 本书认为，反复发生的占有妨害是多次妨害，而非一次妨害，应分别成立占有妨害排除请求权，每次妨害都应独立起算。

占有有受妨害之虞的，占有妨害防止请求权的1年期间以客观危险产生的时点起算。对于反复发生的占有妨害危险，针对每次危险均应独立起算。与占有妨害相同，占有妨害危险的存在，也与占有人是否知情无关。

（三）损害赔偿请求权：第462条第1款第3分句

原《物权法》第245条第1款第3分句明确赋予占有人损害赔偿请求权，规定"因侵占或者妨害造成损害的，占有人有权请求损害赔偿"。有疑问的是，该项规范的性质如何？是确立了一项独立的请求权基

---

[1] 参见孙宪忠主编：《中国物权法：原理释义和立法解读》，经济管理出版社2008年版，第589页〔张双根〕。

[2] 参见梁慧星主编：《中国民法典草案建议稿附理由·物权编》，法律出版社2013年版，第723页〔张广兴〕。

础,抑或仅是一项指示侵权规则的参引性规范？对此,司法实务中做法各异:有直接以原《物权法》第245条第1款为依据,支持占有人的损害赔偿请求者[1];有将案中的占有侵害定性为侵权,但未参引侵权规则,而以原《物权法》第245条第1款为裁判依据者[2];还有以原《物权法》第245条第1款与侵权规则共同作为侵害占有之损害赔偿依据者[3]。

但《民法典》第462条第1款第3分句将表述改为:"因侵占或者妨害造成损害的,占有人有权依法请求损害赔偿",从而明确了其参引规范的属性,但其作为参引规范的理由仍需要阐明。

1. 规范性质:参引性规范

本书认为,该项规范并非一项独立的请求权基础规范,而是一项参引性规范,指示参照过错侵权的一般规则(《民法典》第1165条第1款)。[4] 原因在于,如果认为该项规范确立了一项独立的请求权,那么就必须回答该请求权的性质是物上请求权抑或是特殊侵权请求权。而无论作上述何种解释,均难以自圆其说:物上请求权不涉及物之损害的价值赔偿,仅限于实现物权效力。而若将其解释为特殊侵权请求权,则意味着该请求权不以过错为要件,但这同样缺乏有力论据,因为无过错责任的理论基础是危险责任,其基本思想在于"不幸损害"的合理分配,而占有侵害行为显然并非特殊危险行为。

而且,自比较法的角度考量,将该项规范作为独立的请求权基础也欠缺说服力。《瑞士民法典》第927条、第928条,以及《日本民法典》第198条、第200条均规定了针对占有侵夺与占有妨害的损害赔偿请求权,但两国学理与判例均将其解释为指示参引性规范,必须适用一般侵权规则,占有侵害人仅在具有过错时才承担损害赔偿责任,将其规定在

---

[1] 参见北京市第一中级人民法院民事判决书(2013)一中民终字第14311号。
[2] 参见浙江省金华市中级人民法院民事判决书(2015)浙金民终字第33号。
[3] 参见江苏省宿迁市中级人民法院民事判决书(2015)宿中民终字第00480号。
[4] 详细论证,请参见吴香香:《论侵害占有的损害赔偿》,载《中外法学》2013年第3期。

占有保护部分只是为了方便起见。[1]《德国民法典》则无此规范。

2. 规范适用

第462条第1款第3分句系参引性规范,指示参照《民法典》第1165条第1款规定的"行为人因过错侵害他人民事权益造成损害的,应当承担侵权责任"。而根据原《侵权责任法》第2条第2款的规定,该法所保护的权利与权益,包括"生命权、健康权、姓名权、名誉权、荣誉权、肖像权、隐私权、婚姻自主权、监护权、所有权、用益物权、担保物权、著作权、专利权、商标专用权、发现权、股权、继承权等人身、财产权益",因而问题即在于,占有是否属于该条款所谓的"等人身、财产权益"。该条文在《民法典》中虽已删除,但对于认定侵权规则所保护的权益仍有解释意义。对于概括条款与列举法的结合,应以类推的方式进行解释,因而应探讨占有是否与上述规范中所列举的权利相类似。与占有最相近者为所有权,于此即应探讨,在侵权法上是否应将占有与所有权相同对待。所有权受侵权法保护的原因在于其最本质的特征,即绝对性与终局性。绝对性要求任何人均需尊重,且可针对任何人主张;终局性则要求该项权利具有终局性的归属内容。据此,问题即在于,占有是否具有绝对性与终局性。[2]

第462条所规定的占有保护请求权可针对任何人主张,因而单纯占有有被视为绝对性法律地位的可能,但仍无法满足终局性要求,因为占有保护具有时限性,因1年除斥期间的经过而消灭。更重要的是,与所有权相比,单纯占有不具有任何财产归属内容,单纯占有人虽有事实上获益的可能,但法律上却无权对物进行收益,甚至有义务向权利人返还收益。鉴于占有在财产归属上的"中立",损害赔偿的保护方式对其

---

[1] Vgl. E. W. Stark, Berner Kommentar zum schweizerischen Privatrecht, Band IV, 3. Abteilung, Besitz und Grundbuch, 3. Aufl., Bern: Stämpfli Verlag AG, 2001, §927, Rn. 26ff., §928, Rn. 45ff.;[日]我妻荣:《我妻荣民法讲义Ⅱ·新订物权法》,[日]有泉亨补订,罗丽译,中国法制出版社2008年版,第516页。

[2] Vgl. Dieter Medicus, Besitzschutz durch Ansprüche auf Schadensersatz, AcP 165 (1965), S. 116f.

并不适宜。[1]

除此之外,占有物所遭受的损害,必然同时构成对权利人的侵害。如果认为单纯占有人得主张损害赔偿,不仅剥夺了权利人选择赔付义务人的权利,还可能导致两种后果:其一,侵害人须就同一损害分别向单纯占有人与权利人为两次赔偿;其二,侵害人向单纯占有人赔偿之后,由权利人向单纯占有人追偿,侵害人不必再为给付。第一种路径明显有违公正,不足取。而第二种路径本身即表示,占有物所遭受之损害是对权利的侵害,而非对占有的侵害,否则单纯占有人就可以保留损害赔偿,而不必向权利人返还。而且,第二种路径适用的前提是,侵害人善意信赖单纯占有人即为权利人,于此保护的是侵害人的善意信赖,而非单纯占有。若侵害人明知单纯占有人并非权利人,则不能因向单纯占有人给付而免责。

至于善意占有与有权占有是否应享有侵权法上的保护,同样取决于是否具有与所有权相类似的绝对性与终局性。就善意占有人而言,《民法典》第459—461条并未确认其收益权,还使其负担孳息返还义务,也无任何归属内容,无法满足终局性要求,无从享有侵权法保护。而即使善意占有人享有用益收取权,受保护的也并非"占有",而是"收益权",占有只不过使其收益权具有了外观上的可识别性,占有本身的法律效果中没有收益内容。有权占有与此类似,占有本权若具有收益权限,则受侵权法保护,只不过所保护者仍是本权,而非占有本身,占有于此的意义同样仅是使本权具有可识别性。

综上,第462条第1款第3分句仅是一项参引性规范,指示参照过错侵权的一般规则。对单纯占有的侵害无法构成侵权行为,因为单纯占有只具有排他效力,而不具有任何财产归属内容,不能以损害赔偿的方式予以保护。可以主张赔偿的"损害",只能是对占有人之收益权限的损害,而有收益权限的占有人在我国法上仅限于有权占有人。对有

---

[1] 主张单纯占有不应受侵权法保护的观点,也可参见苏永钦:《侵害占有的侵权责任》,载氏著:《私法自治中的经济理性》,中国人民大学出版社2003年版,第71页。

权占有的侵权法保护,实质是对占有本权的保护,而非占有保护。因而,损害赔偿请求权并非占有保护的固有内容。在法律适用中,应以本条第1款第3分句参引侵权规范,或者直接以侵权规范为依据作出裁判。

此外,既然损害赔偿实质是本权保护,即不适用本条第2款的1年除斥期间,且应允许本权抗辩。对此,山东省滨州市中级人民法院民事判决书(2014)滨中民一终字第367号有其典型意义。该案中涉案房屋已灭失,占有返还不再可能,由此所生的损害赔偿问题并非占有保护问题,而是本权保护问题,作为原告的无权占有人并不享有本权保护,其损害赔偿请求权不应得到支持,且应允许相对方提出本权抗辩。该判决虽然既认识到单纯的占有保护不问本权,不允许本权抗辩,也能分析得出无权占有人就涉案房屋获得的赔偿,并不一定是绝对的、终局的权利,仍可能负有向权利人返还取得的赔偿金的义务,但却未能认识到原《物权法》第245条第1款第3分句作为参引性规范,所保护者实为本权而非单纯占有,最终仍然支持了无权占有人的损害赔偿请求,并拒绝相对方就损害赔偿提出本权抗辩。

(四)竞合问题

占有保护请求权与本权保护有可能发生竞合,前提是占有人同时为本权人,占有侵害同时构成本权侵害。占有保护与本权保护同时成立时,当事人可择一行使,本权保护规范不受1年除斥期间与本权抗辩禁止的限制。但占有保护本身不问本权,有其独立价值,原《物权法》实施后大量涌现的占有判决中不乏精彩之作,也说明占有保护制度正日渐发挥其作用。

不过,司法判决中也常有将占有保护请求权与本权保护相混淆者,由此导致了一系列法律适用瑕疵。

其一,不以占有本身,而以占有人享有本权论证其占有应予保护。山东省东营市中级人民法院民事判决书(2013)东民四终字第161号以房屋租赁合同期限未届满、未被依法解除或确认无效前,占用涉案房屋的行为,侵犯了上诉人的占有权为由,为上诉人提供占有保护,而实际上,即使租赁合同届满,上诉人只要占有房屋即享有占有保护,占有保护并不依赖于本权。

其二,更有甚者,为从未取得占有的本权人提供占有保护。在河南省信阳市中级人民法院民事判决书(2012)信中法民终字第816号所涉案件中,被告承租并占有房屋在先,原告取得房屋所有权在后,被告租赁期满后拒绝搬出,原告一直未曾取得占有,但法院判决却以原《物权法》第245条第1款而非所有权保护规范为依据,支持原告的返还请求。辽宁省锦州市中级人民法院民事判决书(2014)锦民二终字第00232号则为尚未取得占有的承包经营权人提供了占有保护。

其三,混淆本权侵害与占有侵害,将无权占有等同于占有侵害。如在江苏省盐城市中级人民法院民事判决书(2015)盐民终字第00955号所涉案件中,房屋承建公司误将7号车库当作8号车库交付于被告,被告虽为无权占有人,但并非占有侵害人;在辽宁省锦州市中级人民法院民事判决书(2014)锦民二终字第00232号所涉案件中,无权占有人并非以法律禁止的私力取得占有,本权人只能诉诸合同、侵权、不当得利等权利保护规范,而非占有保护规范。

其四,在以原《物权法》第245条为裁判依据的占有诉讼中,不将占有问题而将本权归属问题作为焦点,如辽宁省本溪市中级人民法院民事判决书(2014)本民三终字第00212号、四川省遂宁市中级人民法院民事判决书(2014)遂中民终字第108号、江苏省盐城市中级人民法院民事判决书(2015)盐民终字第00955号。由此进一步导致的问题是,即使是通过占有保护达到保护本权的目的,其举证上的便宜也并未得到体现,因为请求权人仍必须证明其本权。此外,还会导致在占有之诉中引入本权抗辩。

其五,无视占有保护的除斥期间。如在河南省郑州市中级人民法院民事判决书(2009)郑民二终字第1299号所涉案件中,有权占有人的房屋被侵占,既可以诉诸权利保护规范,也可以诉诸占有保护规范,但若适用后者,则法院须主动查明的占有返还请求权除斥期间。该判决以原《物权法》第 245 条为裁判依据,但不仅未主动查明除斥期间,而且在上诉人提出时间问题时仍未予以查明。究其原因,是混淆了本权保护与占有保护,为了保护本权而拒绝适用占有保护的除斥期间,但更严谨的处理方式本应是直接适用本权保护规范。

综上,基于占有保护请求权在举证上的便宜,同时享有本权的占有人当然可以诉诸占有保护,以在技术上达到保护本权的目的。但前提是,本权人应确实为占有人,且受到占有侵害。而这绝不意味着,即使本权人从未取得占有,或虽取得占有但未曾受到占有侵害,也可被赋予占有保护;也不意味着,为了保护本权,即可将未曾实施法律禁止之私力的无权占有人等同于占有侵害人;更不意味着可在占有之诉中引入本权抗辩,无视占有保护的除斥期间。如果占有保护规范无法实现本权保护的效果,更可取的进路应当是直接诉诸本权规范,而非强行扭曲以不问本权为根本的占有规范,双向危害占有规范与本权规范的准确适用。

三、规范的体系关联

(一) 占有自力防御权

1. 防御必要

如果对于已经完成的占有侵害,占有人得享有占有保护请求权,循此逻辑,也就没有理由反对,对正在进行的占有侵害同样提供救济。《民法典》没有明确规定占有自力防御权,但多有观点认为,我国应当确立占有人自力救济权。[1] 中国人民大学民法典建议稿物权编和社科

---

[1] 参见宁红丽:《物权法占有编》,中国人民大学出版社 2007 年版,第 181 页;彭诚信:《占有的重新定性及其实践应用》,载《法律科学(西北政法大学学报)》2009 年第 2 期。

院民法典建议稿物权编也都规定了占有人自力救济权。[1]

占有自力防御权有两种形式:针对正在进行的占有侵害,占有人可以强力抵御,此为占有防卫权(Besitzwehr);针对占有侵夺,占有人可立刻以强力取回,此为占有取回权(Besitzkehr)。于此应讨论的是,能否通过解释我国既有的实证规范,承认占有自力防御权。本书认为,正当防卫规则可堪使用。

2. 规范依据

如上文所述,占有防卫权与占有取回权共同构成占有自力防御权。一般认为,占有防卫权是正当防卫的特别情形,占有取回权则为自助行为的特别形式。[2] 不过,梅迪库斯却认为,占有取回权毋宁仍是正当防卫的扩展适用。[3] 本书认为,若希望将占有自力防御权纳入现行规范体系,最可取的解释模式是,将两类占有自力防御权均作为正当防卫的特殊适用情形。鉴于占有防卫权属于正当防卫并无疑义,争议仅存在于对占有取回权的归列,下文的讨论即围绕占有取回权与自助行为及正当防卫的关系展开。

(1)占有取回权与自助行为

自助行为是对请求权的自力保全,适用前提是:第一,自助行为人具有可强制执行的债权;第二,请求权的实现受到阻碍;第三,不能及时得到公权力救济。另外,自助行为也仅是一项暂时措施,在实施自助之后,必须不迟延地寻求公力救济。判断行使占有取回权是否属于自助行为,就应当探讨它是否符合自助行为的构成要件,以及自助行为的限制是否也适用于占有取回权。

自助行为是对债权(请求权)的救济手段,而被侵害的占有则具有

---

[1] 参见王利明主编:《中国民法典学者建议稿及立法理由·物权编》,法律出版社2005年版,第587页〔程啸〕;梁慧星主编:《中国民法典草案建议稿附理由·物权编》,法律出版社2013年版,第715页〔张广兴〕。

[2] Vgl. Hans Josef Wieling, Sachenrecht, Band I, 2. Aufl., Berlin Heidelberg: Springer, 2006, S. 192ff.

[3] Vgl. Dieter Medicus, Allgemeiner Teil des BGB, 9. Aufl., Heidelberg: C. F. Müller, 2006, S. 72.

支配性质。退而言之，即使认为占有取回权不以占有而以占有返还请求权为救济对象，其前提仍然是，行使占有取回权时已经产生占有返还请求权。而占有人是否已经取得返还请求权，又取决于此时占有是否已经被侵夺。占有是否被侵夺，所涉问题的实质在于占有是否已经丧失。失去对物之事实管领，即丧失对物之占有，但暂时的管领障碍并不导致占有丧失。

占有取回权适用于两种情形：其一，对于动产，占有人可以强力向当场被捉住或被追赶的行为人夺回该动产。于此，侵害人当场被捉住或被追赶，侵害行为尚未终局结束，占有物的管领状况也未确定，占有人并未丧失占有。其二，对于不动产，占有人在侵夺行为实施后可立即驱赶侵夺人。基于不动产的性质，对占有丧失的认定应更为严格，"立即"驱赶不动产占有侵害人与"当场捉住或追赶"动产占有侵害人的及时性相当，于此，不动产占有并未终局丧失。如果在上述两种占有取回权的适用情形中，占有人均未丧失占有，也就无从成立需以自助行为保全的占有返回请求权，其所涉者，毋宁仍是正当防卫。

除此之外，如果将占有取回权理解为自助，那么对自助行为的限制能否于此适用，仍存争议。自助行为仅保全请求权，但并不直接实现请求权，在实施自助行为之后，必须不迟延地寻求公权力救济。而在占有物取回场合，占有人的诉求直接得以满足，无须再寻求公权力救济。在此意义上，与自助行为相比，占有取回权也更接近于正当防卫。占有取回权并不以保全特定请求权为目的，行使后也不必不迟延地诉诸公力救济。此外，占有取回权在行使上的时间要求（立刻行使）比自助行为更严格。

（2）占有取回权与正当防卫

正当防卫是针对自己或他人遭受的现时不法侵害，进行的必要防卫行为。构成正当防卫的前提为：第一，侵害的存在；第二，侵害具有不法性；第三，须为现时侵害；第四，有进行防卫的必要。占有取回权所针对之占有侵害行为具有不法性，而且占有取回权与正当防卫一样，行使后不必寻求公力救济。因而,占有取回权所针对之侵害情形是否具有现时性,即成为探讨占有取回权是否可视为正当防卫的关键。

侵害是否具有现时性,是正当防卫是否被允许的决定性因素。现时性要求侵害已经开始且尚未结束。占有取回权的行使同样具有严格的时限性,要求侵害人"当场"被捉住,或者"被追赶",或者在被强占后"立即"收回。根据上文分析,此处所涉之情形,尚未构成占有丧失,因为此时之占有状态尚未终局确定。这里所涉之占有侵害应当被视为"现时"侵害。如此,占有取回权被理解为正当防卫也就不存在窒碍。

退一步讲,即使不认为此际的侵害具有"现时性",占有尚未丧失,占有取回权依然更接近于正当防卫而非自助行为。加之占有防卫权本就被定性为正当防卫,占有自力防御权之两种类型均可解释为正当防卫的扩展适用。因而,可以通过扩张解释正当防卫规范的适用范围,承认占有自力防御权。

3. 防御权人

直接占有人享有自力防御权。占有辅助人针对占有侵害也可以行使自力防御权,这是保护占有主人的需要。只不过占有辅助人仍是行使占有主人而非自己的权利,因而不得针对占有主人进行防御,且不得违反占有主人的指示。此点对于法人占有尤有意义,因为法人本身无从自力防御,必须通过占有辅助人为之。

在本书将占有自力防御权界定为正当防卫的立场上,更可以为占有辅助人行使自力防御权提供正当性解释。因为占有辅助人针对占有侵害不享有独立的占有保护请求权,视占有取回权为保全请求权的自助行为,就不能承认占有辅助人有此权利。而若将占有取回权理解为正当防卫,则占有辅助人仍不妨为此行为,因为正当防卫也可以出于防卫对他人之权利或利益的现时侵害而实施。

间接占有人不享有基于间接占有的自力防御权,这是间接占有的性质决定的,间接占有人无自力防御的可能与必要,但这并不意味着间接占有概念不成立,更不意味着间接占有比直接占有人更不值得保护。

间接占有人不享有为自己的占有防御权,根本原因在于,占有保护的效果,是回复原本的占有状态,而在被侵害之前原本的占有状态是,间接占有人通过占有媒介人实施对物支配,对物直接管领则在直接占有人处,因而,需要被回复的状态,也就只能是直接占有人对物的直接管领。通过直接占有的回复,间接占有也得以回复。若径行允许间接占有人为自己进行占有防御,则违反了"回复"的本意。而另一方面的原因则是,占有人之自力防御权以他人当下实施占有侵害行为为前提,而仅直接占有才有受此侵害的可能。不过,间接占有人仍不妨为了保护直接占有人而进行正当防卫。

(二)占有追寻(通行)权

1. 法律漏洞

上文所述的占有自力防御权与占有保护请求权均是针对占有侵害的救济方式。而若不存在占有侵害,占有物进入他人私人领域却未被他人占有时,占有人同样有救济必要。但因不存在现时的占有侵害,所以无自力防御权的适用空间。占有保护请求权也并非适宜的救济方式,于此并不存在其适用前提,即法律禁止的私力占有侵害:失落物并未被他人占有,不存在占有侵夺,也不存在占有妨害或妨害危险,因为即使是状态妨害或妨害危险也要求可以间接归于妨害人或妨害危险人的意思。而且,占有保护请求权的法律效果,即相对人须以自己的费用回复占有或排除妨害、防止妨害,这对于并未实施占有侵害行为者而言也明显过苛。

为弥补此种情形下占有保护的缺失,最堪其任者为占有追寻权,占有人得请求相对方许可并容忍占有人以自己的费用在相对方的私人领域寻回失落物,并应补偿因此对相对方造成的损害。但我国《民法典》未明定此制度,存在法律漏洞。填补法律漏洞最常用的技术方法为类推。

2. 类推基础:《民法典》第291条

本书以为,《民法典》第291条可作为占有追寻权的类推基础。占有追寻权有其特殊之处:其一,相对人未实施占有侵害;其二,占有人应自行承担寻回费用;其三,占有人须补偿相对方因追寻而遭受的损害(牺牲补偿)。而仅就表面观察,《民法典》第291条(原《物权法》第87条)规定的通行权即与此类似:其一,相对人未实施侵害行为;其二,通行权人须自行承担费用;其三,通行权人须补偿相对方因此遭受的损害(原《物权法》第92条)。基于二者的相似性,我国台湾地区"民法"即将追寻权(第791条)与相邻关系中的通行权(第787条)并列规定,学理上也有一并介绍二者的物权法教科书。[1]

如上文所述,占有保护的各项制度均系仿照所有权保护而设。在所有权保护层面,若某物偶然失落于他人私人领域,而他人既未实施所有权侵害行为,也未占有该物时,物之所有权人并非全无保护,可诉诸的规范为《民法典》第291条。但就文义而言,该项规范可为所有权人提供救济的情形仅限于不动产相邻关系之中:"不动产权利人对相邻权利人因通行等必须利用其土地的,应当提供必要的便利。"

该项规范的立法理由在于:不动产权利人原则上有权禁止他人进入其土地,但他人因通行等必须利用或进入其土地的,不动产权利人不得阻挠,而应当提供必要的便利。[2] 与此规范目的相应,若他人物品偶然失落于其土地时,不动产权利人应允许他人进入其土地取回[3],即不动产权利人有义务允许他人进入其不动产寻回物品,他人的行为不因此具有不法性。因此,即使失落物品之人与不动产权利人并非相邻关系人,也并不违反该规范意旨。

此外,若某物并非失落于他人土地、房屋等不动产,而是失落于他人船舶、汽车等动产时,其间利益状况也并无本质区别,也应允许权利人进行寻回。借此,通过目的论扩张,以《民法典》第291条为依据,可确立一般意义上的权利人追寻权,既不限于相邻关系人之间,也不限于

---

[1] 参见姚瑞光:《民法物权论》,中国政法大学出版社2011年版,第58—59页。
[2] 参见黄薇主编:《中华人民共和国民法典物权编释义》,法律出版社2020年版,第218页。
[3] 同上书,第219页。

失落物于不动产,其中又以所有权人的追寻权为典型。

既然所有权人可依据《民法典》第291条的目的论扩张而享有追寻权,继而产生的问题即为,该追寻权得否类推适用于占有人。本书以为,追寻权人也应包括占有人。因为占有人对物的管领同样受法律保护,物品偶然失落于他人领域之人,无论是该物品的所有权人还是占有人,利益状况均类似,即对物之管领无法实现。如果法律条文未明确规定相同情形下的占有保护,则应通过类推填补此法律漏洞。此外,若占有物偶然进入他人动产(船舶、汽车等)时,也应允许占有人寻回。

综上,为填补占有保护的上述法律漏洞,需借助复杂的法律作业,首先,诉诸《民法典》第291条的规范目的,确立一般意义上的追寻权,再以此为依据,认定占有追寻权同样符合其规范目的。

3. 法律效果

(1)权利内容

根据《民法典》第291条的规定,"因通行等必须利用其土地的",通行权相对人有义务"提供必要的便利"。将此规范类推适用于占有追寻权时,仍需解释何为"提供必要的便利"。占有追寻权的内容为请求许可并容忍寻找与取回。因此,"提供必要的便利",即应解释为"许可并容忍寻回"的义务。唯应注意,占有追寻权是请求权,而非自力取回权[1],若相对人拒绝许可或容忍,占有人则应诉诸法院,否则强力取回将构成对相对方的侵害。当然,这并不妨碍占有人在满足相应条件时为紧急避险。与规范目的相应,相对人也可以自行寻找并将其交予占有人。寻找与取回的费用由占有追寻权人承担。

(2)权利主体

直接占有人享有占有追寻权。与间接占有的性质相应,间接占有人仅在直接占有人不能或不愿行使该权利时,始得请求进行追寻。出于保护占有主人的需要,占有辅助人也可行使占有追寻权,但所行使的

---

[1] Vgl. Hans Josef Wieling, Sachenrecht, Band I, 2. Aufl., Berlin Heidelberg: Springer, 2006, S. 217.

仍是占有主人的权利,应服从占有主人的指示。

(3) 义务主体

以典型的某物偶然失落于他人土地为例。尽管《民法典》第 291 条将义务人规定为"不动产权利人",但若权利人并非土地占有人,其许可则仅能排除追寻构成权利侵害,而不能排除追寻构成占有侵害。根据上文占有保护请求权部分的论述,得为占有侵害许可的限于占有人,且仅限于直接占有人。若不以直接占有人为追寻义务人,即意味着直接占有人可拒绝许可失落物的追寻,那么,未经许可即擅入其占有的土地进行追寻者,即构成占有妨害,土地占有人可行使自力防御权,且可请求排除妨害,这显然与追寻权的意旨不符。可见,追寻义务所涉问题实为占有问题,义务人应当解释为占有人。

(4) 损害补偿

与原《物权法》第 87 条(《民法典》第 291 条)相承接的原《物权法》第 92 条曾规定:"不动产权利人因用水、排水、通行、铺设管线等利用相邻不动产的,应当尽量避免对相邻的不动产权利人造成损害;造成损害的,应当给予赔偿。"这里的损害赔偿请求权并非侵权损害赔偿,而是一种法定的牺牲补偿请求权(与征收原理相近),与过错无关。若以《民法典》第 291 条的目的论扩张确立一般性的追寻权,并将其类推适用于占有追寻权,那么,因行使占有追寻权造成的损害,也应予以补偿,相对人的许可与容忍义务并不足以排除占有追寻人的损害补偿义务。遗憾的是,与原《物权法》第 92 条对应的《民法典》第 296 条已经删去了"造成损害的,应当给予赔偿"的表述,相邻关系义务人的牺牲补偿请求权也须诉诸规范漏洞填补。

有疑问的是,损害补偿请求权人应如何认定。仍以典型的某物偶然失落于他人土地为例,问题即在于,无本权的土地占有人得否请求因追寻失落物而生的损害补偿。于此,必须区分追寻义务人与损害补偿请求权人。前者所涉问题是,谁有义务许可并容忍他人侵入自己的占有,从而可排除追寻构成占有侵害。就此而言,所涉为占有问题,义务人为土地占有人。而在损害补偿情形,问题在于谁的收益权受到损害,而非谁的占有受到损害。正如上文所论,单纯占有不具有任何归属内容,因此损害赔偿请求权人应为收益权人。但若追寻人善意信赖无本权的土地占有人为权利人,且向其给付损害补偿时,追寻人据此免责,权利人可向土地占有人要求不当得利返还。

(5)本权抗辩与除斥期间

占有追寻权填补了占有保护的不足,但性质上仍属于占有保护请求权,所保护者为占有自身,而非占有本权,因此,占有保护的本权抗辩禁止与除斥期间,于此同样适用,不得以占有本权对抗占有追寻权,同时占有追寻权因1年除斥期间的经过而消灭。

四、举证分配

按照上文的讨论顺序,可归纳出各项占有保护权利的举证分配规则。

占有返还请求权,由请求权人证明自己原为不动产或者动产的占有人,存在占有侵夺行为、相当因果关系,相对人为瑕疵占有人。相对人应予证明的抗辩事由则包括:其一,请求权不成立的抗辩,如法律许可、占有人同意、因果关系不成立等;其二,请求权已消灭的抗辩,如1年除斥期间的经过;但相对人不得通过证明本权进行抗辩。

占有妨害请求权的举证分配与占有返还请求权类似。对于占有妨害排除请求权,由请求权人证明自己为占有人,存在占有妨害、相当因果关系,相对人为妨害人。对于占有妨害防止请求权,由权利人证明自己为占有人,存在妨害危险,相对人为妨害危险人。相对人欲抗辩则应证明:法律许可、占有人同意妨害、因果关系不成立,或1年除斥期间已经届满等,但同样不得通过证明本权进行抗辩。

侵害占有的损害赔偿请求权,实质是对具收益权之占有人的侵权保护,适用过错侵权的一般规则,由请求权人证明侵权责任成立(占有+

对占有物的用益权+侵害行为+责任成立因果关系+相对人过错)与侵权责任范围(损害+责任范围因果关系)。不法阻却事由与责任能力抗辩应由相对人举证,若相对人对此举证不能,则推定侵害行为具有不法性且相对人具有责任能力。因损害赔偿并非占有保护的固有内容,相对人可通过证明本权进行抗辩,也可提出针对侵权请求权的诉讼时效抗辩。

占有自力防御权为特殊的正当防卫,而正当防卫作为自力救济,在防卫之前不必先予举证。正当防卫的法律意义在于阻却不法性,因而,仅在相对人主张防卫行为构成侵权行为,且举证证明其他侵权要件成立时,才应由防卫人证明正当防卫的各项要件具备,从而排除不法性,据以抗辩相对人的侵权请求权;若防卫超过必要限度,也应由相对方证明。占有自力防御权亦然。

占有追寻权,由追寻权人证明占有成立、占有物失落于他人私人领域,且他人尚未取得占有。相对方可通过证明除斥期间的经过抗辩该请求权,但不得以本权进行抗辩。占有人追寻之后,相对方主张因此所产生的损害补偿者,须证明自己为收益权人,损害的存在以及损害与占有追寻的因果关系。

第七章　主要规范及其辅助规范群的评释

——以《民法典》第598条为例

《民法典》第598条规定:"出卖人应当履行向买受人交付标的物或者交付提取标的物的单证,并转移标的物所有权的义务。"

一、规范定位

(一)规范要旨

本条系出卖人主给付义务规范,包含两项主给付义务:交付标的物(或提取标的物的单证)与移转所有权。所有权移转义务旨在使买受人取得标的物之法律归属,交付义务的意义则是让买受人取得标的物之经济归属。[1]

在出卖人的两项义务中,与买受人价金支付义务相结合,确定买卖合同类型的,是所有权移转义务。交付不局限于买卖,租赁、承揽等有

---

[1] 所有权的经济价值由占有决定,如耶林所言:"有所有权而无占有,就像有宝藏却没有钥匙,有果树却没有采摘梯。"Rudolf von Jhering, Der Besitz, in: Jhering's Jahrbücher für die Dogmatik des heutigen römischen und deutschen Privatrechts, Bd. 32, Jena: Verlag von Gustav Fischer, 1893, S. 43.

偿合同亦有此义务,加之买卖合同的交付义务可被合意排除,交付义务并不足以界定买卖合同类型。与之对照,所有权移转义务则不仅呼应当事人最核心的交易目的,而且一旦被排除,合同类型即不再是买卖。不过,买卖合同的类型界定条款是第595条[1]而非本条。本条的基本意旨在于确立出卖人主给付义务体系,因此,交付与所有权移转两项义务在本条并无主次之分。

出卖人另有一项主给付义务本条未予规定,即由瑕疵担保发展而来的瑕疵义务。瑕疵规范可细分为品质瑕疵规则(第610条、第615—618条)与权利瑕疵规则(第612—614条)。瑕疵义务虽在体例位置上远离本条,但因其涉及本条两项主给付义务的界定及其履行判断,本章亦将其适度纳入。

"转移标的物所有权"的表述显示,本条以有体物买卖为规范对象,不过,权利(包含占有权能者)买卖、其他标的(如无体财产)买卖(第646条)与互易合同(第647条)得参照适用本条规定。

(二)规范属性

对于出卖人,本条系主给付义务条款。但对于买受人,本条则是请求权基础规范,买受人据此享有请求出卖人交付与移转所有权的原合同请求权。

规范体系上,以两项请求权为核心,有多项辅助规范环绕其间。交付请求权(交付义务)的辅助规范主要包括单证与资料的交付、包装义务、交付时间、交付地点、无重大品质瑕疵、无权利瑕疵、包装方式(第599、601—602、603、610、612、615、619条)等。所有权移转请求权(所有权移转义务)的辅助规范,则主要是物权编中依法律行为变动所有权的相应规则(第209、224—228、311条)。此外,多重买卖的履行顺序规则,同样是本条的辅助规范。

---

[1] 除非特别说明,本章所涉及的条文均为《民法典》条文。

二、本条与瑕疵义务

本条确立交付与移转所有权两项主给付义务,而《德国民法典》中与本条对应的请求权基础规范(第 433 条第 1 款)尚有第三项出卖人主给付义务,即"无物上瑕疵且无权利瑕疵",此为瑕疵(担保)义务。我国《民法典》则在第 615 条与第 612 条分别规定品质瑕疵与权利瑕疵。这一比较法差异所提示的问题是,瑕疵所涉究系担保责任还是另一项主给付义务?与本条两项义务之间有何关联?

鉴于瑕疵义务的定位将影响交付与所有权移转义务的界定及其履行判断,本节先就此问题略做前置讨论。

(一) 从瑕疵担保到瑕疵义务

品质瑕疵与权利瑕疵作为"担保",是历史的偶然。与当代买卖以所有权移转为中心不同,罗马法的合意买卖以占有让与为核心,出卖人仅负担交付义务,既无所有权移转义务,也无瑕疵义务。德国债法现代化改革(以下简称债改)以"交付义务+所有权移转义务+瑕疵义务"的三分架构所追求的经济效果,即令买受人取得标的物之占有与所有权,且标的物无品质瑕疵或权利瑕疵,在罗马法上通过"交付义务+品质担保约定+追夺担保责任"的构造实现。其中,品质担保约定(发展为后世的品质瑕疵担保)与追夺担保责任(演化出后世的所有权移转义务+权利瑕疵担保)均系买卖合同之外的独立担保。

品质瑕疵担保的肇始是独立于买卖的担保约定。罗马法奉行买者当心原则,买受人须在缔约前仔细检查标的物,并承受其品质不符合期待的风险,出卖人交付买受人选定的物即履行完毕。但出卖人得以独立于买卖的要式口约向买受人"担保"标的物不存在特定瑕疵。此后,为了避免奴隶与驮畜的出卖人欺诈,市政官发布敕令要求出卖人对特定瑕疵(疾病、身体缺陷等)负担信息提供义务。由于这些瑕疵常无法除去,不能以履行请求权救济,故发展出瑕疵解除与减价制度[1],此亦后世品质瑕疵担保的来源。在此意义上,品质瑕疵曾是"真正的"或"原生的"担保,而非出卖人原给付义务。

权利瑕疵担保则与所有权移转义务同源,均源自追夺担保责任。罗马法上,出卖人仅有交付义务而无所有权移转义务。[2] 买受人若希望免受第三人追夺,就须与出卖人达成独立于买卖的追夺担保约定(要式口约)。[3] 后世从追夺担保中发展出所有权移转义务[4],与权利瑕疵担保(追夺担保的现代表达)并列。以债改之前的德国旧法为例:因标的物为第三人所有导致买受人无法取得所有权的,出卖人违反所有权移转义务;而若存在所有权之外的其他第三人权利,则成立权利瑕疵担保责任。

德国债改的方向是将瑕疵担保责任并入给付义务。此前,出卖人主给付义务限于(依标的物现状)交付与移转所有权,品质瑕疵是独立的法定担保,典型法效是解约与减价,出卖人无义务改变瑕疵状态。此后,使标的物处于特定状态(符合约定)成为义务内容,另行给付无瑕疵物[5]、补正瑕疵或除去瑕疵等作为瑕疵救济,均是原给付义务的继续[6],不以可归责为前提。与品质瑕疵不同,债改前的权利瑕疵就适用给付障碍规则。债改进一步消弭了权利瑕疵与品质瑕疵的效果差异,将二者一并归入给付障碍[7],并将"无品质瑕疵与无权利瑕疵"确

---

[1] Vgl. Wolfgang Ernst, Kommentar zum §§434-445, in: Historische-kritische Kommentar zum BGB, Band III, Tübingen: Mohr Siebeck, 2013, Rn. 4.

[2] 参见〔意〕彼德罗·彭梵得:《罗马法教科书》(第3版)(修订本),黄风译,中国政法大学出版社2005年版,第285页。

[3] 参见刘家安:《买卖的法律结构》,中国政法大学出版社2003年版,第50—51页。

[4] Vgl. Wolfgang Ernst, Kommentar zum §§434-445, in: Historische-kritische Kommentar zum BGB, Band III, Tübingen: Mohr Siebeck, 2013, Rn. 29.

[5] 另行给付无瑕疵物在德国债改之前即是种类买卖瑕疵的救济方式(旧法第480条),但由于瑕疵阻却特定化(第243条第1款),严格而言另行给付实为原给付义务的履行而非担保责任。

[6] Vgl. Lars Ferenc Freytag, Grundstrukturen des Kaufrechts, Tübingen: Mohr Siebeck, 2007, S. 102.

[7] Vgl. Wolfgang Ernst, Kommentar zum §§434-445, in: Historische-kritische Kommentar zum BGB, Band III, Tübingen: Mohr Siebeck, 2013, Rn. 38.

立为第三项出卖人主给付义务。

追溯历史意在解释当下。虽然在规范体例上，《民法典》未将瑕疵义务纳入本条，但实质内容却更接近债改后的德国法。法律效果方面，我国奉行违约责任的"单轨制"。[1]无论是品质瑕疵还是权利瑕疵，救济途径均与给付义务违反并无不同。因此，瑕疵担保名为"担保"，实为出卖人原给付义务。在判断出卖人是否依债的本旨履行义务时，须同时结合本条与瑕疵规范一体观察。

(二) 交付义务与瑕疵义务

就交付而言，瑕疵规则作为担保与作为给付义务的不同在于：若为担保，即使有瑕疵，也不影响交付义务之履行，买受人不得拒绝受领，只能诉诸瑕疵救济；若为给付义务，则买受人可能有拒收权，得阻却出卖人交付义务的履行。《民法典》中的瑕疵规则并非独立担保，由此产生的问题是，标的物无瑕疵是否构成履行交付义务的前提？

1. 交付义务与品质瑕疵

无品质瑕疵是否为履行交付义务的条件，可区分种类买卖与特定买卖分别观察。学理上，种类买卖的交付以特定化为前提，而特定化须给付"中等品质"之物(《德国民法典》第243条第1款)，这通常意味着无瑕疵。[2] 换言之，瑕疵不产生特定化效力，种类之债继续存在[3]，给付风险不移转[4]，买受人得拒绝受领，并请求交付适格物。[5] 买受人不知瑕疵而受领的不产生特定化效力。反之，买受人明知瑕疵仍然受领，可解释为双方合意变更特定化要求。

《民法典》虽规定出卖人应依约定的质量要求交付(第615条)，但

---

[1] 参见韩世远：《合同法总论》(第4版)，法律出版社2018年版，第555页。

[2] Vgl. Reinicke/Tiedtke, Kaufrecht, 7. Aufl., München: Luchterhand Verlag, 2004, Rn. 207.

[3] 参见陈自强：《契约法讲义 III：契约违反与履行请求》，元照出版有限公司2015年版，第177页。

[4] Vgl. Lars Ferenc Freytag, Grundstrukturen des Kaufrechts, Tübingen: Mohr Siebeck, 2007, S. 115.

[5] 参见史尚宽：《债法各论》，中国政法大学出版社2000年版，第41页。

仅在瑕疵影响合同目的时,买受人才有拒收权(第610条)。反面解释,瑕疵轻微时买受人无权拒收。由此推论,轻微瑕疵也无从阻却种类买卖的特定化,既不影响交付义务的履行,也不影响给付风险与价金风险的移转,只能引发瑕疵救济。对于特定买卖,实务中常发生的争议是房屋质量瑕疵是否阻却交付。[1] 本书认为,在《民法典》规则下,特定买卖中同样仅在标的物重大瑕疵时买受人才有拒收权。

据此,无重大品质瑕疵为履行交付义务的前提。若买受人明知或应知重大瑕疵仍然受领,则构成清偿(或代物清偿),但不影响请求另行给付无瑕疵物(更换)之外的瑕疵救济(修理、减价等)。

2. 交付义务与权利瑕疵

就权利瑕疵,《民法典》只规定了买受人的不安抗辩权(第614条),能否拒收并无明确规定。但因买受人的收取义务以出卖人依约提出给付为前提,可认为买受人有权拒收,且权利瑕疵也阻却种类买卖的特定化。因而,无权利瑕疵也是履行交付义务的前提。

(三) 所有权移转义务与瑕疵义务

于此涉及的问题有二:其一,因标的物为第三人所有导致买受人无法取得所有权,究系所有权移转义务的违反还是权利瑕疵;其二,品质瑕疵是否构成所有权移转的阻却事由。

1. 所有权移转义务与权利瑕疵

所有权移转义务由追夺担保发展而来,自该义务从担保提升为出卖人主给付义务后,因第三人所有权而使买受人无法取得所有权的(如

---

[1] 实务中有不同立场:其一,不具备交付条件,买受人即有权拒收,如广东省广州市中级人民法院民事判决书(2014)穗中法民五终字第3861号,参见国家法官学院案例开发研究中心编:《中国法院2016年度案例·房屋买卖合同纠纷》,中国法制出版社2016年版,第1—3页;其二,房屋主体结构不合格或存在严重影响正常居住的质量瑕疵,买受人有权拒收,轻微瑕疵则不产生拒收权,参见广西壮族自治区高级人民法院民事判决书(2013)桂民提字第190号;其三,未经验收合格即交房为瑕疵交付而非未交付,如广西壮族自治区来宾市中级人民法院民事判决书(2015)来民终字第203号,参见国家法官学院案例开发研究中心编:《中国法院2017年度案例·房屋买卖合同纠纷》,中国法制出版社2017年版,第1—5页。

第 312 条[1]),即不再是权利瑕疵,而是所有权移转义务的违反。据此,权利瑕疵中的"权利"系所有权以外的权利。[2] 但反对观点认为,若所有权之外的权利构成权利瑕疵,举轻以明重,第三人所有权更应成立权利瑕疵。[3]

本书认为,反对观点之"举轻以明重"的推理未必成立。与违反所有权移转义务带来的违约救济相比,权利瑕疵规范并未为买受人提供更为有力的保护,反而附加了权利限制,即买受人明知或应知权利瑕疵的,排除出卖人责任(第 613 条)。若第三人所有权为权利瑕疵,即意味着,买受人缔约时若明知或应知出卖人非所有权人,嗣后即使无法取得所有权,出卖人也不必承担违约责任。如此解释,不仅与出卖他人之物产生违约责任的规则不符(第 597 条第 1 款),也对买受人过苛。此亦表明,所有权瑕疵固然较之其他权利瑕疵为"重",但恰恰如此,有必要为之提供更"重"的保护,瑕疵救济难堪此任。因而,第三人所有权不宜认定为权利瑕疵,应纳入违反所有权移转义务的救济轨道。

2. 所有权移转义务与品质瑕疵

存在影响合同目的之重大品质瑕疵时,买受人有拒收权(第 610 条)。给付时拒收,即拒绝物权要约,所有权无从移转。[4] 有疑问的是,买受人接收后在检验期内提出拒收的,所有权是否移转? 就此,有未移转、附解除条件移转、已移转等不同观点。[5] 本书认为,有疑义时解释为所有权已移转对买受人更有利,因为买受人不仅享有瑕疵救济,而且不必受出卖人之债权人的追索,可担保已支付价金的返还。

---

〔1〕 以将该条解释为 2 年内所有权仍归属于原所有权人为前提,若解释为 2 年内原所有权人虽得请求返还,但所有权已归属于买受人,则成立权利瑕疵。

〔2〕 Vgl. Eckert/Maifeld/Matthiessen, Handbuch des Kaufrechts, 2. Aufl., München: C. H. Beck, 2014, Rn. 429.

〔3〕 参见黄立主编:《民法债编各论》(上),中国政法大学出版社 2003 年版,第 25 页〔杨芳贤〕。

〔4〕 Vgl. Arne Oeckinghaus, Kaufvertrag und Übereignung beim Kauf beweglicher Sachen im deutschen und französischen Recht, Berlin: Duncker & Humblot, 1973, S. 63.

〔5〕 同上书,S. 81ff。

三、标的物交付义务

交付义务是法史长河中最先被确立的出卖人主给付义务,旨在使买受人取得标的物之占有与经济用益。交付义务不仅独立于所有权移转义务,也有别于移转价金风险的交付与公示物权变动的交付。

(一) 交付的要件

1. 交付义务与买受人占有取得

交付义务有行为义务说与结果义务说之争,其间分歧在于:交付义务的履行是否以买受人(或其指定的第三人)取得占有为要。前者以《联合国国际货物销售合同公约》(以下简称《公约》)为代表[1],后者则以德国法为典型[2]。

本条的交付义务原则上为结果义务,以移转占有为要。[3] 从《电子商务法》第51条第1款第1句(以及《民法典》第512条第1款第1句)的措辞分析,交付也以"签收"为前提,须买受人取得占有。[4] 交付作为结果义务意味着,即使出卖人尽到交付标的物所需要的一切努力,也会因买受人未收取而无法完成交付,虽然买受人须因此承担受领迟延的不利后果,但出卖人原则上仍须再为给付。交付以买受人收取为前提还意味着,此交付不同于作为买受人检验义务之前提的交货。虽然二者常同步,但为检验的交货仅是出卖人的单方行为,并非交付义

---

[1] 依《公约》规则,交货仅指给付行为而不涉及给付效果,买受人取得占有并非交货义务的内容(第31条)。Vgl. Schlechtriem/Schwenzer/Schroeter/Widmer Lüchinger, Kommentar zum UN-Kaufrecht (CISG), 7. Aufl., München: C. H. Beck, 2019, Art. 31, Rn. 2.

[2] Vgl. Karl Larenz, Lehrbuch des Schuldrechts, Bd. 2. Besonderer Teil, Halbbd. 1, München: C. H. Beck, 1986, S. 22. 也有观点认为,发送买卖货交第一承运人交付义务即履行完毕,参见 Peter Schlechtriem, Schuldrecht Besonderer Teil, 6. Aufl., Tübingen: Mohr Siebeck, 2003, Rn. 17.

[3] 参见黄薇主编:《中华人民共和国民法典合同编释义》,法律出版社2020年版,第327页。

[4] 参见北京市第二中级人民法院民事判决书(2011)二中民终字第12047号。

务的履行[1],不以买受人(以受领清偿的意思)受领为前提。[2]

例外情形是,《民法典》中送付买卖的交付义务并非结果义务,不以买受人取得占有为要,出卖人将标的物交付第一承运人以运交买受人即可。

2. 送付买卖之交付义务的履行

关于送付买卖的交付义务,主要有两种不同观点[3]:第一种结果义务说认为,交付第一承运人尚有未足,须待买受人取得占有[4];第二种行为义务说则认为,交付第一承运人以运交买受人即完成交付[5]。两说之不同,在于运输风险分配:结果义务说之下,给付行为在货交第一承运人时即已完成,唯给付效果尚未实现,若买受人未取得占有,出卖人有义务再为给付,不过,双方也不妨约定货交第一承运人即为交付,买受人在货交承运人的同时或此前因观念交付取得货物所有权的,通常可推定双方有此默示合意[6];行为义务说之下,若出卖人作出正确指示,即使承运人将货物送至错误地点,交付义务仍然履行完毕,但出卖人有义务将对承运人的损害赔偿请求权让与买受人。[7]

行为义务说并不改变交付使买受人取得经济用益之要旨,唯不以之实现作为交付义务履行的前提而已。《民法典》似采行为义务说(第

---

[1] Vgl. Harm Peter Westermann, Kommentar zum §433, in: Münchener Kommentar zum Bürgerlichen Gesetzbuch, 8. Aufl., München: C. H. Beck, 2019, Rn. 43.

[2] 参见金晶:《〈合同法〉第158条评注(买受人的通知义务)》,载《法学家》2020年第1期。

[3] 新近《欧洲示范民法典草案》提供了第三种观点,依其第 IV.A-2:201条第2款规定,出卖人须将标的物交付第一承运人,并交付提取标的物的单证。参见〔德〕克里斯蒂安·冯·巴尔、〔英〕埃里克·克莱夫主编:《欧洲私法的原则、定义与示范规则:欧洲示范民法典草案(全译本)》(第4卷),于庆生等译,法律出版社2014年版,第46页。

[4] 参见王洪亮:《债法总论》,北京大学出版社2016年版,第107页。

[5] 参见王利明:《合同法研究(第3卷)》(第2版),中国人民大学出版社2015年版,第63页。

[6] Vgl. Roland Michael Beckmann, Kommentar zu §433, in: J. von Staudingers Kommentar zum Bürgerlichen Gesetzbuch, Berlin: Sellier-de Gruyter, 2013, Rn. 114.

[7] Vgl. Schlechtriem/Schwenzer/Schroeter/Widmer Lüchinger, Kommentar zum UN-Kaufrecht (CISG), 7. Aufl., München: C. H. Beck, 2019, Art. 31, Rn. 36.

603条第2款第1项)[1],货交第一承运人以运交买受人即为已足。[2]详言之,对出卖人而言,与承运人订立的运输合同须以运交买受人为内容,货交承运人但未指定收货人并非交付义务的履行,仅为暂存而货交承运人或交付后又通知承运人改变收货人亦非交付义务的履行;对承运人而言,须以运输目的取得货物占有,此占有为直接占有,仅间接占有或仅取得提取标的物的单证尚有未足。[3]

路货买卖是特殊的送付买卖,交付提取标的物之单证,交付义务即履行;无此类单证的,出卖人作出向买受人交货的指示到达承运人时,交付义务即完成。[4]

3. 交付义务与买受人收取义务

买受人有收取标的物的义务(由第608条推知)。该义务系从给付义务,包括物理接收与协助所有权的移转[5],得单独诉请履行。但诉请收取的意义有限,更重要的是受领迟延规则。收取义务并非买卖的必要之点,可合意排除[6],如出卖人指示第三人为买受人媒介占有,并以此履行交付义务的,买受人不必收取,第三人遵从出卖人指示即可。[7]

收取的前提是出卖人依约提出给付,使标的物处于可随时受领的状态。[8] 标的物有重大瑕疵的,买受人无收取义务,但这并不意味着

---

[1] 参见黄薇主编:《中华人民共和国民法典合同编释义》,法律出版社2020年版,第335页。

[2] 参见江苏省无锡市新吴区人民法院民事判决书(2017)苏0214民初4244号。

[3] Vgl. Eckert/Maifeld/Matthiessen, Handbuch des Kaufrechts, 2. Aufl., München: C. H. Beck, 2014, Rn. 529.

[4] Vgl. Schlechtriem/Schwenzer/Schroeter/Widmer Lüchinger, Kommentar zum UN-Kaufrecht (CISG), 7. Aufl., München: C. H. Beck, 2019, Art. 31, Rn. 75.

[5] Vgl. Reinicke/Tiedtke, Kaufrecht, 7. Aufl., München: Luchterhand Verlag, 2004, Rn. 176.

[6] Vgl. Roland Michael Beckmann, Kommentar zu §433, in: J. von Staudingers Kommentar zum Bürgerlichen Gesetzbuch, Berlin: Sellier-de Gruyter, 2013, Rn. 212.

[7] Vgl. Schlechtriem/Schwenzer/Schroeter/Mohs, Kommentar zum UN-Kaufrecht (CISG), 7. Aufl., München: C. H. Beck, 2019, Art. 60, Rn. 3.

[8] 参见史尚宽:《债法各论》,中国政法大学出版社2000年版,第58页。

收取即认可标的物无瑕疵，或认可收取的标的物具有清偿效力。[1] 买受人收取后仍有权请求违约救济。收取须具备收取意思（持续占有的意思），以暂时检验或保管为目的领取标的物并非收取义务的履行。

4. 交付义务履行中的意思要素

交付须具备占有移转合意。买受人自行取走并非交付而系侵占。[2] 关于此合意的性质，有法律行为说[3]，也有事实行为说、准法律行为说。[4] 事实行为说之下，欺诈或胁迫均不影响交付的效力，但若胁迫达到与物理强制相当的程度，则构成占有侵夺。开放占有之物（如堆放在森林的木材）的交付，双方合意时占有即移转，此合意为法律行为。[5] 占有主人与占有辅助人间的买卖合同，交付以合意为之即可，标的物不必发生物理移动，此合意也是法律行为。[6]

交付须基于清偿原因，具备履行买卖合同的意思。出卖人须以履行给付义务的意思交出，买受人则须以履行收取义务的意思领取。若买受人因重大瑕疵而有权拒收，只是基于诚信为出卖人暂时保管的，则因买受人仅有保管意思，所以出卖人交付义务未完成。

5. 交付义务的履行与用益移转

履行给付义务之交付不同于变动物权之交付，前者使买受人取得"经济上的所有权"，后者则公示动产物权移转。就此而言，交付义务的履行似应以"占有移转+用益移转"为前提，从而，2020 年最高人民法院《关于审理商品房买卖合同纠纷案件适用法律若干问题的解释》（以下

---

〔1〕 Vgl. Karl Larenz, Lehrbuch des Schuldrechts, Bd. 2. Besonderer Teil, Halbbd. 1, München: C. H. Beck, 1986, S. 94.

〔2〕 参见黄薇主编:《中华人民共和国民法典合同编释义》,法律出版社 2020 年版,第 327 页。

〔3〕 参见史尚宽:《物权法论》,中国政法大学出版社 2000 年版,第 548 页;谢在全:《民法物权论（下册）》（第 5 版）,中国政法大学出版社 2011 年版,第 1167—1168 页。

〔4〕 事实行为说,参见田士永:《物权行为理论研究》,中国政法大学出版社 2002 年版,第 187 页。准法律行为说,参见 Fabian Klinck, Stellvertretung im Besitzerwerb, AcP 205 (2005), S. 494。

〔5〕 Vgl. Reinicke/Tiedtke, Kaufrecht, 7. Aufl., München: Luchterhand Verlag, 2004, Rn. 194.

〔6〕 参见庄加园:《动产所有权变动中的"交付"》,载《环球法律评论》2014 年第 3 期。

简称《商品房买卖合同解释》)第 8 条所称"交付使用"较之"交付"更贴切。[1] 不过,在买卖双方内部,孳息收益权随交付移转(第 630 条),与用益移转作为交付义务履行前提实质效果相同。送付买卖属于例外。货交第一承运人虽满足交付义务,但因采行为义务说,给付效果尚未实现,尚不足以移转用益(除非特约)。

6. 交付义务与移转风险之交付

《民法典》中交付义务的履行与移转价金风险的交付适用同一标准,送付买卖亦是如此,均以货交第一承运人为断。但这并不意味着二者必然合一。

其一,交付义务与移转风险之交付均与经济用益移转有关,但二者仍有差异。交付义务虽以用益移转为目的,但目的实现本身却并不必然构成交付义务的内容,此因行为义务说或结果义务说而不同,前者不以买受人取得占有为要,后者则须买受人取得占有。而价金风险移转的正当性则在经济用益随交付移转,风险利益一致,原则上以买受人取得占有为要。[2]《公约》即分别处理交货(行为义务说)与风险,交货不以买受人取得占有为前提(《公约》第 31 条),但风险移转原则上以买受人接受货物为必要(《公约》第 69 条)。

其二,对于送付买卖,即使以货交第一承运人同时作为给付义务与风险移转的判准[3],背后的理由也并不相通。送付买卖价金风险移转的判准并非用益移转(不以买受人取得占有为要),而是货交第一承运

---

[1] 2020 年《商品房买卖合同解释》第 8 条(修订前为第 11 条,内容无变化)以"交付使用"作为房屋买卖价金风险移转的判断时点,体系解释之下,出卖人交付义务也应理解为"交付使用"。之所以使用"交付使用"表示房屋的占有移转,而未直接使用"交付",似乎是因为编写者认为,不动产的交付仅指登记。参见最高人民法院民事审判第一庭编著:《最高人民法院关于审理商品房买卖合同纠纷案件司法解释的理解与适用》(第 2 版),人民法院出版社2015 年版,第 141—143 页。由此观之,如果不是误将不动产交付等同于登记,本不必绕道借用"交付使用"表述占有移转。但自交付义务的视角考量,"交付使用"的措辞恰可同时包含"占有移转+用益移转"的含义,歪打正着。

[2] 参见吴香香:《〈合同法〉第 142 条(交付移转风险)评注》,载《法学家》2019 年第3 期。

[3]《公约》中送付买卖的交货义务(第 31 条第 a 项)与风险移转(第 67 条)均以货交第一承运人为断,此与《民法典》相同。

人,因为出卖人不负担运输义务,所以因运输而增高的风险由买受人承担。因而,制度设计层面二者不必挂钩,如德国法中的发送买卖(特殊的送付买卖)以买受人取得占有为交付义务履行的前提,但价金风险移转却以货交第一承运人为准(《德国民法典》第447条第1款)。

其三,买卖双方可就二者分别约定不同的时点。

(二)交付的形式

1. 本义交付

本义交付的典型是移转直接占有于买受人[1],但交付亦可借助第三人完成。第三人可为出卖人或买受人的占有辅助人或占有媒介人,计有三种情形:一是出卖人指示占有辅助人或占有媒介人向买受人交付;二是买受人指示占有辅助人或占有媒介人受领交付,如买受人直接要求将房屋交给其承租人占有[2];三是出卖人指示其占有辅助人或占有媒介人,向买受人指示的占有辅助人或占有媒介人交付。[3]

借助第三人完成时,第三人也可能与出卖人或买受人间不存在占有辅助或占有媒介关系。如连锁买卖中,出卖人指示前手向买受人交付,此时,前手为履行辅助人而非占有辅助人[4];或买受人指示出卖人向其后手交付[5];或两种形式组合,出卖人指示前手直接向买受人的后手交付,连锁买卖中各出卖人的交付义务均得到履行(缩短给付),连锁出卖人与买受人均不必成为间接占有人,只要直接占有人遵照指示

---

[1] 北京市第一中级人民法院民事判决书(2011)一中民终字第17033号认为,房屋交付的实质判准是事实管领的移转,交钥匙不必然等于交房,参见国家法官学院案例开发研究中心编:《中国法院2014年度案例·房屋买卖合同纠纷》,中国法制出版社2014年版,第17—19页。

[2] 在遵义市红花岗区长征镇沙坝村纪念街村民组诉遵义明顺房地产开发有限责任公司等商品房买卖合同纠纷案中,出卖人向买受人的承租人交付即履行交付义务,参见最高人民法院办公厅编:《中华人民共和国最高人民法院公报》(2018年卷),人民法院出版社2019年版,第533—542页。

[3] 参见王泽鉴:《民法物权》(第2版),北京大学出版社2010年版,第96页。

[4] Vgl. Schlechtriem/Schwenzer/Schroeter/Widmer Lüchinger, Kommentar zum UN-Kaufrecht (CISG), 7. Aufl., München: C. H. Beck, 2019, Art. 31, Rn. 20.

[5] 参见最高人民法院民事判决书(2014)民提字第7号。

即可。[1]

此亦表明,本义交付中,出卖人不必是占有人,只要在出卖人的促成下,买受人或其指定的第三人至少取得间接占有即可。如出卖人甲指示其生产商乙将货物直接交给买受人丙的下游经销商丁指定的仓储人戊,出卖人甲并非占有人,买受人丙也未取得占有,但在出卖人甲的促成下,生产商乙将直接占有移转于仓储人戊,使买受人丙指定的下游经销商丁取得货物的间接占有,出卖人甲即履行了对买受人丙的交付义务。

2. 交付替代

有特约时(可默示为之),观念交付也可满足出卖人交付义务。[2]以观念交付替代交付义务者,须具备两项合意:一是观念交付合意;二是以观念交付代替交付义务的合意(清偿合意)。唯应注意,观念交付替代的是交付义务,而非所有权移转义务,因而,观念交付合意并不必然同时负载所有权移转合意,此在不动产交付上尤其明显。例如,房屋间接占有的移转亦可满足出卖人交付义务[3],但若未登记,房屋所有权即不移转。

观念交付有简易交付、占有改定及返还请求权让与三种形式。[4]

(1)简易交付

缔约前买受人已经占有标的物的,可合意以简易交付代替有形交付。缔约前买受人虽为占有人,但其占有并非出卖人基于履行买卖合同的意思所让与,不意味着出卖人已履行交付义务,双方须达成简易交付合意以及代替交付义务之合意(清偿合意)。

---

[1] Vgl. Kurt Schellhammer, Sachenrecht nach Anspruchsgrundlagen, 3. Aufl., Heidelberg: C. F. Müller, 2009, Rn. 1114.

[2] 参见陈自强:《契约法讲义Ⅱ:契约之内容与消灭》(增订4版),元照出版有限公司2018年版,第122页。

[3] 参见最高人民法院民事审判第一庭编著:《最高人民法院关于审理商品房买卖合同纠纷案件司法解释的理解与适用》(第2版),人民法院出版社2015年版,第144页。

[4] "指示交付"的表述不够精确,易与借助第三人完成的本义交付相混淆,本书采更严谨的"返还请求权让与以代交付"之表述。

简易交付合意不同于买卖合意。原《合同法》第 140 条(已被《民法典》删除)曾规定,买受人在缔约前已占有标的物的,买卖合同生效时间即为交付时间。这似乎表明买卖合意即包含简易交付合意[1],但二者内容并不相同:买卖合意的内容是双方互负给付义务;简易交付的合意内容则是出卖人将(自主)间接占有让与买受人,并被后者的直接占有吸收。

换言之,无特约时虽不妨推定买卖合意与默示简易交付合意同时达成,但因二者内容迥异,也可分别为之。如甲将机械出租于乙,租期届满前双方签订买卖合同,但约定甲保留所有权直至乙付清价款。由此产生的疑问是,双方何时完成简易交付？若认为买卖合同订立时完成简易交付,则甲无权继续收取租金,因交付移转用益;若认为租期届满时完成简易交付,则甲仍有权在租期内收取租金。该问题的本质是意思表示解释,即探究双方何时达成默示简易交付合意。就此而言,仅在有疑义时可解释为当事人在缔结合同的同时默示达成简易交付合意与清偿合意。

(2)占有改定

缔约后出卖人基于与买受人的占有媒介关系(保管、借用或租赁等)继续占有标的物的,双方得合意以占有改定代替交付义务的履行。买卖合意、占有媒介关系约定与占有改定替代交付义务的合意(清偿合意),内容各不相同。如甲将某批货物出卖于乙,但因乙尚未租到仓库,双方约定由甲保管 1 个月,并由乙向甲支付保管费,保管系占有媒介关系,法效是甲为乙创设间接占有;而占有改定代替交付义务须以履行买卖合同的意思为之[2],不必然包含于占有媒介关系约定中。占有媒介关系约定是否与占有改定代替交付义务的合意(清偿合意)并存,仍是意思表示解释问题,无特约排除时,得认定有此默示合意。

(3)返还请求权让与

标的物被第三人占有的,双方得合意让与出卖人对第三人的返还

---

[1] 混淆了简易交付时间与合同生效时间,参见庄加园:《动产所有权变动中的"交付"》,载《环球法律评论》2014 年第 3 期。

[2] 参见黄茂荣:《买卖法》(增订版),中国政法大学出版社 2002 年版,第 169—170 页。

请求权,以代替交付义务的履行。达成返还请求权让与合意的同时,将标的物用益移转于买受人的(如同时让与对承租人的返还请求权与租金债权),可解释为默示达成代替交付义务履行之合意。[1]

具体而言,返还请求权让与涉及两种情形:其一,出卖人为间接占有人时,让与基于占有媒介关系的返还请求权代替交付;其二,出卖人既非直接占有人亦非间接占有人时,出卖人与占有人间虽无占有媒介关系,但仍可能享有侵权、不当得利等性质的返还请求权,可让与此类返还请求权代替交付。

① 出卖人为间接占有人

以房屋买卖为例,出卖人将对承租人的返还请求权让与买受人以代替交付义务的履行时,所让与的是基于租赁合同的返还请求权,此系债权让与,而非物权请求权让与。[2] 即使买受人因未完成登记而未取得所有权,也可于租期届满时基于此债权请求承租人返还。又因债务人得向新债权人主张对原债权人的抗辩(第548条),租期届满前承租人有权拒绝向买受人返还占有。

由此引申,买卖不破租赁(第725条)虽然产生法定契约承受[3],买受人承受出租人地位,取得对承租人的返还请求权,但这并不意味着出卖人的交付义务已被该返还请求权替代。因为买受人取得返还请求权并非双方合意的结果,而是基于法定。只要双方未达成以此代替交付义务的合意,出卖人的交付义务即继续存在,即仍有义务使买受人取得房屋的直接占有。

② 出卖人非占有人

标的物被第三人占有而出卖人并非间接占有人的,出卖人与第三人间无占有媒介关系,如物被侵夺或盗窃。有争议的是,此时出卖人

---

[1] 黄茂荣认为,出卖人应就其移转的返还请求权的实现负担保责任,参见黄茂荣:《买卖法》(增订版),中国政法大学出版社2002年版,第280页。

[2] 参见刘家安:《论通过返还请求权让与方式实现动产所有权移转》,载《比较法研究》2017年第4期。

[3] 参见朱庆育:《"买卖不破租赁"的正当性》,载王洪亮、张双根、田士永主编:《中德私法研究》(第1卷),北京大学出版社2006年版,第42页。

得让与的是物权请求权,还是其他性质的返还请求权。若采前者,则此之返还请求权让与以代交付,就只能是物权请求权随所有权同时让与(因无法脱离所有权单独移转)。[1] 而所有权移转必然同时包含所有物返还请求权的让与,与其说此时交付义务被代替,不如说是被合意放弃。若采后者,则出卖人虽非间接占有人,但对占有人仍可能享有其他返还请求权(侵权、不当得利等),可让与此类请求权代替交付[2],而不必诉诸物权请求权的移转。本书从后者。

值得注意的是,依原《物权法》第 26 条的表述,仅在第三人"依法"占有动产时,负有交付义务之人才可通过返还请求权让与代替交付。但全国人大常委会法制工作委员会的释义不仅未将盗窃物排除在外,反而明确举例称盗窃者也属于此处的第三人。[3] 自规范目的而言,确无禁止所有权人让与被盗物之必要。原《物权法》第 26 条所称"依法"无实际意义,《民法典》第 227 条已予以删除。

3. 单证交付

交付义务亦可通过交付提单、仓单等提取标的物的单证履行。[4] 有争议的是,交付提取标的物的单证,是本义交付还是交付替代。有观点认为,单证交付实质是本义交付,第三人为占有辅助人。[5] 也有观点认为,提单(《海商法》第 71 条)、仓单(第 910 条)等的本质是债权债务关系[6],单证交付是返还请求权让与,签发提单或仓单的承运人或

---

[1] 参见〔德〕鲍尔、施蒂尔纳:《德国物权法》(下册),申卫星、王洪亮译,法律出版社 2006 年版,第 382—383 页。
[2] Vgl. Wolfgang Wiegand, Kommentar zu §931, in: J. von Staudingers Kommentar zum Bürgerlichen Gesetzbuch, Berlin: Sellier-de Gruyter, 2017, Rn. 12.
[3] 参见全国人大常委会法制工作委员会民法室编:《〈中华人民共和国物权法〉条文说明、立法理由及相关规定》,北京大学出版社 2007 年版,第 40 页。
[4] 最高人民法院民事判决书(2013)民提字第 138 号认为,不能实现提取标的物的《货权转移证明》并非提取标的物的单证。
[5] 参见杨震:《观念交付制度基础理论问题研究》,载《中国法学》2008 年第 6 期。
[6] 指导案例 111 号最高人民法院民事判决书(2015)民提字第 126 号似认为,所有权人持有提单时,提单具有债权凭证与所有权凭证双重属性。

仓储人是占有媒介人。[1] 还有观点认为,单证交付虽然移转的是返还请求权(买受人取得间接占有),但不应因此被认定为交付替代,而是应与货物交付具有同一效力(本义交付),以排除承运人或仓储人基于原因关系提起抗辩的可能,以便于发挥单证的流通功能。[2] 本书赞同此说。

4. 交付义务的任意性

交付义务虽是出卖人主给付义务,却并非界定买卖合同类型的典型给付义务。虽然第598条使用了"应当……交付"的表述,但自规范目的而言,交付义务规则仍为任意性规范,可依当事人特约而为行为义务或结果义务,也可被合意排除。由此亦可解释沉船等所有权犹在而无人占有之物的买卖及履行:此类标的物不处于任何人的占有之下,无交付的可能,双方仍愿买卖并履行的,可视为默示合意排除交付义务。[3]

(三)交付的时间、地点与费用

1. 交付时间

交付时间无约定或约定不明的,依合同解释或交易习惯确定(第510条),仍不能确定的,出卖人可随时履行,买受人也可随时要求履行,但应给出卖人必要的准备时间(第511条第4项)。期前交付,买受人可拒绝受领,但不损害买受人利益的除外,由此增加的费用由出卖人承担(第530条)。买受人受领期前交付的,在履行期届满前,以不为买受人造成不便或额外支出为前提,出卖人应有权补救标的物或单证与合同的任何不符(参考《公约》第34、37条)。迟延交付的,除非买受人得解除合同,否则无权拒绝受领,但不影响迟延救济。

---

[1] Vgl. Peter Schlechtriem, Schuldrecht Besonderer Teil, 6. Aufl., Tübingen: Mohr Siebeck, 2003, Rn. 16.

[2] 参见庄加园:《基于指示交付的动产所有权移转——兼评〈中华人民共和国物权法第26条〉》,载《法学研究》2014年第3期。

[3] 于此可认为单纯物权合意即移转所有权,参见〔德〕鲍尔、施蒂尔纳:《德国物权法》(下册),申卫星、王洪亮译,法律出版社2006年版,第382—383页,注55。

2. 交付地点

交付地点因买卖为赴偿、往取或送付而有不同。赴偿的交付地点为买受人住所地,往取的交付地点为出卖人住所地。送付则因货交第一承运人交付义务即履行完毕,以交付承运人的地点为交付地点。依第 603 条,有疑义时,涉及运输的买卖认定为送付,不涉及运输的认定为往取。

3. 交付费用

交付费用的承担仅指买卖内部,外部关系上费用的承担以外部关系为断。在买卖双方内部,交付为出卖人义务,费用由出卖人承担。但应区分交付费用与收取标的物的费用,后者由买受人承担(因收取义务)。往取买卖的运输费用为收取标的物的费用;赴偿买卖的运输费用则为交付费用;送付买卖的出卖人虽须组织运输,但在双方内部仅负担发货义务,无特约时运输费用由买受人承担。

(四) 少交、多交与交付他物

1. 少交

此处争议在于,少交是瑕疵履行还是部分履行。前者认为少交为数量瑕疵,适用瑕疵规则[1];后者认为少交是部分履行,适用债法一般规则。[2] 还有观点认为,少交既可适用瑕疵规则,也可适用部分履行规则。[3] 本书认为,因《民法典》中买受人的检验通知义务及于数量不符合约定(第 621 条),少交为数量瑕疵,适用瑕疵救济,但同时也可适用部分履行规则。不过,少交作为给付的前提是出卖人具备清偿意思,否则为债务不履行。清偿意思至少是准法律行为,自买受人(受领

---

[1] 参见[德]彼得·施莱希特里姆:《〈联合国国际货物销售合同公约〉评释》,李慧妮编译,北京大学出版社 2006 年版,边码 192a。
[2] Vgl. Heiderhoff/Skamel, Teilleistung im Kaufrecht, Juristische Zeitung 8(2006), S. 388.
[3] Vgl. Heiderhoff/Skamel, Teilleistung im Kaufrecht, Juristische Zeitung 8(2006), S. 389.

人)视角解释[1],得类推意思表示错误撤销等规则。

2. 多交

此处的问题是,多交是瑕疵履行还是无法律原因的给付。若采前者,则适用瑕疵规则。[2] 若采后者,则多交构成不当得利,出卖人有权请求返还。[3] 本书认为,《民法典》中多交适用瑕疵规则,理由有二:其一,多交时买受人可选择接收或拒绝,接收按合同价款支付,拒绝则应及时通知出卖人(第629条)。[4] 该规则的实质是将多交视同瑕疵,因为仅瑕疵情形买受人才有权选择是否受领。其二,多交时买受人负担检验通知义务(第621条),而检验通知是典型的瑕疵规则。实务中,多交也适用瑕疵规则,买受人合理期间内未作出拒绝接受通知的,推定接受多交的标的物。[5] 唯应注意,出卖人非以清偿意思多交的并非属于履行,买受人应予不当得利返还。

3. 交付他物

此处争议在于,交付他物是瑕疵履行(视同瑕疵)还是不履行(视同未交付)。[6] 若采前者[7],买受人不仅有权受领他物作为清偿,还有

---

〔1〕 Vgl. Andreas Thier, Aliud-und Minus-Lieferung im neuen Kaufrecht des Bürgerlichen Gesetzbuches, AcP 203(2003), S. 415.

〔2〕 参见〔德〕彼得·施莱希特里姆:《〈联合国国际货物销售合同公约〉评释》,李慧妮编译,北京大学出版社2006年版,边码134。

〔3〕 Vgl. Eckert/Maifeld/Matthiessen, Handbuch des Kaufrechts, 2. Aufl., München: C. H. Beck, 2014, Rn. 402.

〔4〕 参见广东省深圳市中级人民法院民事判决书(2011)深中法民二终字第498号。

〔5〕 参见最高人民法院民事审判第二庭编著:《最高人民法院关于买卖合同司法解释理解与适用》(第2版),人民法院出版社2016年版,第121—122页。

〔6〕 相关争议,参见〔德〕克里斯蒂安·冯·巴尔、〔英〕埃里克·克莱夫主编:《欧洲私法的原则、定义与示范规则:欧洲示范民法典草案(全译本)》(第4卷),于庆生等译,法律出版社2014年版,第64—65页。

〔7〕 《公约》与《欧洲示范民法典草案》均不区分交付瑕疵物与交付他物,交付他物也是瑕疵履行。参见〔德〕彼得·施莱希特里姆:《〈联合国国际货物销售合同公约〉评释》,李慧妮编译,北京大学出版社2006年版,边码134;〔德〕克里斯蒂安·冯·巴尔、〔英〕埃里克·克莱夫主编:《欧洲私法的原则、定义与示范规则:欧洲示范民法典草案(全译本)》(第4卷),于庆生等译,法律出版社2014年版,第60页。

权请求除去瑕疵(修理),只要除去瑕疵是可能的。[1] 若采后者,则买受人无权受领,构成不当得利。本书认为,应区分特定买卖与种类买卖:对于特定买卖,交付他物为债务不履行;对于种类买卖,交付他物视同瑕疵。但交付他物视同瑕疵的前提是出卖人有清偿意思,否则仍为不当得利。

四、所有权移转义务

出卖人所有权移转义务的产生虽较为晚近,但在当代买卖法中,所有权移转不仅是出卖人的主给付义务,而且是据以确定买卖合同类型的典型给付义务,一旦被合意排除,双方合意即不再是买卖。就此而言,使买受人取得所有权是现代买卖的终局目的。但讨论所有权移转义务之前,首先需要回答的问题是:所有权变动是买卖合同的固有效力,还是独立于买卖合同的物权处分行为的结果?

(一)买卖合同与物权处分

1. 本条显示的基本立场

买卖合同与物权变动的关系涉及物权行为理论,此系我国民法学争议最多的问题之一。[2] 若撇开理论之争,直面实证法,可清楚看到买卖合同与物权变动的分离。本条将所有权移转规定为出卖人主给付义务,而给付义务须待履行始生义务所指向的后果,这意味着,买卖合

---

[1] Vgl. Lars Ferenc Freytag, Grundstrukturen des Kaufrechts, Tübingen: Mohr Siebeck, 2007, S. 119.

[2] 赞同物权行为理论者,如朱庆育:《物权行为的规范结构与我国之所有权变动》,载《法学家》2013年第6期;田士永:《〈物权法〉中物权行为理论之辨析》,载《法学》2008年第12期;葛云松:《物权行为:传说中的不死鸟——〈物权法〉上的物权变动模式研究》,载《华东政法大学学报》2007年第6期;孙宪忠:《中国物权法总论》(第4版),法律出版社2018年版,第313页。反对观点,参见梁慧星:《我国民法是否承认物权行为》,载《法学研究》1989年第6期;王利明:《物权行为若干问题探讨》,载《中国法学》1997年第3期;崔建远:《从立法论看权行为与中国民法》,载《政治与法律》2004年第2期;崔建远:《从解释论看物权行为与中国民法》,载《比较法研究》2004年第2期。

同本身并不产生处分效力,所有权变动并非买卖合同固有效力所致。

该立场亦可通过体系解释得到印证。例如,多重买卖中,未取得所有权的买受人均得向出卖人主张违约责任[2009年最高人民法院《关于适用〈中华人民共和国合同法〉若干问题的解释(二)》第15条],也说明买卖合同不能变动物权。《民法典》删除标的物应当属于出卖人所有或出卖人有权处分的规则(原《合同法》第132条第1款),并代之以第597条第1款(买受人因出卖人无处分权而无法取得所有权的,可解除合同并主张违约救济),将处分权作为物权变动而非买卖合同的要件,同样体现负担与处分的分离。

另依2019年《全国法院民商事审判工作会议纪要》(以下简称《九民纪要》)第124条第1款,买卖合同仅产生债权请求权,仅具负担效力。但该条第2款称"(如买卖合同)无效或应当解除",出卖人"享有的是物权性质的返还请求权"又令人费解。对此,最高人民法院的解释是,此请求权并非物权请求权,而仅指标的物原来的所有权属于案外人,但因标的物的权属已经移转需要返还。[1] 换言之,已履行的买卖合同无效或解除后,因所有权已移转于买受人,出卖人享有的实为债权请求权,这同样符合负担与处分区分的逻辑。

2. 无处分权与买卖合同

买卖合同与物权变动的关系,可从一个特别情形中得到验证:若出卖人无法向买受人移转所有权,是否影响买卖合同的有效性？最典型的是出卖人无处分权,尤其是出卖他人之物。迄至20世纪90年代,出卖他人之物无效之认识,一直是无可置疑的通说。最高人民法院华东分院《关于解答房屋纠纷及诉讼程序等问题的批复》(1951年)(已废止)、最高人民法院《关于贯彻执行民事政策法律的意见(节录)》(1979年)(已废止)以及最高人民法院《关于贯彻执行民事政策法律若干问题的意见》(1984年)(已废止)中均规定,非所有权人出卖他人房屋,应

---

[1] 参见最高人民法院民事审判第二庭编著:《〈全国法院民商事审判工作会议纪要〉理解与适用》,人民法院出版社2019年版,第626页。

废除其买卖关系。

风平浪静的局面为1999年原《合同法》第51条所打破。在对该条的解释中,效力待定说[1]与有效说[2]各执一词,相持不下。不过,在体系上若认可负担与处分的分离,买卖合同的有效性即不应受制于处分权,在此意义上,将原《合同法》第51条所称"合同"解释为处分合同而非作为负担行为的买卖合同,似更具体系融贯性。如此,亦可理解2012年原最高人民法院《关于审理买卖合同纠纷案件适用法律问题的解释》(以下简称2012年原《买卖合同解释》)第3条(无处分权不影响买卖合同有效性)的规范逻辑。《民法典》第597条第1款将2012年原《买卖合同解释》第3条固定为制定法,同时又将原《合同法》第51条删除,也许可以认为,实证法在分离原则的道路上往前迈进了一步。

既然处分权或所有权并非买卖合同生效的前提,所有权移转义务的更严谨表述即应是"使买受人取得所有权的义务"(《德国民法典》第433条第1款),如此即可兼容出卖他人之物的情形:出卖他人之物的,出卖人应尽一切努力以取得所有权人的处分同意,使买受人取得所有权;即使出卖人最终未能取得处分同意,买受人符合善意取得要件的,该义务仍履行完毕。[3]

有疑问的是,买受人善意取得时,若原所有权人向买受人主张权利,买受人得否抛弃善意取得之保护,将标的物返还原所有权人,并请求出卖人承担违约责任。德国主流观点采否定说[4],并认为出卖人也没有义务向买受人提示自己无处分权(以破除买受人的善意)。[5] 反对观点则认为,因标的物来历不明,买受人即使善意也会卷入出卖人与

---

[1] 参见崔建远:《无权处分辨——合同法第51条规定的解释与适用》,载《法学研究》2003年第1期。
[2] 参见田士永:《出卖人处分权问题研究》,载《政法论坛》2003年第6期。
[3] Vgl. Eckert/Maifeld/Matthiessen, Handbuch des Kaufrechts, 2. Aufl., München: C. H. Beck, 2014, Rn. 253.
[4] Vgl. Roland Michael Beckmann, Kommentar zu §433, in: J. von Staudingers Kommentar zum Bürgerlichen Gesetzbuch, Berlin: Sellier-de Gruyter, 2013, Rn. 120.
[5] Vgl. Eckert/Maifeld/Matthiessen, Handbuch des Kaufrechts, 2. Aufl., München: C. H. Beck, 2014, Rn. 253.

原权利人的纷争之中,为避免买受人遭受不利,应允许其抛弃善意取得保护。[1] 本书认为,前说似较可采,因为后说无异于认为,只要第三人提出权利主张即构成权利瑕疵,无论其主张是否成立[2],而第613条明确要求第三人权利真实存在。

(二)所有权移转义务的履行

所有权移转系独立于买卖合同的物权行为的结果,故移转所有权时,须具备物权让与合意,并满足所有权变动的公示要件。例外情况下,买受人非依法律行为(如添附)取得所有权的,若出卖人同意,可成立代物清偿。

有疑问的是,在物权合意之外,是否还须独立的清偿合意? 这涉及清偿行为的性质。对此,有契约说、实在履行给付说(现实的给付实现说)、目的履行给付说、限制的契约说与准法律行为说等不同观点。[3] 本书认为,一方面给付是有意识、有目的地增益他人财产的行为,给付目的亦属于给付要素[4],欠缺"清偿目的"之给付成立不当得利。因此,欲产生清偿效果,给付即须具备出卖人的清偿意思。另一方面,买受人受领意思亦不可或缺,例如,向无行为能力人给付,因买受人无法做出有效的受领意思,故不产生清偿效力。这意味着,清偿合意至少是准法律行为,得准用法律行为规则。

所有权移转义务也可借助第三人(如履行辅助人)完成或向第三人给付。例如,第三人依出卖人的指示直接向买受人移转所有权(不必经出卖人的过渡取得),买受人指示出卖人直接向第三人移转所有权,以及连锁买卖中受指令人介入的连续所有权移转(中间买受人均过渡取得)。

---

[1] 参见黄茂荣:《买卖法》(增订版),中国政法大学出版社2002年版,第192页。

[2] 《公约》采宽泛的权利瑕疵标准,只要第三人提出权利主张(即使欠缺证据支持)就成立。据此,即使买受人已经善意取得,原所有权人提出权利主张的,同样构成权利瑕疵。同时,出卖人免除权利瑕疵责任的要求也更严格,买受人明知尚有未足,还须同意受领有权利瑕疵的标的物。参见[德]彼得·施莱希特里姆:《〈联合国国际货物销售合同公约〉评释》,李慧妮编译,北京大学出版社2006年版,边码163。

[3] 争议梳理,参见陈自强:《契约法讲义Ⅱ:契约之内容与消灭》(增订4版),元照出版有限公司2018年版,第303—307页。

[4] 同上书,第306页。

在不动产物权让与合意链条中,几手买受人均未进行移转登记,但均与各自出卖人达成物权让与合意,仅最后一手买受人载入登记簿,第一手让与合意负载的是第一手出卖人对后手出卖人的处分授权。[1]

(三)交付义务与所有权移转义务

1. 交付义务独立于所有权移转义务

交付义务不必依附于所有权移转义务,二者亦不必同时履行完毕。一方面,即使买受人已取得所有权,若未取得占有,出卖人仍负担交付义务,如已过户登记未交房;另一方面,即使在动产,交付义务的履行也不必然同时伴随所有权的移转,如所有权保留。不过,交付义务与所有权移转义务之一陷于不能者,即为全部不能,而非部分不能。

2. 作为给付的交付与公示物权的交付

不动产买卖中,交付义务与物权变动的分离清晰可辨,所有权让与不以交付为法定公示方式。特殊动产买卖之所有权移转是否以交付为要虽有争议,但无论如何,买卖合同的履行均要求出卖人负担交付义务,除非双方合意排除。

较易混淆的是动产买卖。交付可为出卖人之主给付义务,亦可为动产所有权移转的公示方式,但二者功能有所不同。与之相应,买卖合同的交付意思与物权变动的交付意思也不相同。交付作为履行行为,须具备清偿意思,以履行买卖合同的意思为之;而作为动产物权变动公示的交付,与清偿意思无关。因此,第 601—603 条规定的交付时间、交付地点,仅对交付义务有意义,不必然是动产物权变动的时间或地点。虽然作为给付的交付与公示物权变动的交付常同时发生,但二者仍应分别观察。对此,实务中亦有所意识。[2]

---

[1] 不同观点,参见戴孟勇:《不动产链条式交易中的中间省略登记——嘉德利公司诉秦龙公司、空后广州办等国有土地使用权转让合同纠纷案评释》,载《交大法学》2018 年第 1 期。

[2] 参见最高人民法院民事审判第二庭编著:《最高人民法院关于买卖合同司法解释理解与适用》(第 2 版),人民法院出版社 2016 年版,第 114 页。不同观点,参见贺剑:《民法的法条病理学——以僵尸法条或注意规定为中心》,载《法学》2019 年第 8 期。

就动产买卖,因"所有权移转义务"体现为"物权合意+交付公示","交付公示"实为"所有权移转义务"的内容。同时,动产出卖人又负担独立于"所有权移转义务"的"交付义务"。两相结合,动产出卖人须履行"交付义务+所有权移转义务(物权合意+交付公示)"。由此推论,动产买卖须有两项交付:一是交付义务的履行;二是物权变动的交付公示(所有权移转义务的内容)。二者虽常以同一现实行为负载,但在规范层面并不重叠。一方面,履行交付义务未必满足物权让与的交付要件。例如,送付买卖的出卖人货交第一承运人交付义务即履行完毕,但货物所有权未必同时移转,可能与货交承运人同时发生,也可能分离。另一方面,满足物权变动的交付要件未必即履行交付义务。例如,甲将遗失的手表出卖于乙,并通过让与对拾得人丙的返还请求权,将所有权移转于乙,但双方约定甲仍有义务敦促丙交出手表。于此,虽然物权让与的交付已被返还请求权让与替代,但交付义务仍未履行。

(四)交付与所有权移转的时间差

既然交付义务独立于所有权移转义务,那么二者即可能存在时间差,由此所生的不同法效,可区分已交付未移转所有权与已移转所有权未交付两种情形分别检视。

1. 已交付未移转所有权

(1)买受人为有权占有人

交付后,买受人即使尚未取得所有权,相对于出卖人也为有权占有人,并取得对物用益。[1] 出卖人对买受人不享有物权请求权,即便移转所有权的请求权罹于时效[2],买受人也无返还义务。[3]

---

[1] 应注意的是,送付买卖情形,货交第一承运人即为交付义务的履行,不以买受人取得占有为要,也就不存在买受人是否有权占有的问题。

[2] 北京市第一中级人民法院民事判决书(2015)一中民终字第09710号、广东省高级人民法院民事判决书(2007)粤高法民一终字第278号认为,已实际占有房屋的买受人要求出卖人办理房屋所有权移转登记的请求权不适用诉讼时效。

[3] Vgl. Reinicke/Tiedtke, Kaufrecht, 7. Aufl., München: Luchterhand Verlag, 2004, Rn. 197.

占有连锁情形,自买受人处取得占有的第三人同属有权占有,可对抗出卖人的物权请求权。例如,买受人受领交付后,因取得对物用益,有权出租标的物(用益),此时,承租人取得的占有即为占有连锁,得对抗出卖人。但若尚未取得所有权的买受人将标的物出卖于第三人并移转占有,则因买受人无权移转直接占有于后手,并非占有连锁,出卖人得对买受人后手主张物权请求权。[1]

(2)房屋买受人的期待权?

实务中,与出卖人的其他债权人相比,已交付未登记的房屋买受人受特别保护,具体而言:其一,出卖人被执行时,买受人已支付全部价款并取得占有,且未登记没有过错的,不得查封该房屋[2020年最高人民法院《关于人民法院民事执行中查封、扣押、冻结财产的规定》(以下简称《查封扣押规定》)第15条第2分句(修订前为第17条第2分句,内容无变化)]。其二,出卖人因金钱债务被执行时,买受人已支付全部价款(或支付部分价款且将剩余价款交付执行),查封前买卖合同生效且买受人取得占有,未登记非因买受人自身原因的,买受人可提出异议排除执行[最高人民法院《关于人民法院办理执行异议和复议案件若干问题的规定》(以下简称《执行异议复议规定》)第28条(2020年修订前后无变化)、《九民纪要》第127条]。其三,出卖人破产时,已向买受人交付但未登记的房屋不属于破产财产[最高人民法院《关于审理企业破产案件若干问题的规定》(以下简称《破产案件规定》)第71条第6项]。

上述规范的适用要件虽宽严不一,但目的相同,均是为已受领交付但尚未登记的房屋买受人提供特殊保护,以对抗出卖人的其他债权人。以《执行异议复议规定》第28条为例,最高人民法院认为房屋是基本生活资料,应予优先保护,买受人已履行一定义务且通过占有公示权利(虽然比登记的公示效力弱),即享有物权期待权。[2]

---

[1] 参见陈自强:《契约法讲义Ⅱ:契约之内容与消灭》(增订4版),元照出版有限公司2018年版,第124—125页。

[2] 参见江必新、刘贵祥主编:《最高人民法院关于人民法院办理执行异议和复议案件若干问题规定理解与适用》,人民法院出版社2015年版,第421—424页。

"物权期待权说"以德国期待权理论为学术资源。然而,德国法上,并非处于任何权利取得阶段的期待都可称为期待权。成立所有权期待权的要求是:所有权取得必须如此确定,以至于仅让与人自身已无从阻止其产生。[1] 不动产所有权的期待权,则要求达成不动产让与合意之后,买受人已为登记申请或为预告登记。[2] 甚至有观点认为,即使预告登记有其确定性也未达到物权期待权的要求,权利人获得的只是效力加强的债权。[3] 可见,期待权的成立有严格的确定性要求。在买受人付款且占有情形,因出卖人仍可不配合登记以阻止买受人取得权利,后者的权利远未确定到"仅让与人(出卖人)自身已无从阻止所有权产生"的程度,尚不足以成立物权期待权。

"中间物权说"提供了另一种解释。该观点认为,物权取得是个动态过程,需经历"债权、中间型权利、物权"三个阶段,中间型权利的效力强于债权但弱于完全物权,已占有并付款的买受人即处于中间权利状态,其地位因占有(自然公示)而强化。又因房屋买受人的生存利益比承租人更值得保护,得类推承租人占有的物权化。因而,此类买受人的中间物权具有实质的物权属性,可对抗出卖人的债权人。[4] 反对观点则认为,该理论只具有修辞学效果。承租人保护是基于政策考虑的弱者保护,而房屋买受人未必是弱者,不存在类推的正当性。付款是买受人的给付义务,与房屋所有权的取得无关。而占有并非房屋所有权的公示方式,若承认其公示效力,难免架空登记公信力,得不偿失。[5]

本书认为,"遗留问题策略说"似较为可采。该观点认为,上述规则

---

[1] Vgl. Kurt Schellhammer, Sachenrecht nach Anspruchsgrundlagen, 3. Aufl., Heidelberg: C. F. Müller, 2009, Rn. 113.

[2] Vgl. Kurt Schellhammer, Sachenrecht nach Anspruchsgrundlagen, 3. Aufl., Heidelberg: C. F. Müller, 2009, Rn. 284.

[3] 参见庄加园:《不动产买受人的实体法地位辨析——兼谈〈异议复议规定〉第28条》,载《法治研究》2018年第5期。

[4] 参见陈永强:《物权变动三阶段论》,载《法商研究》2013年第4期;陈永强:《未登记已占有的房屋买受人的权利保护》,载《环球法律评论》2013年第3期。

[5] 参见庄加园:《不动产买受人的实体法地位辨析——兼谈〈异议复议规定〉第28条》,载《法治研究》2018年第5期。

赋予买受人未经登记公示的优先权,而登记所要防范的恰是此类隐蔽优先权。为了不挫败第三人对登记的信赖、维护交易安全,避免引发倒签等道德危险行为,不宜一般性地赋予上述买受人优先保护,而只能以其为解决历史遗留问题的权宜之策。[1] 我国约在 2007—2008 年才正式确立房屋登记制度。此前因登记制度不完善,适用的实为交付移转房屋所有权。[2] 最高人民法院《关于贯彻执行民事政策法律若干问题的意见》(1984 年)(已废止)第 56 条强调"实际使用和管理了房屋",《城镇房屋所有权登记暂行办法》(1987 年)(已废止)第 9 条与《城市房屋权属登记管理办法》(1997 年)(已废止)第 17 条也未将转移登记作为房屋所有权让与的生效前提。由于登记公信力仅适用于有效初始登记的房屋,原《物权法》实施之前已经完成所有权移转的房屋,即使未经登记,效力也不应被任意否定。

查原《执行异议复议规定》(2015 年)第 28 条,系源自原《查封扣押规定》(2004 年)第 17 条,后者与《破产案件规定》(2002 年)均制定于原《物权法》颁布之前,当时登记制度尚不完善,上述规则有其合理性。但在登记制度已经确立的当下,预告登记已为买受人提供充分的风险规避手段,为维护登记的公信力,未登记的交易风险应由买受人承担。因而,上述司法对策所提供的优先保护,应仅具过渡意义。

(3)房屋买受人期待权的扩张:商品房消费者的特殊保护?

与交付未登记的房屋买受人相比,司法实务为商品房消费者提供的优待犹有过之。开发商被执行时,只要商品房消费者的买卖合同生效于查封之前、已支付超过 50%价款、无其他住房且购房用于居住目的,就可提出异议以排除执行[《执行异议复议规定》第 29 条(2020 年修订前后无变化)、《九民纪要》第 125 条第 1 款]。不仅如此,支付全款的商品房消费者权利甚至优先于建设工程价款优先权[2002 年最高人

---

[1] 参见许德风:《不动产一物二卖问题研究》,载《法学研究》2012 年第 3 期;庄加园:《不动产买受人的实体法地位辨析——兼谈〈异议复议规定〉第 28 条》,载《法治研究》2018 年第 5 期。

[2] 参见最高人民法院民事裁定书(2010)民再申字第 163 号。

民法院《关于建设工程价款优先受偿权问题的批复》(已废止)第2条、《九民纪要》第126条],且该优先权的享有不以受领交付为前提。对此,最高人民法院的解释是,为保护消费者生存权而赋予其物权期待权。[2]

然而,如上文所述,期待权有严格的确定性要求。此处的优待,与其归因为商品房消费者的物权期待权,不如说是纯粹的政策考量。最高人民法院显然对这种优待带来的反体系效应有所认识,因而强调,缺乏公示的特殊保护突破了债的平等性与相对性,不仅对出卖人的其他债权人不公,也增加了通谋风险,应从严审查其适用条件。[3]

2. 已移转所有权未交付

(1)出卖人为有权占有人?

就已移转所有权未交付情形(如已过户登记但未交房),争议焦点之一是,出卖人的占有是否存在本权,能否对抗买受人的物权请求权?对此,我国台湾地区学理与实务认为,交付是用益移转的时点,交付前出卖人有用益权,可作为占有本权对抗买受人的所有权,即使出卖人的交付义务已陷于迟延也无妨,承担违约责任与价金风险并不影响其有权占有。[4] 本书认为,交付义务未届期时,出卖人有权占有应无疑问。但在交付义务陷于迟延时,即使出卖人收取用益,也应在交付时一同让与买受人,相对于买受人似不应成立有权占有。

(2)已登记未交付房屋买受人不得对抗仍占有的原权利人?

于此涉及的问题是,出卖人无处分权但买受人已登记为所有权人的,能否请求仍占有房屋的原所有权人迁出?曾引发广泛讨论的"臧树

---

[1] 房屋未建成时买受人的购房款返还请求权也优先于工程价款优先权,参见最高人民法院民事审判第二庭编著:《〈全国法院民商事审判工作会议纪要〉理解与适用》,人民法院出版社2019年版,第638页。

[2] 参见江必新、刘贵祥主编:《最高人民法院关于人民法院办理执行异议和复议案件若干问题规定理解与适用》,人民法院出版社2015年版,第431页。

[3] 参见最高人民法院民事审判第二庭编著:《〈全国法院民商事审判工作会议纪要〉理解与适用》,人民法院出版社2019年版,第632页。

[4] 参见黄茂荣:《买卖法》(增订版),中国政法大学出版社2002年版,第274页。

林与连成贤排除妨害纠纷上诉案"系典型案例。该案裁判要旨为,买受人虽登记但未取得占有,无权请求仍占有房屋的原所有权人迁出,仅得请求出卖人承担违约责任。[1] 问题的实质是,原所有权人的占有能否击破买受人的善意,或者说,买受人是否有义务调查房屋的占有状态。肯定说认为,应类推买卖不破租赁保护原所有权人的占有,买受人有义务调查房屋的占有状况[2],否则无从善意取得。否定说则指出,该判决将占有作为不动产物权的公示手段,有损登记的公信力。[3] 本书认为,该判决与上文"已交付未登记"情形中买受人的特殊保护(物权期待权说、中间物权说)有其共性,均系房屋占有人的优待规则,但在房屋所有权移转登记生效的公示要求之下,买受人不应负担调查房屋占有状况的义务。

五、多重买卖的履行

(一)实务中的优先序列

买卖合同与物权变动分离立场下,一物数卖原则上不影响买卖合同的有效性。由此产生的问题是,若数买受人均请求实际履行,是否存在优先序列?司法实务依交付、登记、付款、合同成立先后等因素确定履行顺序的理由是,多重出卖有违诚信,在标的物价格上涨时,还可能导致出卖人与出价高的买受人恶意串通。[4]

履行顺位规则对债权平等原理的违反显而易见,亦对所有权人的处分自由构成不当限制。因而,学界对此类规范多有质疑并倾向于限

---

〔1〕 参见上海市第一中级人民法院民事判决书(2014)沪一中民二(民)终字第433号,该案被收录于《最高人民法院公报》2015年第10期。

〔2〕 参见董学立:《论"不动产的善意取得与无权占有"——兼评"连成贤诉臧树林排除妨害纠纷案"》,载《法学论坛》2016年第6期。

〔3〕 参见张静:《不动产占有公示效力否定论——"连成贤诉臧树林"案的批判性分析》,载《苏州大学学报(法学版)》2017年第3期。

〔4〕 参见最高人民法院民事审判第二庭编著:《最高人民法院关于买卖合同司法解释理解与适用》(第2版),人民法院出版社2016年版,第162—163页。

制其适用。[1]但与之形成鲜明对照的是,实务中对此类规则的适用不仅不予克制,反而大肆扩张,甚至溢出买卖之外,将其类推适用于各类其他标的(如股权、知识产权、企业整体)之多重转让,大有无边漫延之势,对债权平等的侵蚀令人担忧。

本书认为,主张废止这些规则固然可以一劳永逸,不过,在既定规则下,如果能够通过解释手段,令其重回债权平等与处分自由的轨道,或许不失为一条可行路径。

(二) 普通动产多重买卖

就普通动产多重买卖的履行,《买卖合同解释》第6条(修订前为第9条,内容无变化)的规则是"交付＞付款＞合同先后"。实务中,该条还被类推适用于房屋多重买卖、权利(如股权、知识产权)与企业多重转让等情形的履行顺序认定。[2]

1. 交付优先

结合条文表述,此处的交付是公示所有权变动的交付。意思表示解释层面,交付可推定为同时负载物权合意与履行意思,因而,该规则

---

[1] 参见程啸:《论动产多重买卖中标的物所有权归属的确定标准——评最高法院买卖合同司法解释第9、10条》,载《清华法学》2012年第6期;周江洪:《特殊动产多重买卖之法理——〈买卖合同司法解释〉第10条评析》,载《苏州大学学报(哲学社会科学版)》2013年第4期;刘保玉:《论多重买卖的法律规制——兼评〈买卖合同司法解释〉第9、10条》,载《法学论坛》2013年第6期;戴永盛:《论特殊动产的物权变动与对抗(下)——兼析〈最高人民法院关于审理买卖合同纠纷案件适用法律问题的解释〉第十条》,载《东方法学》2014年第6期;孙毅:《我国多重买卖规则的检讨与重构》,载《法学家》2014年第6期;李锡鹤:《多重买卖效力探讨——〈买卖合同司法解释〉第9条第2、3款之质疑》,载《东方法学》2015年第6期;冉克平:《论机动车等特殊动产物权的变动——兼析法释[2012]8号第10条的得与失》,载《法学评论》2015年第4期。

[2] 动产多重买卖受领交付优先的裁判,如最高人民法院民事裁定书(2016)最高法民申1514号(返还请求权让与以代交付);将受领交付优先规则类推适用于房屋多重买卖的裁判,如黑龙江省牡丹江市中级人民法院民事判决书(2019)黑10民终1554号;将付款优先规则类推适用于股权多重转让的裁判,如福建省泉州市中级人民法院民事判决书(2014)泉民终字第1375号;将付款优先规则类推适用于商标专用权多重转让的裁判,如河南省高级人民法院民事判决书(2018)豫民终972号;将合同在先者优先规则类推适用于企业整体多重转让的裁判,如山东省济南市中级人民法院民事判决书(2017)鲁01民终8656号(存疑)。

所表达的其实是:通过受领交付已取得所有权者,法院将保护其所取得的所有权,是对出卖人履行结果的描述。又由于谁可成为"先受领交付的买受人"未有限制,出卖人尽可依其意志自由选择。如此,该规则可解释为出卖人处分自由的曲折表达。

2. 付款、合同在先优先

付款、合同订立在先者优先规则,同样可作为意思表示解释规则予以限缩解释。出卖人接受付款,可视作选定该买受人为履行对方。当然,仅此尚不足以拘束出卖人,还须同时具备一定的履行行为。因而,仅在付款同时负载履行意思与占有改定合意(以移转所有权或代替交付义务)时,该规则方可适用。合同订立在先作为优先因素,同样仅在得以意思表示解释认定,出卖人与先买受人缔约时一并达成占有改定合意(以移转所有权或代替交付义务)与履行合意时,始得适用。

(三)特殊动产多重买卖

依2020年《买卖合同解释》第7条(修订前为第10条,内容无变化),特殊动产数买受人均请求实际履行的,履行顺序为"交付>登记>合同先后";若标的物被出卖人交付一买受人后,又为另一买受人登记的,则受领交付的买受人优先。

特殊动产的所有权移转,以登记为对抗要件(第225条)。就其生效要件,有交付生效说[1]、合意生效说[2]等不同立场。本书认为,为避免交付与登记的公示冲突,合意生效说或更可采。在此模式下,特殊动产多重买卖的履行顺序,同样可借助意思表示解释作限缩解释:交付与登记作为优先因素的前提是,可推定双方以交付或登记表达所有权让与合意,且交付或登记同时负载履行合意;付款虽未被明定为优先因

---

[1] 参见黄薇主编:《中华人民共和国民法典物权编释义》,法律出版社2020年版,第35页。也有较缓和的交付生效说认为,在交付与登记冲突时,仍以登记的效力为先,参见程啸:《论动产多重买卖中标的物所有权归属的确定标准——评最高法院买卖合同司法解释第9、10条》,载《清华法学》2012年第6期。

[2] 参见张双根:《物权公示原则的理论构成——以制度正当性为重心》,载《法学》2019年第1期。

素,但仍不妨与动产多重买卖作相同解释;合同订立在先作为优先因素的前提也与动产多重买卖相同。

至于交付与登记的冲突(一买受人受领交付后,另一买受人办理登记的),限缩解释的作业稍为复杂。由于受领交付的买受人不能对抗登记的买受人,除非后者为恶意,该项规则的适用范围或可限缩为,仅在登记的买受人明知或应知受领交付买受人的权利时始得适用。

(四)不动产多重买卖

就不动产多重买卖,最高人民法院《关于适用〈中华人民共和国物权法〉若干问题的解释(一)》讨论稿第2条(未见于正式稿,但在实务中得到遵循)[1]、2020年最高人民法院《关于审理涉及国有土地使用权合同纠纷案件适用法律问题的解释》第9条(修订前为第10条,内容无变化)、北京市高级人民法院《关于审理房屋买卖合同纠纷案件适用法律若干问题的指导意见(试行)》第13条第1款,均确立了大致相同的履行顺序,即"登记>交付>付款、网签、合同先后",也有法院将动产多重买卖履行规则类推适用于房屋。本书认为,不动产多重买卖同样适用出卖人自由履行原则,因而,仍采限缩解释将上述规范视作意思表示解释规范,此处不赘。

有争议的是,房屋先买受人受领交付而后买受人完成登记的,后买受人的履行顺序应否优先?对此,实务中有不同立场。[2] 本书认为,房屋买受人不必负担占有调查义务,否则不仅徒增交易成本、影响交易安全,调查义务本身亦将陷入两难:买受人询问时,占有人是否有义务告知?[3] 若有此义务,正当性何在?未尽告知义务是否须承受不

---

[1] 参见韩松:《同一房屋多重买卖情况下买受人取得房屋所有权的顺序确定》,载《政法学刊》2012年第6期。

[2] 肯定者如,辽宁省沈阳市中级人民法院民事判决书(2007)沈民(2)房终字第725号;否定者如,江苏省高级人民法院民事裁定书(2017)苏民申2983号。

[3] 有观点认为,占有对抗登记,以占有人的告知义务为前提,参见张静:《不动产占有公示效力否定论——"连成贤诉臧树林"案的批判性分析》,载《苏州大学学报(法学版)》2017年第3期。

利后果？若无此义务,调查应如何进行？

另依《商品房买卖合同解释》第 7 条(修订前为第 10 条,内容无变化),若出卖人与第三人恶意串通另行订立买卖合同并交付使用,买受人得主张前述买卖合同无效。但实务中,后买受人仅需明知出卖人一房二卖,即可能直接被认定为恶意串通。[1] 最高人民法院对此的解释是,2003 年该司法解释出台时尚无《物权法》,更无预告登记制度,先买受人无从规避风险。[2] 若以此为由,在原《物权法》颁布且确立预告登记制度后,仍采如此宽松的恶意串通标准即丧失正当性。

六、举证分配

本条系请求权基础规范,规范内容是买受人的原合同请求权,对应出卖人的交付与所有权移转两项主给付义务。买受人主张请求权,即应证明请求权的成立要件具备(买卖合同成立)。请求权未发生(买卖合同效力瑕疵)、已消灭或受障碍的抗辩或抗辩权,则应由出卖人主张并举证。

(一)标的物交付义务的举证

出卖人主张交付义务已履行的,须证明交付义务的履行要件已满足,如买受人取得占有(赴偿、往取)、货交第一承运人以运交买受人(送付)等,交付推定具备履行意思。仅以发票作为交付证据,买受人不认可的,出卖人应另行举证(2020 年《买卖合同解释》第 5 条第 1 款),其

---

[1] 参见江苏省高级人民法院民事裁定书(2014)苏审二民申字第 1477 号。还有学者主张,后买受人对前合同的单纯知情即相当于先买受人的权利被公示,产生类似预告登记的效力,参见吴一鸣:《论"单纯知情"对双重买卖效力之影响——物上权利之对抗力来源》,载《法律科学(西北政法大学学报)》2010 年第 2 期。

[2] 参见最高人民法院民事审判第一庭编著:《最高人民法院关于审理商品房买卖合同纠纷案件司法解释的理解与适用》(第 2 版),人民法院出版社 2015 年版,第 129—130 页。

他证据包括但不限于送货单、接收单、入库单、进仓单、交易习惯等。[1]买受人拒绝受领的,有义务证明拒收权的要件实现,如标的物存在重大品质瑕疵或权利瑕疵。

合意以观念交付代替交付义务的履行,要件有二:其一,观念交付合意;其二,以观念交付代替交付义务的合意。其中,观念交付合意的存在由出卖人举证。若举证成功,得推定双方同时默示达成以观念交付代替交付义务的合意(清偿合意)。买受人主张双方未达成此合意的有反证义务。例如,可反证证明双方虽合意以返还请求权让与代替动产所有权移转的交付要件,令买受人取得所有权,但仍约定出卖人有义务取得标的物占有并移转于买受人。[2]

交付义务具有任意性,出卖人若主张双方合意改变(如特约为行为义务)或排除交付义务,须举证证明。但在无人占有之物的买卖,得推定双方有排除交付义务的合意,买受人可反证推翻。

(二)所有权移转义务的举证

出卖人主张所有权移转义务已履行的,须证明所有权移转的要件已满足。若举证成功,则推定双方同时达成默示履行合意。买受人主张双方不存在履行合意,或因欠缺行为能力等无法产生清偿效力的,有举证义务。已交付未移转所有权情形,房屋买受人主张执行或破产程序中的特别保护时(限历史遗留问题),须证明相应要件的具备,如价款支付、取得占有、非因自身原因未登记等。

(三)多重买卖履行顺序的举证

为避免背离债权平等原则,多重买卖履行顺序规则应作限缩解

---

〔1〕 参见最高人民法院民事审判第二庭编著:《最高人民法院关于买卖合同司法解释理解与适用》(第2版),人民法院出版社2016年版,第154页。以交易习惯认定交付的,如福建省厦门市湖里区人民法院民事判决书(2015)湖民初字第3403号。

〔2〕 黄茂荣认为,以观念交付代替交付义务的合意,也应由出卖人积极证明,或者至少允许买受人单方保留权利;于无法借助返还请求权取得直接占有时,认定出卖人未履行交付义务,参见黄茂荣:《买卖法》(增订版),中国政法大学出版社2002年版,第171页。

释,可被定性为确定出卖人履行意思(选定履行对方)的意思表示解释规则。但单纯的履行意思尚不足以拘束出卖人,还须同时具备一定的履行行为。"登记、交付、付款、合同在先"等因素由主张"优先"履行的买受人举证。其中,"登记、交付"常同时负载物权合意,举证成功即可推定出卖人选定该买受人为履行对方。[1] "付款、合同在先"则与所有权让与意思、交付义务无必然关联,应由主张"优先"履行的买受人证明,双方同时达成占有改定合意(以移转所有权或代替交付义务),由此合意可进一步推定履行意思的存在。出卖人或其他买受人可依相反事实反证推翻。

---

[1] 有观点认为,登记、交付等可拟制为出卖人的意思表示,自动证明出卖人表达了选择向该买受人实际履行的意思,参见孙毅:《我国多重买卖规则的检讨与重构》,载《法学家》2014年第6期。

第八章　防御规范的评注释义

——以《民法典》第 604 条为例

《民法典》第 604 条规定："标的物毁损、灭失的风险，在标的物交付之前由出卖人承担，交付之后由买受人承担，但是法律另有规定或者当事人另有约定的除外。"

一、规范定位

(一) 规范意旨

标的物意外毁损灭失，既可能引发物法层面的物权灭失风险，也可能引发债法层面的给付风险与对待给付风险。物法领域，物之意外不利益由所有权人自担。物权风险无涉给付与对待给付关系，不在本条的射程之内。债法领域，若标的物意外毁损灭失，则债务人不必再为给付（第 580 条[1]）。给付风险的移转，并非本条的问题，而系本条的前提。

本条意在规范的，实为出卖人的对待给付风险，即"价金风险"。所

---

[1] 除非特别说明，本章所提及的条文均为《民法典》条文，所使用的"合同"一词仅指"债权合同"。

处理的问题是,标的物意外毁损灭失,致出卖人不必再为给付,买受人是否仍须支付价金。对此,原《合同法》所参照的《联合国国际货物销售合同公约》第66条的表达更直观:风险移转后果是,"买受人支付价款的义务并不因此免除",显然以价金风险为规范对象。[1]

价金风险,若由出卖人承担,则买受人不必支付价金;若由买受人承担,则买受人仍受价金义务约束。依本条,价金风险原则上自"交付"时起移转于买受人。比较法上,类似的规范有《公约》第69条第1款第1种情形、《德国民法典》第446条等。

(二) 规范属性

1. 抗辩排除规范

基于双务合同的牵连性,给付义务消灭,对待给付义务也消灭。依此原则,买卖标的物意外毁损灭失,致出卖人不必再为给付的,买受人不再受价金义务约束,即使已经支付,也可以请求返还。这意味着,价金风险不应移转,买受人处应产生拒绝支付的抗辩可能。

本条规则却是,交付前出卖人承担价金风险,交付后买受人承担价金风险。"交付前"仍在牵连性的框架之内,即使无此规定,也可由双务合同的特性推导得出。"交付后"才是本条的规范重心,因其突破了双务合同的牵连性。由此亦可解释,比较法上的类似规范(如《德国民法典》第446条),何以仅规定"交付时"风险移转于买受人,而不就"交付前"特设规范。

本条所设规范,可浓缩表述为"交付移转价金风险"。交付后虽出卖人不必再为给付,但买受人仍须全额支付价金。尤其是,即使出卖人尚未让与所有权,买受人也丧失拒绝支付的抗辩。在"请求—抗辩—抗辩排除"的视角下,本条实为一项"抗辩排除"规范。因而,为了准确适用本条,需要解释排除抗辩的正当性何在,即交付为何可移转价金

---

[1] 参见〔德〕彼得·施莱希特里姆:《〈联合国国际货物销售合同公约〉评释》,李慧妮编译,北京大学出版社2006年版,边码222。

风险。

2.任意一般规范

本条是处理买卖价金风险移转的任意性一般规范。所谓任意性,系指当事人特约可排除本条适用。当事人特约,于涉外买卖常体现为合同中所采纳的国际贸易术语。所谓一般性,则指若无特别规范即应适用本条。[1] 在赴偿之债、往取之债与送付之债的区分下,代送买卖的价金风险有其特则(第607条、第606条)。影响合同目的实现的给付障碍(第610条)与买受人迟延(第605条、第608条)情形,价金风险也有其特则。

二、标的物毁损、灭失的风险

《民法典》买卖合同章所称标的物毁损、灭失的风险,文义上可包含给付风险与对待给付风险,甚至还可包含物权风险。但根据规范体系,应限缩解释为仅指对待给付风险,即"价金风险"。

(一)本条风险非物权风险

标的物毁损灭失引发的风险,不限于债法层面,还可能发生于物法层面,二者应予区分。物法领域,标的物意外毁损灭失,由其法律上的归属者承担权利丧失的风险。物权风险,是所有权对世效力的体现[2]。处理物权人与第三人的关系,为合同之外的现象,仅以所有权状况为断。因而,该风险在所有权让与之前由出卖人承受,让与之后由买受人承受。

合同风险,则是典型的债法风险,处理合同内部关系,包括给付风

---

〔1〕 可再探讨的是,习惯作为被《民法典》第10条认可的法源,应否纳入考量。关于习惯的法源地位,可参见朱庆育:《民法总论》(第2版),北京大学出版社2016年版,第40—42页。

〔2〕 参见陈自强:《契约法讲义Ⅲ:契约违反与履行请求》,元照出版有限公司2015年版,第227—228页。

险与对待给付风险。合同风险针对的问题是,风险事件发生后,债务人的给付义务与债权人的对待给付义务是否仍存在。合同风险必以合同有效且未履行完毕为前提。缔约前,标的物意外毁损灭失,"天灾归所有权人负担",所涉仅为物权风险。同理,清偿后,因债权实现而不存在给付障碍,也就不生合同风险。此后标的物毁损灭失,买受人作为所有权人负担的实为物权风险。

实务中,最高人民法院已认识到物权风险与合同风险的区别,指出合同风险负担实质是合同当事人间的损失分配,而因标的物毁损灭失丧失所有权则属于物权范畴,不应混淆物权关系和债权关系。[1] 但仍有不少法院误判二者,最典型的表现是,于出卖人已交付并移转所有权,嗣后标的物毁损灭失情形中,以本条为依据判令买受人支付价款。[2] 但此时出卖人义务已履行完毕,买受人债权完全实现,不产生给付障碍,更谈不上合同风险,买受人支付价金是正常的债务履行。

(二)本条风险非给付风险

双务合同风险本有四项,即双方各自的给付风险与对待给付风险,但金钱债务无给付不能,买卖合同的给付风险仅限出卖人,其对待给付风险即价金风险,故买卖合同中,仅需讨论围绕标的物而产生的给付风险与围绕价金而产生的价金风险。给付风险与价金风险处理的问题不同、风险移转的缘由不同、移转时点也不同。

1. 买卖合同的给付风险

给付风险处理的问题是,首次给付尝试失败后,债务人是否仍需再为给付,直至达到清偿效果。该问题并非买卖关系所独有,而存在于所有的债务关系中,体系上属于债法总则。买卖合同的给付风险并无特

---

[1] 参见最高人民法院民事审判第二庭编著:《最高人民法院关于买卖合同司法解释理解与适用》(第2版),人民法院出版社2016年版,第190页。
[2] 如辽宁省大连市中级人民法院民事判决书(2014)大民三终字第411号、陕西省清涧县人民法院民事判决书(2017)陕0830民初569号、江苏省盐城市中级人民法院民事判决书(2017)苏09民终1890号。

别之处,即特定之债自合同生效时移转[1],种类之债自特定化时移转。特定化要求债务人完成为给付而必要的一切行为,所以特定化后标的物意外毁损灭失的,不应令债务人再行给付。

债务人是否满足特定化的行为要求,取决于不同的债务类型。以给付行为地与结果地为标准,耶林首倡赴偿之债、往取之债与送付之债的区分[2],并为后世所接受。赴偿之债,给付行为地与结果地均在债权人处,债务人将适格标的物送至债权人住所地,使债权人处于随时可受领状态,即完成特定化。往取之债,给付行为地与结果地均在债务人处,债务人将适格标的物分离并通知债权人提取,即完成特定化。送付之债,给付行为地在债务人处,结果地在债权人处,债务人并无运输义务,将适格标的物发送给第一承运人以运交债权人,特定化行为即完成。[3]

《民法典》未就给付风险单设规则,2020年《买卖合同解释》第11条(修订前为第14条,内容无变化)虽将特定化作为种类物买卖(价金)风险移转的前提,但也未能清楚揭示特定化与给付风险的关联。不过,给付风险仍不妨依第580条第1款第1项推知。依该规定,非金钱债务给付不能,原给付义务消灭。至于是否产生派生给付义务(如损害赔偿),则取决于可归责性。进而言之,非金钱债务一旦出现不可归责的给付不能,债务人给付义务即终局消灭:特定之债,在合同生效后履行前,若标的物意外灭失,债务人原给付义务消灭;种类之债,特定化前不产生给付不能,特定化后即转变为特定之债,此后奉行特定之债风险转移规则。

2. 给付风险与价金风险

(1)价金风险的产生以给付风险移转且现实发生为前提

与给付风险不同,价金风险处理的问题是,标的物意外毁损灭

---

[1] 也有观点认为,给付风险产生的前提是给付的可替代性,特定之债无给付风险,如[德]迪特尔·梅迪库斯:《德国债法总论》,杜景林、卢谌译,法律出版社2004年版,第133页。但两种观点只是观察角度不同,法律效果并无差异。

[2] Vgl. Rudolf von Jhering, Beiträge zur Lehre von der Gefahr beim Kaufcontracte, zweiter Beitrag, in: Jahrbücher für die Dogmatik des heutigen römischen und deutschen Privatrechts, 4 Band, 1861, S.366ff.

[3] 参见王洪亮:《债法总论》,北京大学出版社2016年版,第94—95页、第107页。

失,致出卖人不必再为给付,买受人是否仍须支付价金。给付风险移转之前,价金风险无从谈起。〔1〕 移转之前,出卖人给付义务不消灭,买受人债权仍可能完满实现,自然仍须负担对待给付义务。即便给付风险移转,若风险事件未现实发生,也不生价金风险问题。原因很简单,风险事件既未现实发生,出卖人自须继续负担给付义务,买受人当然也须为对待给付。既然价金风险移转前给付风险必然已移转,前者就构成后者的可能最迟时点。

(2)给付风险非买卖独有,而本条价金风险仅限买卖合同

双务合同之对待给付风险针对的问题是,如果债务人不再承担给付风险,债权人是否仍有义务为对待给付。〔2〕 一般规则是,风险事件发生,债务人不必再为给付(给付风险已移转且实现),债权人也不必为对待给付(对待给付风险不再转移于债权人,终局停留在债务人处)。其实质在于,不会令债权人既承担给付风险(无从获得对方给付),又承担对待给付风险(必须向对方为给付),债权人取得拒绝对待给付的抗辩可能。

买卖价金风险,突破了双务合同"无给付即无对待给付"的一般原则,系对待给付风险负担的例外。依本条,买卖价金风险因交付而移转于买受人,此后标的物意外毁损灭失,出卖人因给付风险已移转而不必再为给付,买受人的价金义务却并不消灭,拒绝对待给付的抗辩被排除。据此,给付风险与对待给付风险均由买受人承担。〔3〕 其实质在于,因标的物交付,而例外地移转了原则上应终局停留于债务人(出卖

---

〔1〕 参见朱晓喆:《寄送买卖的风险转移与损害赔偿——基于比较法的研究视角》,载《比较法研究》2015 年第 2 期。

〔2〕 梅迪库斯则认为,对待给付风险指双务合同一方虽未获得对待给付,但仍须履行己方给付的风险,参见 Medicus/Petersen, Bürgerliches Recht, 26. Aufl., München: Franz Vahlen, 2017, Rn. 272,该见解较德国通说狭窄;反对观点,可参见 Dagmar Coester-Waltjen, Die Gegenleistungsgefahr, Jura 2007(2), S. 110ff。

〔3〕 Vgl. Fikentscher/Heinemann, Schuldrecht, 10. Aufl., Berlin: De Gruyter, 2006, S. 399.

人)处的对待给付风险。[1]

(3)给付风险与价金风险不应也无法采用相同判准

可区分特定物与种类物分别观察:在特定物买卖,能因交付移转的,只能是价金风险,不可能是给付风险,因为特定物买卖的给付风险,自合同生效时起即由买受人承担,与交付与否无关。但本条并未区分特定物与种类物设定不同规则,所涉风险并非给付风险。

在种类物买卖,同样不宜将交付作为给付风险的移转时点。种类物买卖的给付风险,在经济层面体现为,出卖人是否应继续采购种类物,并承担其价格上涨的风险。[2] 换言之,出卖人承担给付风险背后体现的是置办风险以及与其相关的额外代价。一旦出卖人已经完成为给付而必要的一切行为(特定化),就不应再令其承受上述额外代价。特定化是债务人单方的债务履行,交付则需要双方合意,二者之间可能存在时间差。特定化后交付之前,标的物毁损灭失的,出卖人已为给付做出最大努力,若仍令其承担给付风险,有失公允。

实务中,最高人民法院明确指出买卖合同章的风险仅指价金风险,并进一步探讨了价金风险与继续履行的关系:若标的物是种类物且未经特定化,毁损灭失并不免除出卖人给付义务;而若标的物是特定物或经特定化的种类物,毁损灭失即免除出卖人再为给付的义务;至于买受人得否免为对待给付,则是价金风险问题。[3] 该观点的实质,即区分给付风险与价金风险,并以特定化作为种类物买卖给付风险移转的时点。

(三)风险事件的范围

"不可归责"事件引发的标的物意外毁损灭失,才可称为风险。可

---

[1] 也有观点认为,交付移转买卖价金风险,是对待给付风险的"提前"移转,参见刘洋:《对待给付风险负担的基本原则及其突破》,载《法学研究》2018年第5期。
[2] 参见朱晓喆:《我国买卖合同风险负担规则的比较法困境——以〈买卖合同司法解释〉第11条、14条为例》,载《苏州大学学报(哲学社会科学版)》2013年第4期。
[3] 参见最高人民法院民事审判第二庭编著:《最高人民法院关于买卖合同司法解释理解与适用》(第2版),人民法院出版社2016年版,第190—191页。

归责于出卖人的毁损灭失,属于违约而非风险范畴。[1] 可归责于买受人的,则视同标的物不曾毁损灭失(视同出卖人义务已经履行),也与风险无关。先前违约行为在风险移转后才显现后果的,也属于可归责事由,如隐蔽瑕疵、包装不当导致风险移转后标的物受损等。

何谓可归责?此涉及违约责任的归责原则。以归责原则为分界点,违约责任与风险负担呈此消彼长关系。[2] 具体而言,若采过错归责,过错之外皆风险;若采严格责任,则可归责范围扩张,风险范围缩减。关于我国违约归责原则的争论,主要围绕过错的意义展开,有严格责任说[3]、缓和的严格责任说[4]、过错责任说[5]、过错推定说[6]、义务性质区分说[7]等不同观点,以严格责任与过错责任为对立两极。不过,与其说归责立场决定了风险负担的范围,不如说前者为后者提供了讨论的起点。

若采过错归责,不可抗力与通常事变理所应当归属于风险分配领域。严格责任立场下,不可抗力亦是当然的风险事件。至于通常事变,因可预见性原则(第584条但书)将不可预见事件排除在违约责任之外,亦应纳入风险范畴。争议在于所谓第三人原因违约规则。原《合同法》第121条第1句曾规定,当事人因第三人原因造成违约的,应向

---

[1] 出卖人也应为履行辅助人的行为负责,参见最高人民法院民事裁定书(2017)最高法民申2339号。

[2] 参见易军:《违约责任与风险负担》,载《法律科学(西北政法学院学报)》2004年第3期。

[3] 参见王利明:《合同法研究(第三卷)》(第2版),中国人民大学出版社2015年版,第89页;韩世远:《合同法总论》(第4版),法律出版社2018年版,第754页。

[4] 主张弹性解释不可抗力之三个"不能",扩张债务人免责机会,如戴孟勇:《违约责任归责原则的解释论》,载王洪亮等主编:《中德私法研究》(第8卷),北京大学出版社2012年版,第38—39页。

[5] 参见易军:《慎思我国合同法上违约损害赔偿责任的归责原则》,载王洪亮等主编:《中德私法研究》(第8卷),北京大学出版社2012年版,第24页。

[6] 参见李永军:《合同法》(第3版),法律出版社2010年版,第505页;王洪亮:《债法总论》,北京大学出版社2016年版,第240页。

[7] 该观点主张,关于违约的归责原则,应通过解释方法确立如下标准:违反方式性义务承担过错责任;违反结果性义务承担严格责任,参见朱广新:《违约责任的归责原则探究》,载《政法论坛》2008年第4期。

对方承担违约责任,但"第三人的原因"文义涵盖范围甚广,为避免滥用,学理上有力主废除该条者[1],也有从不同角度对其进行限缩解释者[2],还有主张其仅确认合同相对性原则者[3]。《民法典》第593条第1句则将表述改为"……因第三人的原因造成违约的,应当依法向对方承担违约责任"。"依法"二字明确其并非独立的请求权基础,仅系参引性规范。本书认为,该规范只意味着,即使因第三人原因造成给付障碍,违约责任的承担主体也只是合同债务人而非第三人。至于债务人在具体个案中是否承担违约责任,仍取决于可归责性。据此,第三人原因引发的通常事变并非违约事由,而系风险事件。

可见,借助规范解释,过错归责与严格责任两种方案下风险事件的范围大致相当,均包括不可抗力与通常事变。实务中最高人民法院认为,可排除风险的"可归责性"与"过错"意义相同,"不可归责"就是非因双方当事人过失或者故意造成的毁损灭失,风险事件可能是行为也可能是事件,如火山爆发、地震、海啸、第三人纵火、故意侵权等。[4] 也有法院明确指出,"风险发生的事由一般包括不可抗力、意外事件和当事人不能预见的第三人原因"。[5]

---

[1] 参见解亘:《论〈合同法〉第121条的存废》,载《清华法学》2012年第5期。
[2] 参见李永军、李伟平:《因第三人原因造成的违约与责任承担——兼论〈合同法〉第121条的理论解构》,载《山东大学学报(哲学社会科学版)》2017年第5期;周江洪:《〈合同法〉第121条的理解与适用》,载《清华法学》2012年第5期;耿卓:《〈合同法〉第121条中"第三人"的理解与适用》,载《贵州警官职业学院学报》2009年第3期;王洪亮:《债法总论》,北京大学出版社2016年版,第236页。
[3] 参见纪海龙:《买卖合同中的风险负担》,载王洪亮等主编:《中德私法研究(11):占有的基本理论》,北京大学出版社2015年版,第305页。
[4] 参见最高人民法院民事审判第一庭编著:《最高人民法院关于审理商品房买卖合同纠纷案件司法解释的理解与适用》,人民法院出版社2015年版,第145页、第148页。
[5] 北京市第一中级人民法院民事判决书(2013)一中民终字第11308号。第三方原因导致火灾事故,标的物被烧毁,因买卖双方均无过错被认定为风险,参见甘肃省武威市中级人民法院民事判决书(2014)武中民终字第153号;车辆被第三人开走被认定为风险,参见湖南省株洲市石峰区人民法院民事判决书(2017)湘0204民初2480号、江苏省宿迁市宿城区人民法院民事判决书(2017)苏1302民初1282号。

(四)毁损灭失与风险

风险事件导致标的物毁损灭失,才产生价金风险问题。"灭失"包括全部灭失与部分灭失,如数量减少。物理上未灭失但当事人丧失占有者(如丢失[1]、被扣押)[2],或当事人因法律障碍丧失权利者(如被征收[3]),也视同灭失。[4] "毁损"则指任何与合同约定品质不符的情形(如变质[5]、自然属性受损[6]、重量改变),通常会导致物之瑕疵。[7] 因法律障碍丧失使用可能(如标的物不符合买受人所在国的公法要求),或因政府禁令而无法使用(如被认为危害健康),也视同毁损。[8]

争议在于,意外毁损是风险抑或是瑕疵。有观点认为,风险仅限给付不能[9],不及于物之瑕疵,瑕疵救济与风险负担互不相关。也有观点认为,风险移转前的意外毁损为瑕疵,买受人享有瑕疵救济;风险移转后的意外毁损为风险,适用风险规则。[10] 还有观点认为,意外毁损在风险移转前既是瑕疵也是风险,在风险移转后则仅是风险,不构成瑕疵。[11]

---

[1] 参见河南省驻马店市驿城区人民法院(2009)驿民初字第842号民事判决书。
[2] 参见黄立主编:《民法债编各论》(上),中国政法大学出版社2003年版,第105页〔杨芳贤〕。
[3] 买卖房屋被纳入拆迁范围视同灭失,参见浙江省金华市中级人民法院民事判决书(2003)金中民一终字第180号;因政府实行黏土窑关闭政策,导致买受人窑厂关闭,购买的煤无法使用,视同灭失,参见安徽省枞阳县人民法院民事判决书(2017)皖0722民初2586号。
[4] 参见余延满:《货物所有权的移转与风险负担的比较法研究》,武汉大学出版社2002年版,第246页。
[5] 如苹果冻伤,参见陕西省清涧县人民法院民事判决书(2017)陕0830民初569号。
[6] 如雨淋致化肥失效,参见湖北省鄂州市梁子湖区人民法院民事判决书(2018)鄂0702民初120号。
[7] Vgl. Harm Peter Westermann, Kommentar zum §446, in: Münchener Kommentar zum Bürgerlichen Gesetzbuch, 8. Aufl., München: C. H. Beck,2019, Rn. 11.
[8] Vgl. Heinrich Honsell(hrsg.): Kommentar zum UN-Kaufrecht, 2. Aufl., Berlin Heidelberg: Springer, 2010, Art.66 (Schönle/Th. Koller), Rn. 21.
[9] 参见邱聪智:《新订债法各论》(上),中国人民大学出版社2006年版,第122页。
[10] 参见余延满:《货物所有权的移转与风险负担的比较法研究》,武汉大学出版社2002年版,第247页。
[11] 参见黄茂荣:《买卖法》(增订版),中国政法大学出版社2002年版,第492页。

本书认为,给付无瑕疵之标的物乃出卖人的原给付义务(第615条),是否存在物之瑕疵,以价金风险移转时为断。风险移转后的意外毁损仅涉风险,价金风险移转前的意外毁损则仍为瑕疵,可适用瑕疵补正、减价或解除等瑕疵救济。

三、交付作为风险移转的时点

(一) 适用范围

赴偿之债、往取之债与送付之债的区分,揭示了第604条最重要的适用领域。赴偿买卖与往取买卖的价金风险适用本条,自交付时起移转。代送买卖的价金风险却有其特则:典型的代送买卖,价金风险自交付第一承运人时移转(第607条第2款);出卖人有义务在特定地点将标的物交给承运人的代送买卖,价金风险自标的物于该地点交付承运人时移转(第607条第1款)。于后者,出卖人也可能委托承运人将标的物运送至特定地点,在此距离区间,承运人是出卖人的履行辅助人,价金风险并非自货交"第一"承运人,而是货交"第一独立"承运人时移转。再者,路货买卖为代送买卖的特例,出卖人不承担运输义务,价金风险于合同成立时移转(第606条)。

《民法典》虽未直接使用"赴偿""往取""送付"的措辞,但以标的物是否"需要运输"为标准判断出卖人的给付行为地(第603条第2款),隐含了上述区分。"需要运输"仅指"标的物由出卖人负责办理托运,承运人系独立于买卖合同当事人之外的运输业者的情形"(2020年《买卖合同解释》第8条,修订前为第11条),即仅限代送买卖,排除赴偿与往取。实务中,同样区分赴偿、往取与送付,常用的表述是送货、自提或代办运输。

唯应注意,代送买卖的核心并不在于"需要运输"。赴偿、往取同样可能需要运输。代送买卖的特征是,出卖人仅负责发送,而无运输义务,承运人并非出卖人的履行辅助人。与之相对,赴偿买卖之承运人是出卖人的履行辅助人,往取买卖之承运人是买受人的履行(受领)辅助人。据此,是否需要运输、是否委托承运人、由谁签订运输合同[1]、由谁承担运费等[2],均非区分三者的关键。判断的核心毋宁在于,在买卖双方内部运输义务由谁承担。

有争议的是,出卖人虽无义务但仍需自行运输的情形,适用赴偿抑或代送的风险规则。支持赴偿者认为,于此相当于出卖人与买受人间增加了同向混合之运送合同,风险由出卖人负担。[3] 支持代送者则认为,出卖人的地位不应低于委托第三人运输时,仍应适用代送买卖规则,同时,买受人地位也不应降低,对独立承运人享有的权利也均得对出卖人主张。[4] 本书从后者,既然出卖人不承担运输义务,风险负担就不应因其自行运输而有所不同。

问题还在于,无法根据合同约定或交易习惯(第510条)认定债的类型时,如何确定其风险规则。第511条第3项提供的原则性方案是推定为往取。第603条提供的方案则是,需要运输的推定为代送,不需要运输的原则上推定为往取。[5] 全国人大常委会法制工作委员会与最高人民法院均认为,第603条作为买卖合同的特殊规定优先于第511

---

〔1〕 Vgl. Heinrich Honsell(hrsg.): Kommentar zum UN-Kaufrecht, 2. Aufl., Berlin Heidelberg: Springer, 2010, Art. 31(Ernst/Lauko), Rn. 12.

〔2〕 参见最高人民法院民事审判第二庭编著:《最高人民法院关于买卖合同司法解释理解与适用》(第2版),人民法院出版社2016年版,第225页;双方约定出卖人代办运输,不因买受人承担运费转变为往取之债,参见上海市第一中级人民法院民事判决书(2009)沪一中民四(商)终字第197号;出卖人委托物流公司,即使买受人承担运费,仍为赴偿之债,参见浙江省宁波市镇海区人民法院民事判决书(2016)浙0211民初1195号。

〔3〕 参见黄茂荣:《买卖法》(增订版),中国政法大学出版社2002年版,第452页。

〔4〕 参见朱晓喆:《我国买卖合同风险负担规则的比较法困境——以〈买卖合同司法解释〉第11条、14条为例》,载《苏州大学学报(哲学社会科学版)》2013年第4期。

〔5〕 第603条第2款第2项第1分句之"……出卖人和买受人订立合同时知道标的物在某一地点,出卖人应当在该地点交付标的物",可能是单纯的往取买卖,也可能是赴偿与往取的混合。

条第 3 项。[1] 据此,涉及运输的,有疑义时推定为代送;其他情形的,有疑义时推定为往取。

消费者买卖的价金风险有其特殊之处。首先,买受人为消费者的远程交易虽涉及运输,但得否径行推定为代送仍可争议。依《电子商务法》第 20 条,消费者与网络经营者订立合同,经营者委托物流公司,原则上似应被认定为赴偿,除非消费者另行选择快递物流服务提供者。其次,比较法上,即使消费者买卖为送付之债,也不意味着货交第一承运人即移转风险。《德国民法典》第 475 条第 2 款规定,消费者合同即使为送付之债,也自交付时移转风险,除非买受人委托(经营者未曾向其指定的)其他人运送,风险才自货交第一承运人时移转。[2] 最后,《消费者权益保护法》第 25 条还规定了 7 日无理由退货期,这可解释为消费者的任意撤回权,买受人行使该权利但退货途中标的物毁损灭失的,风险由经营者承担。

此外,影响合同目的实现的给付障碍或买受人迟延时,价金风险的移转也有其特则。

(二) 交付移转风险的正当性

关于买卖合同价金风险移转的时点,有合同缔结说、所有权移转说与标的物交付说之别。交付移转价金风险的正当性在于,交付后在买卖双方内部关系中,即以买受人为标的物经济利益之归属主体。

1. 价金风险移转的观点之争

罗马法上,买卖合同的风险自合同缔结时移转,而所有权让与以交

---

[1] 参见黄薇主编:《中华人民共和国民法典合同编释义》,法律出版社 2020 年版,第 334 页;最高人民法院民法典贯彻实施工作领导小组主编:《中华人民共和国民法典合同编理解与适用(二)》,人民法院出版社 2020 年版,第 877 页。反对观点,可参见徐建刚:《发送买卖的认定——兼论〈合同法〉第 145 条》,载《研究生法学》2015 年第 6 期。

[2] 但需注意,当事人约定为送付之债的消费者合同,并不会因交付移转风险即转变为赴偿之债,因为特定化的时间点仍以货交第一承运人为断,给付风险在此时移转。Vgl. Roland Michael Beckmann, Kommentar zum § 447, in: J. von Staudingers Kommentar zum Bürgerlichen Gesetzbuch, Berlin: Sellier-de Gruyter, 2013, Rn. 72.

付为前提。瑞士法继受了罗马法规则。自17世纪起,受胡果·格劳秀斯(Hugo Grotius)的影响,诸多法域以所有权移转作为买卖合同风险移转的时点,如法国、英国。而在19世纪商法法典化的潮流中,风险随所有权移转在商法领域被放弃,交付移转风险逐渐成为主流,德国、美国、《公约》均采此模式。[1]

(1)合同缔结说

罗马法上,买卖合同风险自合同缔结时移转。但古典时期,罗马法将事变分为不可抗力与通常事变(如盗窃)。买受人于合同缔结时承担的风险仅限前者。对后者出卖人则有担保义务。至优士丁尼时期,过错责任替代了出卖人担保义务,买受人应承担的风险范围得以扩张,不再限于不可抗力。[2]

瑞士法将罗马法的原则明文化,《瑞士债务法》第185条第1款规定,除有特定情况或契约另有约定外,买卖物的用益与风险,于合同缔结时移转。但种类物买卖的风险移转以特定化为前提。不过瑞士法上,合同缔结时并非物权变动时,动产所有权移转以交付为前提(《瑞士民法典》第714条第1款),不动产所有权取得须经登记(《瑞士民法典》第656条第1款)。因而,瑞士的买卖风险规则既未与交付挂钩,也未与所有权移转挂钩。然而在实务中,《瑞士债务法》第185条广受质疑,该条对瑞士最高法院的影响更是微乎其微。该条款的"原则—例外"设置在司法实践中被反转,法院通过扩张解释"特定情况或契约约定",通常以标的物交付买受人或承运人(代送买卖)作

---

〔1〕 Ingeborg Schwenzer ed., *Schlechtriem & Schwenzer: Commentary on the UN Convention on the International Sale of Goods(CISG)*, 4th ed., New York: Oxford University Press,2016, p. 951-954. 关于风险移转规则的历史演变,可参见 Günter Hager, Die Gefahrtragung beim Kauf, Frankfurt am Main: Alfred Metzner Verlag,1982, S. 38ff; Wolfgang Ernst, Kommentar zum §446, in: Historische-kritische Kommentar zum BGB, Band III, Tübingen: Mohr Siebeck, 2013, Rn 2ff.

〔2〕 Vgl. Wolfgang Ernst, Kommentar zum §446, in: Historische-kritische Kommentar zum BGB, Band III, Tübingen: Mohr Siebeck, 2013, Rn 2.

为风险移转的时点。[1]

（2）所有权移转说

风险随所有权移转的立法例，如2016年《法国民法典》第1196条、《意大利民法典》第1465条、旧《日本民法典》第534条（2020年施行的新法已删除该条）、英国《1979年货物买卖法》第20条第1款等，多区分特定物买卖与种类物买卖，前者的所有权与风险均自合同缔结时移转，后者的所有权与风险均自特定化时移转。[2] 但因这些立法例以特定物买卖为原型、种类物买卖为例外，也有将其归入合同缔结说者。[3] 不过就其本质而言，仍是将风险移转与所有权变动挂钩。在此模式之下，买卖风险规则仍是"事变由所有权人负担"的体现，合同法领域的风险负担并无独立意义。[4] 物权风险与合同风险、给付风险与价金风险的精细区分于此丧失用武之地。

主张风险随所有权移转的理由在于，风险应与利益一致。所有权是最完整的物权，买卖又以所有权让与为主要特征，仅在所有权让与后，始得由买受人承担价金风险。[5] 我国也有主张复活所有权主义者。[6] 但反对观点指出，风险与利益一致，并不等于风险与所有权一致，标的物在流通中产生的价值不次于其本身的价值。而且，所有权仅涉物权归属，合同风险则是标的物意外损失在双方内部的分配，物权

---

〔1〕 Ingeborg Schwenzer ed., *Schlechtriem & Schwenzer*: *Commentary on the UN Convention on the International Sale of Goods*(*CISG*), 4th ed., New York: Oxford University Press, 2016,p.952.

〔2〕 风险随所有权移转的个别立法例中，所有权移转时点并非合同缔结时而是交付时，如《捷克共和国与斯洛伐克民法典》第133(1)条与第590条，参见〔德〕克里斯蒂安·冯·巴尔、〔英〕埃里克·克莱夫主编：《欧洲私法的原则、定义与示范规则：欧洲示范民法典草案（全译本）》（第4卷），于庆生等译，法律出版社2014年版，第148页。

〔3〕 参见史尚宽：《债法各论》，中国政法大学出版社2000年版，第61页。

〔4〕 参见陈自强：《契约法讲义Ⅲ：契约违反与履行请求》，元照出版有限公司2015年版，第230页。

〔5〕 参见余延满：《货物所有权的移转与风险负担的比较法研究》，武汉大学出版社2002年版，第323页。

〔6〕 参见王轶：《论买卖合同标的物毁损、灭失的风险负担》，载《北京科技大学学报（社会科学版）》1999年第4期；王雪琴：《风险负担规则中的"交付主义"模式之质疑——以我国物权法与合同法的对接为切入点》，载《法商研究》2009年第4期。

归属并不能决定债之关系。[1] 更何况,所有权移转会涉及第三方利益,而价金风险仅与合同双方有关。[2]

(3)标的物交付说

标的物交付说之下,风险移转与所有权移转无关,仅以占有变动为断。比较法上有《德国民法典》第 446 条、《奥地利民法典》第 1064 条、第 1051 条、《美国统一商法典》第 2-509 条[3]、《公约》第 69 条[4]等。我国台湾地区"民法"第 373 条也采此说。值得关注的是,《日本民法典》(2017 年 6 月 2 日公布,2020 年 4 月 1 日施行)新规删除了第 534 条,从而放弃了所有权移转说,并于第 567 条明确采纳交付说。[5]

风险移转的具体规则,因交付与所有权让与的时间先后不同而需分别观察。

① 交付的同时让与所有权

于此情形,出卖人已完全履行,不生合同风险负担问题。因为,出卖人完全履行后,标的物毁损灭失与出卖人无关,价金请求权不再可能丧失[6],价金风险规则于此丧失意义。出卖人履约后,标的物毁损灭失涉及的风险,只可能是物权风险,而不会是合同风险。

② 已让与所有权但未交付

有观点认为,买受人既已取得所有权,"天灾归所有权人负担",理应由买受人负担风险。而且,"举轻以明重",占有让与可移转风险,所

---

[1] 参见最高人民法院民事审判第二庭编著:《最高人民法院关于买卖合同司法解释理解与适用》(第 2 版),人民法院出版社 2016 年版,第 193—194 页。
[2] 参见袁治杰:《〈联合国国际货物销售合同公约〉中的风险转移》,载《研究生法学》2004 年第 4 期。
[3] 也有学者认为,美国实质仍是所有权主义,因为交付也是所有权转移的绝对界限,参见余延满:《货物所有权的移转与风险负担的比较法研究》,武汉大学出版社 2002 年版,第 318 页。
[4] 《公约》拒绝把风险移转与合同缔结、所有权移转、运输成本的支付等相联系,参见李巍:《〈联合国国际货物销售合同公约〉评释》(第 2 版),法律出版社 2009 年版,第 291 页。
[5] 但不区分给付风险与价金风险,统一以交付作为移转时点。
[6] Vgl. Karl Larenz, Lehrbuch des Schuldrechts, Bd. 2. Besonderer Teil, Halbbd. 1, 13. Aufl., München: C. H. Beck, 1986, S.97.

有权让与更不待言。[1] 本书认为,风险与所有权让与无关,未交付者,价金风险不移转。此处并不适用"举轻以明重"规则,因为在买卖双方内部,经济地位的优劣并非以所有权外壳为断,享有对物用益的占有人经济地位可能更优。

③ 已交付但未让与所有权

这是价金风险移转的典型适用情形,如出卖人已交付但尚未让与所有权,利益与风险均归买受人。德国早期曾有观点将交付移转风险视为所有权让与移转风险的体现,并认为移转风险的交付须以所有权让与为目的,出卖人须完全履行己方义务,在买受人取得所有权之前风险不移转。[2] 当前的通说则认为,交付仅指占有移转,与所有权让与无关。在我国,依第598条之规定,出卖人负有两项义务,交付与所有权让与。本书认为,移转风险的交付应与出卖人的交付义务相关联,而该交付义务独立于所有权让与。[3]

唯应注意,无人占有之物,如沉船、无人占有的遗失物等,同样可作为买卖标的物,只是双方以明示或默示的合意,排除了出卖人的交付(占有让与)义务,通常合同成立时双方即合意移转所有权。[4] 出卖人的合同义务履行完毕,买受人应依约支付价款,不产生价金风险问题。

2. 交付移转价金风险的理由

价金风险的移转,以所有权移转说与标的物交付说为两极。交付移转风险的正当性论证,也多借助与所有权移转说的对比展开,有管领便利、交易安全、风险利益一致、经济利益归属、核心义务履行等各种论

---

[1] 相关争议,可参见黄茂荣:《买卖法》(增订版),中国政法大学出版社2002年版,第444页。

[2] 相关争议,可参见 Ernst Hellhammer, Die Bedeutung der "Übergabe" im §446 BGB, Robert Noske, Borna-Leipzig Großbetrieb für Dissertationsdruck, 1915, S. 11ff。类似观点,可参见江海、石冠彬:《论买卖合同风险负担规则——〈合同法〉第142条释评》,载《现代法学》2013年第5期。

[3] Vgl. Franz Vollmer, Die Bedeutung der "Übergabe" im §446 BGB, Buchdruckrei Max Danielewski Düren-Rhld., 1932, S. 40.

[4] 无人占有之动产,单纯物权合意即可移转所有权(不必交付),可参见〔德〕鲍尔、施蒂尔纳:《德国物权法》(下册),申卫星、王洪亮译,法律出版社2006年版,第382—383页。

点,也有综合运用其中两种或三种理由者。[1]

(1)管领便利

该论点认为,管领物的一方通常处于保护标的物免于受损的最有利地位。[2] 买受人因受领交付而使标的物处于自己的管领之下[3],从而更有能力采取必要的保护措施,避免风险的发生。[4] 而且,管领物的一方在处理保险方面也常处于更有利的地位。[5] 据此,交付移转风险的理由在于,交付导致占有移转,而占有人更便于管领标的物。

但问题在于,风险要求"不可归责",首先即包括不可抗力,既然非人力可控,就不得以便于管领为理由,令占有人承受根本不可控的风险。否则,风险以不可控为前提,风险负担又以谁更能控制标的物为标准,不免自相矛盾。[6] 而以管领物的一方更便于处理保险事宜,作为占有人承担价金风险的理由,则无法解释当事人未投保或意外事件不可保险时,为何仍以占有人为风险承担主体。[7]

(2)交易安全

该论点认为,以所有权让与作为风险移转的判准,必须首先确定所有权移转的时间,但所有权移转的判断难以把握且易生纠纷。为了维

---

[1] 综合说如宁红丽、耿艺:《合同法分则中的风险负担制度研究》,载吴汉东主编:《私法研究》(第3卷),中国政法大学出版社2003年版,第465页。

[2] Ingeborg Schwenzer ed., *Schlechtriem & Schwenzer*: Commentary on the UN Convention on the International Sale of Goods(CISG), 4th ed., New York: Oxford University Press, 2016, p. 988.

[3] Vgl. Fikentscher/Heinemann, Schuldrecht, 10. Aufl., Berlin: De Gruyter, 2006, S. 400.

[4] 参见最高人民法院民事审判第二庭编著:《最高人民法院关于买卖合同司法解释理解与适用》(第2版),人民法院出版社2016年版,第195页。

[5] 参见李巍:《〈联合国国际货物销售合同公约〉评释》(第2版),法律出版社2009年版,第303页。

[6] Vgl. Wilhelm Reinhardt, Gefahrtragungsregeln beim Kauf unter besonderer Berücksichtigung des Schuldrechtsmodernisierungsgesetzes, in: Holger Sutschet (hrsg.), Tradtion und Moderne – Schuldrecht und Arbeitsrecht nach der Schuldrechtsreform, Festschrift für Horst Ehmann zum 70. Geburtstag, Berlin: Duncker & Humblot, 2005, S. 137.

[7] 也有观点将不可保险事件排除在风险事件之外,如认为国家主权性质的干涉原则上不适用该风险移转规则,因其一般不可保险。但反对观点指出,是否可保险与风险移转规则无关,风险范围不应取决于保险行业承担风险的意愿。Ingeborg Schwenzer ed., *Schlechtriem & Schwenzer*: Commentary on the UN Convention on the International Sale of Goods(CISG), 4th ed., New York: Oxford University Press, 2016, p. 959.

护交易安全,风险负担的标准应清楚明确。交付的判断则更为直观,更容易满足交易安全的需要。[1] 国际贸易领域尤其如此,各国的所有权变动规则千差万别,所有权移转说将导致极大的法律不确定性。[2]

国际贸易中,交付说确实比所有权说更有利于法律的确定性。但在内国法,交易安全固然可辅助论证交付说的正当,但尚无法构成突破双务合同牵连性的决定性理由,尤其不足以论证,交付后标的物意外灭失时,出卖人的所有权让与义务因给付不能被排除,买受人的价金义务作为对待给付为何不同时归于消灭。

(3)风险利益一致

该论点认为,买卖合同中,风险负担与利益承受互为对应,同时随交付移转。[3] 随着占有的移转,合同追求的经济效果在本质上得以实现,买受人得对标的物为使用收益,且可对抗出卖人,出卖人的所有权只剩空壳。[4] 与之相应,买受人也应承受标的物的意外损失。交付后标的物意外灭失,即使出卖人尚未履行移转所有权义务(该义务也陷于不能),也不应再令其承受标的物的意外损失,因为自交付时标的物即已不再处于出卖人在经济上的处分领域。[5]

唯应注意,所有权移转说同样诉诸风险与利益一致解释其正当性,只不过在此观点看来,标的物利益的最终享有者是所有权人。而立基于风险利益一致论证交付移转风险者则认为,风险移转仅涉买卖双

---

[1] 参见最高人民法院民事审判第二庭编著:《最高人民法院关于买卖合同司法解释理解与适用》(第2版),人民法院出版社2016年版,第195页。

[2] Ingeborg Schwenzer ed., *Schlechtriem & Schwenzer: Commentary on the UN Convention on the International Sale of Goods(CISG)*, 4th ed., New York: Oxford University Press, 2016, p.952.

[3] 参见朱晓喆:《我国买卖合同风险负担规则的比较法困境——以〈买卖合同司法解释〉第11条、14条为例》,载《苏州大学学报(哲学社会科学版)》2013年第4期;最高人民法院民事审判第二庭编著:《最高人民法院关于买卖合同司法解释理解与适用》(第2版),人民法院出版社2016年版,第196页;黄茂荣:《买卖法》(增订版),中国政法大学出版社2002年版,第442页;田朗亮编著:《买卖合同纠纷裁判规则与案例适用(含最新买卖合同司法解释解读及案例)》(增订版),中国法制出版社2013年版,第15页。

[4] Vgl. Roland Michael Beckmann, Kommentar zum §446, in: J. von Staudingers Kommentar zum Bürgerlichen Gesetzbuch, Berlin: Sellier-de Gruyter, 2013, Rn.9.

[5] Vgl. Karl Larenz, Lehrbuch des Schuldrechts, Bd. 2. Besonderer Teil, Halbbd. 1, 13. Aufl., München: C. H. Beck, 1986, S.97.

方的内部关系,与第三人无关。在合同内部,物之用益权随交付移转于买受人(第630条、我国台湾地区"民法"第373条、《德国民法典》第446条),风险应随用益权一同移转。

(4)经济利益归属

该论点并不支持以"利益之所在即风险之所在"正当化交付移转风险,而是以"物主承担风险"解释交付说,只不过认为"物主"并不等于所有权人,而是物之(经济)交换价值的归属主体。[1] 在区分物之客观价值与经济价值(交换价值)的基础上,该观点指出,物之灭失导致的客观价值损害,由所有权人承受;但物之灭失导致的交换价值损失,则应由享受其经济价值者负担,该主体未必是所有权人。交付后买受人即取得了类似物权人的法律地位,该地位既可针对出卖人也可针对第三人。出卖人不仅丧失物之用益可能,不得向买受人主张所有物返还,且有义务不再处分标的物。此后出卖人的所有权仅具有保障价金请求权的功能。若标的物灭失,出卖人在经济层面所遭受的损失以价金数额为限,买受人的损失则是标的物在市场上可能具有的价值增值。据此,交付标明了买卖之经济效果在本质上得以实现的时间点,既然物在经济上归属于买受人,买受人就应承受标的物的意外经济损失,即仍应向出卖人支付价金。[2]

本书认为,该观点虽明确与风险利益一致理论撇清关联,但二者的论点内核并无本质差异,只是观察角度不同。该观点虽从"物主"概念入手,但以经济利益归属主体作为"物主",就仍然是以利益归属作为风险负担的判准。

---

[1] Vgl. Wilhelm Reinhart, Die Gefahrtragung beim Kauf, Berlin: Duncker & Humblot, 1998,S. 65ff.

[2] Vgl. Wilhelm Reinhardt, Gefahrtragungsregeln beim Kauf unter besonderer Berücksichtigung des Schuldrechtsmodernisierungsgesetzes, in: Holger Sutschet (hrsg.), Tradtion und Moderne – Schuldrecht und Arbeitsrecht nach der Schuldrechtsreform, Festschrift für Horst Ehmann zum 70. Geburtstag, Berlin: Duncker & Humblot, 2005, S. 138ff.

(5)核心义务履行

该观点认为,交付是买卖的核心给付行为[1],交付使标的物处于买受人保护之下,并同时进入其支配的危险范围。[2] 基于交付对出卖人义务履行的影响,该观点进而认为,买卖价金风险规则实为双务合同牵连性的推衍,而非牵连性的例外。理由在于,一经交付出卖人即完成核心给付义务,基于双务合同功能上的牵连性,买受人也应履行相应的价金义务。[3] 本书认为,该观点隐含的前提同样是,交付后买受人即取得标的物之经济利益归属,从而仍不妨将其视为风险利益一致理论的侧面论证。

综上,以管领便利立论可能导致悖论,而交易安全仅可作为交付移转风险的辅助理由。经济利益归属与核心义务履行两论点,实质是对风险利益一致的变相论证。据此,价金风险的移转同样奉行"利益之所在风险之所在"原则。在这一点上,所有权移转说与标的物交付说并无区别,只是二者对"利益享有者"的判断不同。所有权移转说以物法上的所有权作为合同关系中利益归属的判断标准,混淆了物权风险与合同风险。

3. 不动产买卖的价金风险

有观点认为,不动产买卖的价金风险应与动产区别对待,权利移转说较之交付说更可采,因为移转权利后即使尚未交付,不动产买卖的目的也已实现。[4] 旧《德国民法典》第 446 条第 2 款也曾就不动产买卖设置特别规范,以交付与所有权二者发生在先者,为价金风险移转的时点,2002 年债法改革时该条文被删除。

本书认为,占有物从而使用收益,与标的物为动产或不动产无关。

---

[1] Vgl. Wolfgang Ernst, Kommentar zum § 446, in: Historisch-kritische Kommentar zum BGB, Band Ⅲ, Tübingen: Mohr Siebeck, 2013, Rn 6.

[2] 参见史尚宽:《债法各论》,中国政法大学出版社 2000 年版,第 62 页。

[3] Vgl. Günter Hager, Die Gefahrtragung beim Kauf, Frankfurt am Main: Alfred Metzner Verlag,1982, S. 69.

[4] 参见邱聪智:《新订债法各论》(上),中国人民大学出版社 2006 年版,第 121、125 页。

不动产买卖同样以交付为用益权行使要件[1],所有权已移转但未交付时,出卖人仍得行使其用益权,买受人尚未取得标的物之用益权,也无法为事实上的使用收益,风险尚不应移转于买受人,除非当事人有特约。不动产买卖有如动产,亦应以交付为价金风险移转准据。[2]

依 2020 年《商品房买卖合同解释》第 8 条(修订前为第 11 条,内容无变化),房屋毁损灭失的风险,自"交付使用"时移转。[3] 汶川地震曾引发大量房屋风险负担诉讼,最高人民法院《关于处理涉及汶川地震相关案件适用法律问题的意见(二)》第 3 条又重申了上述规范。实务中,不动产的"交付使用"仅指占有移转[4],并不当然含有办理登记手续等因素。[5]

(三)现实交付与观念交付

交付在物权法与合同法中的意义并不相同。在物权法中,交付是动产物权变动的公示方式;在合同法中,交付则是合同的履行行为。公示的侧重点在于可识别的权利外观,履行行为关注的则是合同双方的内部关系。[6] 交付是出卖人主给付义务之一,独立于所有权让与义

---

[1] 有法院基于风险利益一致原则,以受领房屋交付的买受人已承担风险,即应享受利益为由,支持其执行异议,参见新疆维吾尔自治区高级人民法院民事判决书(2017)新民终 63 号。
[2] 参见崔建远主编:《合同法》(第 6 版),法律出版社 2016 年版,第 312 页。
[3] 2020 年《商品房买卖合同解释》第 8 条(修订前为第 11 条,内容无变化)之所以使用"交付使用"的措辞而未直接使用"交付",是因为编写者似乎认为,交付之于动产、不动产的表现方式不同。不动产方面,交付仅仅体现为登记,但房屋买卖的风险移转应取决于"占有移转",遂使用了"交付使用"表示房屋的占有移转,请参见最高人民法院民事审判第一庭编著:《最高人民法院关于审理商品房买卖合同纠纷案件司法解释的理解与适用》,人民法院出版社 2015 年版,第 141—143 页。由此观之,如果不是误将不动产交付等同于登记,那么,本不必绕道借用"交付使用"的表述,直接使用"交付"即可。
[4] 参见浙江省金华市中级人民法院民事判决书(2003)金中民一终字第 180 号。
[5] 参见高圣平:《地震所引发的按揭房贷问题之研究——法律无法承受之重》,载《社会科学战线》2008 年第 9 期;最高人民法院民事裁定书(2017)最高法民申第 339 号;四川省高级人民法院民事判决书(2016)川民终 887 号;福建省高级人民法院民事判决书(2016)闽民再 301 号。
[6] 参见李先波、陈思:《履约中的风险负担——以交付为视角》,载《时代法学》2009 年第 6 期。

务,同时也是价金风险移转的标志,不因标的物系动产或不动产而不同。

有疑问的是,移转风险之交付以现实交付为限,抑或涵括观念交付。对此问题的回答,又取决于如何解读交付移转风险的正当性。若以管领便利立论,合乎逻辑的立场是,将交付限于直接占有移转,而不包括交付替代。反之,若以风险利益一致立论,问题的关键即在于,观念交付是否满足用益移转的要求。

1. 现实交付

现实交付可移转价金风险并无争议。交付不必以让与所有权的意思为之,但须以履行买卖合同交付义务的意思为之。依其他原因的交付,如基于附从合同为一时之使用,或仅为检查而交付者,尚有未足。[1] 此外,交付应在约定的时间地点为之,但期限届至之前买受人受领的,风险同样移转。

现实交付的形态有:出卖人亲自将直接占有让与买受人,出卖人通过占有辅助人或占有媒介人向买受人(或其辅助人[2])移转直接占有,出卖人(非占有人)指示其供应商(直接占有人)向买受人交货,出卖人依约向买受人指定的第三人(如连锁买卖的后手)移转直接占有等。[3] 开放占有的标的物(如森林里的木材),买受人可自行行使对物支配的,双方达成占有让与合意即可。须自土地分离的标的物,分离时完成交付。[4] 房屋买卖,交付必要的钥匙即可,但交付备用钥匙尚有未足。[5] 实务中,出卖人向买受人发出书面交房通知、买受人在交房通知上签字等形式,也构成不动产的现实交付。[6]

---

[1] 参见史尚宽:《债法各论》,中国政法大学出版社 2000 年版,第 63 页。

[2] 参见北京市西城区人民法院民事判决书(2017)京 0102 民初 19879 号。

[3] Vgl. Harm Peter Westermann, Kommentar zum §446, in: Münchener Kommentar zum Bürgerlichen Gesetzbuch, 8. Aufl., München: C. H. Beck,2019, Rn. 7.

[4] Vgl. Roland Michael Beckmann, Kommentar zum §446, in: J. von Staudingers Kommentar zum Bürgerlichen Gesetzbuch, Berlin: Sellier-de Gruyter,2013, Rn. 21.

[5] Vgl. Roland Michael Beckmann, Kommentar zum §446, in: J. von Staudingers Kommentar zum Bürgerlichen Gesetzbuch, Berlin: Sellier-de Gruyter,2013, Rn. 20.

[6] 参见最高人民法院民事审判第一庭编著:《最高人民法院关于审理商品房买卖合同纠纷案件司法解释的理解与适用》,人民法院出版社 2015 年版,第 140 页。

2. 观念交付

动产买卖中,以观念交付代替现实交付,常同时伴随所有权的让与。于此,出卖人两项主给付义务均履行完毕,买受人必须支付价款,不产生合同风险问题。[1] 因此,仅在买受人尚未因观念交付成为所有权人时,才有必要讨论价金风险。[2]

(1)简易交付

合同订立前买受人已占有标的物者,除非另为约定,合同订立时即可认为已有交付,此即简易交付。简易交付可替代现实交付,并据此移转价金风险,因为买受人已经取得直接占有。替代现实交付须具备合意,当事人一方(特别是买受人)的意思尚有未足。[3] 不过该合意不妨默示为之,有疑义时推定有此合意。

代替现实交付之简易交付,同样须以履行合同交付义务的意思为之,但不以负载所有权让与意思为要。例如,甲将机械出租于乙,租期届满,双方签订买卖合同并合意以简易交付代替现实交付,但约定乙付清价款后再让与所有权。此例中,合同缔结的同时完成简易交付,买受人乙取得收益权,但尚未取得所有权,价金风险自简易交付时起移转。[4]

(2)占有改定

反对价金风险随占有改定移转的理由在于,买受人并未取得直接占有。[5] 本书认为,占有改定与现实交付时立即租回的情形并无本质区别,既然后者的风险自现实交付时移转,就没有理由否认前者的风险

---

〔1〕 Vgl. Harm Peter Westermann, Kommentar zum §446, in: Münchener Kommentar zum Bürgerlichen Gesetzbuch, 8. Aufl., München: C. H. Beck,2019, Rn. 7.

〔2〕 Vgl. Hans Brox, Die Gefahrtragung bei Untergang oder Verschlechterung der Kaufsache, Juristische Schulung 1975(1), S. 1ff.

〔3〕 参见黄茂荣:《买卖法》(增订版),中国政法大学出版社 2002 年版,第 446 页。

〔4〕 原《合同法》第 140 条(《民法典》予以删除)曾规定"标的物在订立合同之前已为买受人占有的,合同生效的时间为交付时间",该条为"填补性任意规范",即仅在当事人无特约时才适用。

〔5〕 参见王利明:《合同法研究(第三卷)》(第 2 版),中国人民大学出版社 2015 年版,第 95 页。

自占有改定时移转。更重要的是,占有改定之后的有形交付,并非基于买卖的交付,而是基于占有媒介关系的占有返还,如出卖人租回标的物情形,租期届满后出卖人所为的"现实交付"是基于租赁而非买卖。若以嗣后的现实交付判断价金风险,则无法回答基于其他法律关系的交付为何可作为买卖价金风险移转的判准。[1]

自风险利益一致的角度考量,占有改定得否移转价金风险的关键应在于,买受人是否取得标的物之经济上的收益权:若是,则由买受人承受价金风险,即使买受人未行使该权利也不生影响,因为他有权用益,物在经济上归属于他;若否,则即使所有权已随占有改定让与,出卖人仍有义务使买受人取得直接占有,在此之前风险不得移转,如出卖人继续为买受人保管标的物仅是出于修改标的物的需要。[2]

(3) 返还请求权让与以代交付

反对占有改定移转价金风险者,也反对返还请求权让与代替交付[3],面临的质疑也类似:返还请求权让与以代交付的合意达成,出卖人的交付义务就履行完毕,嗣后第三人向买受人移转直接占有,依据并不在买卖合同,而在买受人对第三人的返还请求权。[4] 若以买受人取得直接占有作为买卖价金风险移转的判准,同样无法回答,基于其他法律关系的直接占有让与,为何可移转买卖合同的价金风险。

得否以返还请求权让与的方式代替交付,在无明示合意时,应诉诸合同解释,买受人是否已取得标的物经济上的收益为关键因素。若是,如出卖人同时将与第三人的租赁合同转让于买受人,就应认为随着"经济上的用益让与"风险也移转。若否,则即使所有权随返还请求权

---

[1] Vgl. Franz Vollmer, Die Bedeutung der "Übergabe" im §446 BGB, Buchdruckrei Max Danielewski Düren-Rhld., 1932, S.63.

[2] 参见黄立主编:《民法债编各论》(上),中国政法大学出版社2003年版,第105页[杨芳贤]。

[3] 参见王利明:《合同法研究(第三卷)》(第2版),中国人民大学出版社2015年版,第95页。

[4] Vgl. Franz Vollmer, Die Bedeutung der "Übergabe" im §446 BGB, Buchdruckrei Max Danielewski Düren-Rhld., 1932, S.63.

让与而移转,价金风险也因尚未发生"经济上的用益让与"而不移转,需待买受人取得直接占有。[1]

"提取标的物的单证"之交付(第598条),性质上多属于返还请求权让与以代交付,是出卖人将向第三人请求提取标的物的债权让与买受人,以代替现实交付,最常见的是仓单和提单。[2] 其他单证和资料的交付,如商业发票、产品合格证、质量保证书、使用说明书、产品检疫书、产地证明、保修单、装箱单等,则无法产生代替交付的效力。[3] 出卖人通过保留单证来保留所有权,或不交付其他单证和资料[4],不影响价金风险的移转(第609条)。

综上,移转价金风险的交付,原则上指直接占有让与,买受人仅取得间接占有时,不仅须考察经济用益是否移转,还应斟酌双方是否具备以观念交付"代替"现实交付之合意,是否以履行买卖合同交付义务的意思为之。实务中,最高人民法院也认为观念交付可移转风险。[5]

四、风险移转效力的体系辐射

在合同法的整体框架中,价金风险移转还可能产生更广泛的体系效应:首先,风险以合同有效为前提,在合同无效或被撤销、附条件或待追认等情形,就需探讨本可移转风险的"交付",会产生怎样的体系影响。其次,给付障碍有可归责与不可归责之分,可能与标的物毁损灭失

---

[1] Vgl. Karl Larenz, Lehrbuch des Schuldrechts, Bd. 2. Besonderer Teil, Halbbd. 1, 13. Aufl., München: C. H. Beck, 1986, S. 98.
[2] 出卖人交付出库单,即完成交付义务,参见辽宁省大连市中级人民法院民事判决书(2014)大民三终字第411号。
[3] 《货权转移证明》不能使买受人取得提取货物的权利,参见最高人民法院民事判决书(2013)民提字第138号。
[4] 未交付合格证、使用说明书等产品技术资料及设计文件、监督检验证明等文件,不影响风险移转,参见广东省云浮市中级人民法院民事判决书(2014)云中法民二终字第123号;未交付车辆相关单证,不影响风险移转,参见重庆市第五中级人民法院民事判决书(2016)渝05民终7976号。
[5] 参见最高人民法院民事审判第一庭编著:《最高人民法院关于审理商品房买卖合同纠纷案件司法解释的理解与适用》,人民法院出版社2015年版,第144页。

有关,也可能是其他给付障碍,风险负担与给付障碍的适用关系仍可深掘。最后,买卖合同作为有偿合同的典型,对其他合同有参照价值,但买卖价金风险有其特殊之处,多大程度上可适用于其他合同也值得探讨。

(一) 合同效力与风险移转

1. 无效与风险移转

交付后买卖合同被确认无效或被撤销,应适用不当得利规则,买受人有义务返还标的物,出卖人有义务返还已收取的价金。争议在于,返还前标的物意外毁损灭失,由此产生的返还不能风险由谁承担。善意买受人是否有权主张得利不存在的抗辩,从而不必为价值补偿,仅在现存利益范围内负返还义务。

有观点主张,标的物意外灭失致返还不能,买受人可主张得利不存在的抗辩,但出卖人仅有义务返还价金与标的物价值的差额。若买受人尚未支付价金,则出卖人不得请求买受人再为支付,也不得请求买受人补偿价值[1],即先给付者自担风险。该观点的实质是,买受人已支付价金的,由买受人承担返还不能风险;买受人未支付价金的,则由出卖人承担该风险。

反对观点则认为,得利不存在的抗辩,仅限单方具有给付义务的情形。双务合同即使无效,也应将其风险规则纳入考量。[2] 据此,返还前标的物意外灭失,即使买受人尚未支付价金,也应类推风险移转规则,由已经取得占有的买受人负担返还不能风险,不得主张得利不存在的抗辩。

本书认为,即使是善意买受人也应承担返还不能风险。于此情形应类推交付移转风险规则,由买受人承受返还不能风险。但买受人欠缺行为能力的,不在此限。

---

[1] 参见黄立主编:《民法债编各论》(上),中国政法大学出版社 2003 年版,第 102 页〔杨芳贤〕。

[2] Vgl. Günter Hager, Die Gefahrtragung beim Kauf, Frankfurt am Main: Alfred Metzner Verlag, 1982, S. 198f.

2. 附条件与风险移转

(1)附延缓条件

有疑问的是,附延缓条件的买卖,标的物交付且意外灭失后条件成就的,价金风险是否以及何时移转。于此,出卖人的给付义务尚未产生标的物即已灭失,出卖人陷于给付不能。本书认为,该情形构成交付义务的提前履行,风险亦在交付时随占有与用益权同时移转,条件一旦成就,买受人即负担价金义务。[1] 又因交付时双方明知条件成就与否不确定,可推定双方(默示)约定条件成就具有溯及力。[2]

若条件确定不能成就,则买受人不必支付价金,因该义务不曾产生,返还义务也因客观不能而被排除[3],但买受人不得主张得利不存在的抗辩。[4] 附延缓条件的买受人受领交付时明知对物用益权可能自始消灭(权利不确定仍对物进行使用收益),应负担返还不能风险。

另外,待追认买卖与附延缓条件类似,可做相同处理。若被追认,追认前的交付即已产生风险移转的效力(追认的溯及力);若未被追认,则因无效而不产生合同风险问题。[5]

(2)附解除条件

附解除条件的买卖,若条件终局不能成就,价金风险自交付时移转。有疑问的是,标的物交付且意外灭失后解除条件成就,出卖人是否负担价金返还义务,买受人是否有义务为价值补偿。有观点认为,交付移转价金风险溯及既往地不适用,出卖人有义务返还价金,买受人不必

---

[1] Vgl. Karl Larenz, Lehrbuch des Schuldrechts, Bd. 2. Besonderer Teil, Halbbd. 1, 13. Aufl. , München: C. H. Beck, 1986, S. 99.

[2] Vgl. Harm Peter Westermann, Kommentar zum §446, in: Münchener Kommentar zum Bürgerlichen Gesetzbuch, 8. Aufl. , München: C. H. Beck,2019, Rn. 5-6. 关于条件成就的溯及力,可参见翟远见:《〈合同法〉第45条(附条件合同)评注》,载《法学家》2018年第5期。

[3] Vgl. Karl Larenz, Lehrbuch des Schuldrechts, Bd. 2. Besonderer Teil, Halbbd. 1, 13. Aufl. , München: C. H. Beck, 1986, S. 99.

[4] Vgl. Wilhelm Reinhart, Die Gefahrtragung beim Kauf, Berlin: Duncker & Humblot, 1998, S. 128.

[5] Vgl. Roland Michael Beckmann, Kommentar zum §446, in: J. von Staudingers Kommentar zum Bürgerlichen Gesetzbuch, Berlin: Sellier-de Gruyter,2013, Rn. 18.

进行价值补偿。[1] 反对观点则认为，买受人虽不必为价值补偿，但已因交付而取得用益权，风险应随交付移转，出卖人不必返还价金；但买受人尚未支付价金的，出卖人无权请求支付。[2]

本书认为，解除条件成就，合同关系消灭，价金义务也消灭，出卖人有义务返还价金，未收取的无权再请求支付。但在买受人是否负担价值补偿义务这一问题上，得类推交付移转风险规则，因买受人有权收取并保有条件成就之前的物之用益，基于风险利益一致原理，买受人也应承担返还不能风险。于此，行使任意解除权可与解除条件成就相同对待。

(3) 试用买卖

试用买卖虽可解释为附延缓条件，以买受人认可为支付价金的前提，但仍与典型的延缓条件不同。试用买卖与风险负担的交叉问题是，在买受人认可或拒绝前，标的物意外毁损灭失，买受人是否仍有权拒绝购买？若是，买受人是否负担价值补偿义务？试用买卖纯粹为买受人利益考量，条件成就与否完全取决于买受人意愿。因而，即使标的物意外灭失，买受人仍有权拒绝购买。而且，试用买卖的交付仅是暂时的占有移转，买受人拒绝后返还不能的风险也应由出卖人承担。[3]

(二) 给付障碍与风险移转

给付障碍可能体现为物之毁损灭失，不可归责的为风险，可归责的为违约。但不可抗力致标的物灭失，既是风险问题，也产生法定解除权，二者发生效力重叠。给付障碍还可能体现为毁损灭失之外的其他障碍，如权利瑕疵、物之其他瑕疵、给付迟延等。于此，(毁损灭失的)风

---

[1] Vgl. Harm Peter Westermann, Kommentar zum §446, in: Münchener Kommentar zum Bürgerlichen Gesetzbuch, 8. Aufl., München: C. H. Beck, 2019, Rn. 6.

[2] Vgl. Karl Larenz, Lehrbuch des Schuldrechts, Bd. 2. Besonderer Teil, Halbbd. 1, 13. Aufl., München: C. H. Beck, 1986, S. 100.

[3] Vgl. Wilhelm Reinhart, Die Gefahrtragung beim Kauf, Berlin: Duncker & Humblot, 1998, S. 46.

险负担与(其他给付障碍的)违约责任并行。风险负担不影响违约救济(第611条),但违约救济的行使可能对风险移转产生影响,尤其是给付障碍影响合同目的实现时,买受人一旦行使解除权,(经济)风险即跳回出卖人(如第610条)。买受人给付迟延或受领迟延的,即使标的物尚未交付,风险也移转(第605、608条)。

1. 给付不能与风险移转

(1)可归责的给付不能

依是否与标的物毁损灭失有关,可分为两类:其一,可归责的导致标的物灭失的给付不能;其二,可归责的与标的物毁损灭失无关的给付不能。第一种情形不属于风险,而是违约问题。第二种情形,即使标的物本身尚存,但所有权让与不再可能的,同样构成出卖人主给付义务的给付不能。唯因给付不能与标的物毁损灭失无关,故不影响价金风险的移转。另外,风险移转不影响违约救济(第611条)。

以不动产双重买卖为例,出卖人先向第一买受人移转占有,再向第二买受人让与所有权,嗣后标的物意外灭失的,第一买受人因受领交付承担价金风险,但违约救济不受影响,如解除权、损害赔偿请求权。若行使解除权,则价金义务被排除[1],返还不能风险由出卖人承担。若请求代偿让与或损害赔偿,则代替原定给付,相当于出卖人并未给付不能,排除风险规则。第二买受人则因未受领交付而不承受价金风险,且同时享有违约救济。

(2)不可归责的给付不能(意外灭失)

不可归责的给付不能,以不可抗力为典型。不可抗力致标的物灭失,一方面适用风险规则,另一方面又产生法定解除权(第563条第1款第1项)。关于二者关系,有一元论与并存论之争。一元论者或主张

---

[1] 买卖标的物有权利瑕疵,交付后标的物灭失(被第三人拖走),买受人解除合同的,排除价金义务,参见河南省禹州市人民法院民事判决书(2017)豫1081民初字第6650号。

合同解除排除风险负担[1],或主张风险负担排除合同解除[2]。并存论则主张二者得相竞合。[3]

本书认为,二者关系应区分风险移转前后的情况分别探讨。在风险移转前,出卖人因给付不能不必再为给付(第580条),买受人也不必支付价金。此时,仅主给付义务消灭,抑或合同整体消灭,容有讨论空间。[4]双方也可行使解除权,但解除的是主给付义务之外的其他义务,因主给付义务在解除时已消灭。风险移转后,风险规则排除不可抗力解除权,买受人仍有义务支付价金。[5] 原因在于,若风险移转后买受人仍享有解除权,就可借此逃避价款义务,规避风险负担。对此,实务中也有相应判例支持。[6] 但若认为解除后买受人仍有价值补偿义务,则与价金风险移转的实质效果类似(返还不能风险移转),二者也不妨并行。

(3)代偿请求权的影响

标的物灭失后有可能产生原物代偿,即在经济上代替给付标的之财产利益,可能体现为物(如保险金),也可能体现为权利(如保险金请求权)。我国实务认可代偿请求权,如房屋因地震灭失后的政府安置利益(政府补偿金),买受人可请求出卖人让与。[7] 标的物意外灭失但有原物代偿的,无论风险是否移转,买受人均有代偿请求权。

若买受人主张代偿请求权,因为原物代偿代替了原定给付,出卖人

---

[1] 参见崔建远:《风险负担规则之完善》,载《中州学刊》2018年第3期。
[2] 参见韩世远:《合同法总论》(第4版),法律出版社2018年版,第649页;谢鸿飞:《合同法学的新发展》,中国社会科学出版社2014年版,第433页。
[3] 参见周江洪:《风险负担规则与合同解除》,载《法学研究》2010年第1期。
[4] 参见陈自强:《契约法讲义III:契约违反与履行请求》,元照出版有限公司2015年版,第224页。
[5] 参见纪海龙:《买卖合同中的风险负担》,载王洪亮等主编:《中德私法研究(11):占有的基本理论》,北京大学出版社2015年版,第309页。
[6] 房屋交付后纳入拆迁范围的为风险问题,买受人解除权被排除,参见浙江省金华市中级人民法院民事判决书(2003)金中民一终字第180号。
[7] 参见四川省都江堰市中级人民法院民事判决书(2009)都江民初字第851号,载最高人民法院中国应用法学研究所编著:《人民法院案例选》2009年第10辑,中国法制出版社2010年版,第41—47页。

主张代偿让与,即相当于未发生给付不能,应负担相应的价金义务。[1]有观点进一步认为,若买受人放弃代偿请求权,则适用一般规则。故而,存在原物代偿的,须待买受人决定是否行使代偿请求权后,才能确定买受人的价金义务是否因风险移转而消灭。[2]

本书认为,代偿与风险的关系可区分三个阶段考量:其一,给付风险尚未移转时,因原给付无从陷于不能,不产生代偿问题;其二,给付风险移转后价金风险移转前,买受人可主张代偿请求权,但代偿利益低于对待给付的,对待给付应按比例减少;其三,价金风险移转后,买受人可主张代偿请求权,但无论代偿利益大小,买受人均须全额支付价款。

2. 瑕疵给付与风险移转

瑕疵有物之瑕疵与权利瑕疵之分,权利瑕疵得阻却种类之债的特定化,买受人有权拒收,若买受人未拒收则不影响风险移转。同时,权利瑕疵救济也不因风险移转而丧失。物是否具有瑕疵,则以价金风险移转时为断。下文所涉为物之瑕疵与风险移转的关系,区分交付前或交付后分别予以探讨。

(1) 交付(价金风险移转)前产生的瑕疵

物是否具有瑕疵,以价金风险移转时为断,即出卖人对交付前产生的瑕疵负责,即使该瑕疵在交付后才显现。交付前瑕疵标的物因其他原因意外毁损灭失的,因价金风险尚未移转于买受人,瑕疵责任与风险负担的关系隐而未现。有疑问的是,物之瑕疵产生于交付前,但交付后标的物因其他原因意外毁损灭失的,瑕疵责任与风险负担的关系如何:买受人是否仍应支付价款?是否应补偿瑕疵标的物价值?是否仍享有因之前瑕疵所生的救济?意外毁损灭失"之前"已经存在的物之瑕疵对风险负担的影响,因瑕疵是否影响合同目的而不同。

---

[1] 参见朱晓喆:《买卖之房屋因地震灭失的政府补偿金归属——刘国秀诉杨丽群房屋买卖合同纠纷案评释》,载《交大法学》2013 年第 2 期。
[2] Vgl. Dagmar Coester-Waltjen, Die Gegenleistungsgefahr, Jura 2007(2), S. 110ff.

① 影响合同目的之重大瑕疵

依第610条之规定,物之瑕疵影响合同目的实现的,买受人可拒绝接受标的物或解除合同,买受人行使拒收权或解除权的,标的物毁损灭失的风险由出卖人承担。据此,重大瑕疵情形,价金风险仍随交付移转。但即使受领交付,买受人也享有拒收权或解除权。[1] 而买受人一旦拒收标的物或者解除合同,即产生风险回转的法律效果,且具有溯及力。因为标的物有重大瑕疵的,买受人即使受领交付也无法使用收益,从而也不应承受因物之瑕疵引发的不利益。

但回转至出卖人的"风险"因买受人行使解除权或拒收权而不同。

买受人行使解除权时,"风险由出卖人承担"意味着:首先,买受人不必再负担价金义务,形象的说法是风险"跳回"出卖人。但在法理层面,合同解除后价金义务即消灭,无所谓价金风险,更谈不上"跳回"。只是在经济效果上,相当于价金风险回转至出卖人。其次,返还不能风险也由出卖人承担。[2] 买受人虽有返还瑕疵标的物的义务,但返还前标的物意外毁损灭失的,不必为价值补偿。此外,买受人请求返还价金与损害赔偿的请求权也不受影响(第566条)。

买受人行使拒收权时,"风险由出卖人承担"首先可区分特定买卖与种类买卖分别观察:对于特定买卖,价金风险自始回转至出卖人,不因交付而移转,嗣后标的物意外毁损灭失的,出卖人无权请求买受人支付价款。对于种类买卖,买受人因重大瑕疵而行使拒收权,给付风险不移转于买受人,也就不产生价金风险问题。但无论是特定买卖还是种类买卖,买受人请求补正瑕疵(第582条)或损害赔偿的,即应履行相应的价金义务,此与风险无关,是合同履行问题。其次,"风险由出卖人承担"还意味着返还不能风险由出卖人承担[3],买受人不必为价值补偿。

---

[1] 参见吴志忠:《试论国际货物买卖中的风险转移》,载《中南财经政法大学学报》2002年第6期。
[2] 参见刘洋:《根本违约对风险负担的影响——以〈合同法〉第148条的解释论为中心》,载《华东政法大学学报》2016年第6期。
[3] 参见王利明:《合同法研究(第三卷)》(第2版),中国人民大学出版社2015年版,第103页。

买受人认可瑕疵标的物的,视同放弃拒收权与解除权[1],自交付时终局承担价金风险。即使嗣后标的物因其他原因意外毁损灭失,买受人也应全额支付价款,但瑕疵救济不受影响(第611条)。[2] 补正履行期间出现新的瑕疵,则风险"跳回"出卖人[3],即使该物仍在买受人处,或出卖人可证明无此瑕疵仍会毁损灭失的也不例外。瑕疵被补正后又在补正期间因其他原因意外毁损灭失的,价金风险仍由买受人承担,即使物在出卖人处。[4]

② 不影响合同目的的轻微瑕疵

物之瑕疵不影响合同目的实现的,不妨碍风险规则的适用,依第610条之反面解释,买受人无权拒收或解除。[5] 价金风险随交付移转,嗣后标的物意外毁损灭失的,买受人仍应支付价金,但因之前瑕疵所产生的救济不受影响。[6] 实务中最高人民法院也认为,物之瑕疵不影响合同目的实现的,不影响价金风险的移转,但买受人仍可要求出卖人承担违约责任。[7]

---

[1] 买受人提货前已发现严重质量问题仍然提货,不得主张解除,参见浙江省台州市中级人民法院民事判决书(2013)浙台商终字第512号。买受人接受超过保质期的饲料即承受价金风险,但仍可请求出卖人赔偿饲料瑕疵损害,参见湖南省怀化市中级人民法院民事判决书(2015)怀中民二终字第110号。

[2] 仅限修理(之前的瑕疵)、减少价款(因之前瑕疵而产生的价值减损)或赔偿(之前瑕疵所生损害),第582条之更换、重作、退货等权利因与拒收、解除效果叠加,买受人同意受领后即不得再行使。若嗣后意外灭失的,则瑕疵补正(修理)也不再可能,从而只能请求减少价款或进行赔偿。

[3] 就种类买卖而言,"跳回"的是给付风险,因瑕疵阻却特定化。

[4] Vgl. Heinrich Honsell(hrsg.): Kommentar zum UN-Kaufrecht, 2. Aufl., Berlin Heidelberg: Springer, 2010, Art. 70 (Schönle/Th. Koller), Rn. 19f.

[5] 房屋排水管漏水、窗口边渗水、伸缩缝有砖墙未拆等问题,并非房屋主体结构质量不合格或因质量问题严重影响正常居住的情况,仅属于房屋质量保修范围内的瑕疵,买受人无权因上述理由拒收房屋,参见广西壮族自治区高级人民法院民事判决书(2013)桂民提字第190号。

[6] 仅限修理(之前的瑕疵)、减少价款(因之前瑕疵而产生的价值减损)或赔偿(之前瑕疵所生损害)。若嗣后意外灭失的,则瑕疵补正(修理)也不再可能,只能请求减少价款或进行赔偿。

[7] 参见最高人民法院民事审判第二庭编著:《最高人民法院关于买卖合同司法解释理解与适用》(第2版),人民法院出版社2016年版,第224页。

(2)交付(价金风险移转)后产生的毁损

物是否具有瑕疵以交付时为断,由此引发的问题是,交付后产生的可归责于出卖人的物之毁损,其法律后果如何？交付前可归责于出卖人的物之瑕疵,违反的是交付无瑕疵标的物之义务。交付后可归责于出卖人的物之毁损,违反的则是附随义务,常同时构成侵权,似应适用违约责任的一般规则(第577条)或侵权责任规则。

但本书认为,交付后的物之毁损与交付前的物之瑕疵,在物理样态上并无区别。所以,对交付后物之毁损的"补救措施"之解释(第577条),可参照第582条。若交付后产生的可归责毁损足以影响合同目的,也可类推适用第610条之拒收权或解除权。据此,二者的法律效果不妨同等对待,对风险负担的影响亦同。

3. 给付迟延与风险移转

(1)出卖人迟延

给付迟延中发生的不可抗力不能免责(第590条第2款),债务人须对迟延中的意外负责。具体到买卖合同,出卖人迟延交付,在迟延期间标的物意外毁损灭失的,成立违约责任,不适用风险规则。不过,《德国民法典》第287条第2句但书规定,即使及时履行也不能避免的除外,于此特殊情形回归风险规则。

出卖人虽迟延但仍交付的,嗣后标的物意外毁损灭失,不影响价金风险的移转。[1] 出卖人按时交付,但迟延履行其他义务(如所有权让与义务),迟延期间标的物意外毁损灭失的,同样不影响价金风险的移转。[2] 价金风险也不影响迟延救济。给付迟延致合同目的无法实现的,买受人可解除合同(第563条第1款第4项)。买受人一旦行使解除权,价金义务即消灭,且返还不能风险由出卖人承担。

---

〔1〕 虽然出卖人迟延交货,但风险仍自实际交付时移转,参见山西省长治市中级人民法院民事判决书(2014)长民终字第01396号。
〔2〕 买受人已取得房屋占有,但出卖人未及时履行过户登记手续,其间发生汶川地震,迟延履行过户登记不影响价金风险的移转,参见最高人民法院民事裁定书(2017)最高法民申第339号、四川省高级人民法院民事判决书(2016)川民终887号。

（2）买受人迟延

买受人迟延包括给付迟延（价金义务）与受领迟延。买受人受领迟延的,价金风险自此时移转（《民法典》第605、608条,2020年《商品房买卖合同解释》第8条第2款第2分句）。因买受人受领障碍出卖人提存标的物的,自提存时价金风险移转（第573条）。买受人迟延支付价金,出卖人享有先履行抗辩权或同时履行抗辩权的,也属于"因买受人的原因致使标的物未按照约定的期限交付的"情形（第605条）,自买受人迟延时价金风险移转。[1] 此外,买受人迟延支付价款,经催告后在合理期间内仍未履行的,出卖人有权解除合同（第563条第1款第3项）;若解除前标的物已经交付,返还不能风险由买受人承担。[2]

以上情形价金风险移转的正当性在于,若非买受人迟延或受领障碍,出卖人已为获得价金而履行了己方义务,因而应使出卖人处于如同买受人未曾迟延或发生受领障碍的地位。此外,因价金风险以给付风险的移转为前提,所以,买受人迟延或受领障碍也导致给付风险的移转。不过,风险移转仍以标的物特定化为前提。

唯应注意,依《德国民法典》第300条第1款,债权人迟延期间,债务人仅对故意或重大过失负责,即债务人轻过失导致的毁损灭失也属于风险范畴。我国无此规则,仅规定了守约方的减损义务（第591条）。若借鉴德国规则,此处的减损义务或可限缩解释为以"故意或重大过失"为要。[3]

4. 情事变更与风险负担

战争、灾害、暴动、罢工、征用、政府行为等,被视为无争议的情事变更事由,而这些事件也可能构成风险。虽然情事变更也具有风险分配

---

〔1〕 买受人拒不支付剩余货款,致使提货不成,因长期存放导致羽绒服霉烂、蓬松度下降的风险,自该日起由买受人承担,参见浙江省台州市中级人民法院民事判决书（2013）浙台商终字第512号。

〔2〕 参见黄立主编:《民法债编各论》（上）,中国政法大学出版社2003年版,第102页〔杨芳贤〕。

〔3〕 有法院认为,定作人（债权人）逾期提货,并不能减轻承揽人（债务人）的妥善保管义务,参见浙江省湖州市中级人民法院民事判决书（2015）浙湖商终字第10号。

的功能,但在规范适用上,风险规则排除情事变更。原因在于,情事变更系合同与任意规范均未为安排时,借助法官自由裁量进行的风险分配,目的在于填补规范漏洞[1],而风险规则是确定的权利义务规则。

(三)有偿合同的参照适用

买卖合同是双务合同的典型,在其他合同无特别规定之处,应参照买卖合同规则(第646条)。由此观之,买卖风险规则似应类推适用于其他双务合同。但第604条实为买卖所独有,系为买卖量身打造,是对待给付风险移转的例外规范,参照适用须谨慎为之。[2] 实务中,也有法院明确指出,买卖风险规则并非有偿合同的普适规范。[3]

本条无法一般性地适用于其他有偿合同[4],而仅对与买卖有实质相似性的合同具有参照价值,可纳入考量的为互易、权利买卖与承揽。[5] 互易合同,双方的主给付义务与出卖人相同,应参照买卖规则(第647条),包括风险移转。互易常体现为特定物交换特定物,双方的给付风险均在合同成立时移转,对待给付风险则自交付时移转。

权利买卖(《民法典》未特别规定)作为有偿合同之一种,得否参照买卖风险规则,取决于作为买卖标的之权利有无占有权能。以具占有权能的权利为标的者,出卖人负担标的物交付义务,风险负担应与买卖相同,如停车位使用权之买卖。其他标的之买卖,在得依类似交付的行为取得处分权的限度内,也可准用本条,如完全有价证券。[6] 无体权

---

〔1〕 参见陈自强:《契约法讲义Ⅲ:契约违反与履行请求》,元照出版有限公司2015年版,第342页。
〔2〕 参见谢鸿飞:《合同法学的新发展》,中国社会科学出版社2014年版,第431页。
〔3〕 参见江苏省苏州市中级人民法院民事判决书(2015)苏中民终字第01274号。
〔4〕 如不适用于车辆租赁合同,参见北京市第一中级人民法院民事判决书(2018)京01民终3037号、北京市门头沟区人民法院民事判决书(2016)京0109民初5026号;不适用于经销合同,参见陕西省榆林市中级人民法院民事判决书(2018)陕08民终124号。
〔5〕 有法院认为,进出口代理合同风险负担也应参照买卖规则,参见山东省高级人民法院民事判决书(2016)鲁民终2385号。
〔6〕 参见黄立主编:《民法债编各论》(上),中国政法大学出版社2003年版,第101、115页〔杨芳贤〕。

利之买卖则与物之买卖不同,让与合意达成权利即移转,利益及风险也同时归权利人享有或负担。[1]

承揽风险负担的一般规则是,承揽人承担价金风险,直至工作被验收之时(定作人受领并承认标的物符合约定)。但若承揽以交付待制作或待生产的动产为内容,则更接近买卖,可参照买卖规则[2],价金风险自交付(占有移转)时移转。[3] 不过,定作人同时负担安装调试义务的,自安装调试完成并经定作人验收后,价金风险始移转。[4] 至于定作人提供的材料意外毁损灭失的,则并非价金风险,而是物权风险,应由所有权人(定作人)承担。

五、举证分配

(一)一般规则

首先应明确,买卖纠纷中,风险移转时标的物存在且符合约定,恒由出卖人举证。[5] 具体而言,出卖人主张价款支付请求权时,由出卖人承担标的物符合约定之举证负担。买受人主张标的物与约定不符时,则仅需证明合理检验期内检验时(第620条)存在不符[6],即推定交付时瑕疵已存在,除非出卖人可反证推翻,即仍应由出卖人证明标的

---

[1] 参见邱聪智:《新订债法各论》(上),中国人民大学出版社2006年版,第119页。

[2] 建设菜棚之承揽合同的价金风险参照适用本条,参见甘肃省崇信县人民法院民事判决书(2017)甘0823民初417号。

[3] Vgl. Dagmar Coester-Waltjen, Die Gegenleistungsgefahr, Jura 2007(2), S. 110ff.

[4] 买卖合同中,出卖人有安装义务的,安装完毕之前风险同样不移转,参见杭州市杭余区人民法院民事判决书(2014)杭余塘商初字第472号;甘肃省武威市中级人民法院民事判决书(2014)武中民终字第153号(电梯购销)。

[5] Vgl. Heinrich Honsell(hrsg.): Kommentar zum UN-Kaufrecht, 2. Aufl., Berlin Heidelberg: Springer, 2010, Art. 66 (Schönle/Th. Koller), Rn. 36, 40.

[6] 买受人未在合理检验期内提出异议的,标的物在交付前即存在瑕疵的举证负担由买受人承担,参见山东省潍坊市中级人民法院民事判决书(2012)潍商终字第470号;要求买受人举证证明交付前瑕疵即存在的判决,可参见天津市第一中级人民法院民事判决书(2018)津01民终2493号。

物具备约定的品质。[1] 同理,标的物灭失情形,若买受人未收到标的物,即推定出卖人未交付。

当事人对义务履行时间与顺序无特约时,涉及风险时的举证分配规则可区分灭失与毁损分别归纳。

1. 标的物意外灭失

买受人请求出卖人交付标的物,只需证明合同有效成立即可。出卖人拒绝交付的,则需证明标的物已交付(义务已经履行),或给付风险已移转(如标的物已特定化,且灭失不可归责于己方)。出卖人请求买受人支付价金,需证明合同有效成立,且标的物已交付[2],从而说明交付时标的物尚存在,灭失发生在价金风险移转之后。若为观念交付,出卖人还需证明双方存在以观念交付替代现实交付的合意,以及买受人因观念交付而取得用益权。

2. 标的物意外毁损

买受人请求出卖人补正履行或减少价款,需证明合同有效成立,检验之时标的物品质与约定不符。若举证成功,即推定交付(价金风险移转)时不符即存在。出卖人拒绝的,则需证明交付时标的物品质符合约定(价金风险移转后的毁损推定不可归责于出卖人)。若出卖人证明价金风险移转时标的物品质符合约定,则可拒绝补正履行或减少价款。若买受人证明标的物毁损可归责于出卖人,则排除风险规则的适用。

出卖人请求买受人支付价款,需证明合同有效成立,标的物已交付(观念交付的举证分配与灭失情形相同)。买受人拒绝全额支付,只需证明检验之时标的物已毁损(即推定交付时毁损已存在)。出卖人反证证明交付时标的物品质符合约定的,则买受人仍须全额支付价款。

---

[1] 买受人春耕时发现购买的种苗腐烂,请求出卖人承担瑕疵责任,出卖人未能反证证明销售时种苗检验合格,即应承担瑕疵责任,参见甘肃省定西市中级人民法院民事判决书(2015)定中民三终字第110号;保修期内出现质量瑕疵,汽车产品质量是否合格的证据应由销售方承担举证责任,参见重庆市第二中级人民法院民事判决书(2010)渝二中法民终字第405号。

[2] 出卖人未能证明标的物已交付的,风险移转的主张不被支持,参见四川省德阳市中级人民法院民事判决书(2014)德民三终字第92号。

(二)特别规则

1. 适用范围特则

本条为买卖价金风险负担的一般规则,适用于赴偿买卖与往取买卖,代送买卖有其特则。影响合同目的实现的给付障碍与买受人迟延也有其特则。主张适用例外规则者,需证明例外情形的存在。此外,本条为任意规范,主张双方另有明示或默示特约者,承担举证义务。互易合同得参照本条,举证分配亦然。其他双务合同的对待给付风险,则不可一般性地参照本条,除非主张方可举证证明该合同与买卖在风险负担方面具有实质相似性。

2. 合同效力特则

买卖合同被确认无效或被撤销时,标的物已交付的,返还不能风险由买受人承担。出卖人请求返还标的物或补偿价值的,需证明合同无效,标的物已交付。买受人拒绝补偿价值的,则需证明标的物毁损灭失可归责于出卖人。

附延缓条件的买卖,交付后条件成就的,价金风险溯及至交付时移转。其间标的物意外毁损灭失,买受人仍应支付价款。出卖人请求支付价金,需证明标的物已提前交付,条件已成就。条件确定不能成就的,返还不能风险由买受人承担。出卖人请求返还标的物或补偿价值,需证明条件确定不能成就,标的物已交付。待追认买卖与附延缓条件之举证分配类似。

附解除条件的买卖,标的物交付后条件成就的,买受人有义务返还标的物。其间标的物意外毁损灭失,返还不能风险由买受人承担。出卖人请求返还标的物或补偿价值,需证明标的物已交付,解除条件成就。条件确定不能成就的,与正常的买卖无异。

试用买卖,在买受人表示认可或拒绝前,标的物意外毁损灭失,买受人仍有权拒绝购买,返还不能风险由出卖人承担。出卖人请求买受人返还,需证明已交付且买受人拒绝购买。买受人拒绝返还,只需证明标的物毁损或灭失(推定不可归责于买受人)。出卖人进而请求价值补偿的,则须证明标的物毁损或灭失可归责于买受人。

3. 给付障碍特则

标的物意外毁损灭失导致的给付障碍为风险。不可抗力致标的物灭失,既适用风险规则,也产生法定解除权。但交付后价金风险移转,即使不可抗力致标的物灭失,也是买受人应承受的风险,排除买受人解除权。出卖人请求买受人支付价金的,证明合同有效成立,标的物已交付即可。

意外毁损灭失之外的其他给付障碍,如权利瑕疵、给付迟延、物之其他瑕疵等,风险规则与违约责任并行。价金风险移转不影响违约救济。若其他给付障碍未达影响合同目的实现之程度,违约救济也不影响价金风险。出卖人依风险移转规则请求买受人支付价款的,举证负担与一般规则无异。买受人主张违约救济的,需证明相应要件的具备。

其他给付障碍影响合同目的实现,买受人行使解除权的,"(经济)风险"回转至出卖人。解除后返还前标的物意外毁损灭失,价金义务因解除而消灭,返还不能风险由出卖人承担。买受人行使拒收权的,返还不能风险由出卖人承担,且特定买卖的"价金风险"自始回溯至出卖人,种类买卖的给付风险不移转。出卖人请求支付价款,需证明合同有效成立,标的物已交付。买受人拒绝支付,需证明检验时标的物有重大瑕疵(从而推定交付时即具有该瑕疵,除非出卖人可反证交付时标的物品质符合约定),且已行使解除权或拒收权。出卖人进而请求买受人返还标的物或补偿价值的,买受人只需证明标的物毁损或灭失(推定不可归责于买受人)即可抗辩。

下篇

请求权基础实例

请求权基础的方法阐释与体系梳理均以个案的法律适用为落脚点。也只有在个案中,才能呈现出请求权基础方法与法教义学、规范解释、规范续造的细节关联。本书下篇即选取四则具有代表性的实例,运用请求权基础方法做鉴定式案例解析,在个案适用中展现请求权方法的各项细节。

滥用代理权案,重在检视合同效力。本案对照请求权基础检视的攻防结构,将合同效力的检视思路拆解为合同成立、合同效力未发生的抗辩、合同效力已消灭的抗辩三个步骤。另外,该案兼及滥用代理权规则的漏洞认定与类推续造(第九章)。

多级转租房屋案中,一个请求权人对数个相对人为请求。因此,本案请求权基础检视须增加一个先导步骤,即对相对人进行排序,并在此基础上,针对每位相对人预选的复数请求权基础分别排序,再逐步分析所涉的合同、占有返还、不当得利、共同侵权等单项请求权(第十章)。

玻璃娃娃案中,主体仍是一对多。研习本案重在突出规范解释在请求权基础分析中的关键意义。本案分析以对《民法典》第1188条的合理化解释为前提,探寻未成年人责任能力的解释路径,并检视未成年人致害情形针对未成年人及其监护人的具体请求权基础(第十一章)。

错误出生案,展示的是多人关系中多数请求权基础的分析路径。母亲、父亲与缺陷儿都可能向医院与医生提起损害赔偿主张,可能的路径为合同或侵权。合同路径下,难点在于附保护第三人作用的合同在请求权基础分析中的运用。侵权路径下,重点在于生育自决权与缺陷儿健康缺陷的请求权保护路径找寻(第十二章)。

第九章　滥用代理权案

一、案情与问题

2021年3月16日,甲自乙处借款220万元,借款期限为2021年3月16日至2021年5月16日,丙为保证人。

同日,甲、乙、丙三方书面约定,若甲未能按期还款,丙代其偿还借款后,有权以甲之代理人的身份出售涉案房屋,并以房屋价款抵偿其代甲偿还的借款。

次日,甲向丙出具了代理权授予证书,载明:"房屋出售的相关事宜,包括但不限于签订买卖合同、房屋过户登记、收取价金等均全权授权丙代理甲为之,期限自2021年5月17日起至代理事宜完成为止。"

2021年5月17日,甲未按期偿还借款,丙代其偿还。

2021年6月9日,丙代理甲就涉案房屋与丁签订房屋买卖合同,价款为220万元。

2021年6月23日,丙收到全部房款后,为丁办理了过户登记,并交付房屋。

经查,2021年5月至6月,该房屋的市场价格约为860万元。

现,甲主张涉案房屋买卖合同无效。

请问:

1. 甲的主张应否得到支持?
2. 若丙与丁恶意串通,又当如何?

二、合同效力的检视思路

请求权基础的检视通常可分为请求权成立、请求权未消灭与请求权可行使三个阶段。其中,请求权成立阶段又需分别检视请求权积极成立要件与权利阻却抗辩(权利未发生的抗辩),因而这一过程不妨细化为四个阶段:其一,积极成立要件;其二,权利未发生的抗辩;其三,权利已消灭的抗辩;其四,权利可行使的抗辩。其中,积极成立要件应由请求权人举证,各类抗辩则应由相对人举证。由此可见,与"请求—对抗"的检视逻辑相呼应,举证分配规则是影响请求权基础检视程式的关键因素。

就合同效力的判断而言,同样应取向于举证负担的分配。立基于私法自治,合同当奉行"有效推定"思路,即已经成立的合同推定为有效,对此提出质疑者负担举证之责。[1] 主张合同有效者,仅须证明合同成立,即存在合意,而各类效力瑕疵事由则应由反对方举证。类推请求权基础检视程式,合同效力瑕疵事由也可析分为,合同效力未发生的抗辩与合同效力已消灭的抗辩。

据此,合同效力的判断须依次检视:其一,合同成立(存在合意);其二,合同效力未发生的抗辩;其三,合同效力已消灭的抗辩。其中,合同效力未发生的抗辩包括:无行为能力、违反形式强制、违反强制规定、违反善良风俗、附延缓条件且条件未成就,以及欠缺主管权限导致合同效力待定而未得追认等抗辩事由。合同效力已消灭的抗辩则涉及:具备可撤销事由且行使撤销权、合意废止、附解除条件且条件成就等抗辩事由。

本案中,各方当事人间的法律关系,以确定丙代理甲与丁签订之房屋买卖合同的效力为前提,下文的讨论亦集中于此。

---

[1] 参见朱庆育:《民法总论》(第2版),北京大学出版社2016年版,第119、121页。由此涉及的法律行为之成立与生效的区分问题,请参见同书第115—122页。

三、滥用代理权情形之合同效力

如上所述,合同效力的检视,分三个阶段:其一,合同是否成立;其二,是否存在合同效力未发生的抗辩;其三,是否存在合同效力已消灭的抗辩。若合同不成立,则不必进入后两个阶段的检视。若合同成立,而存在效力未发生的抗辩,通常即不必检视是否存在效力已消灭的抗辩。若合同成立,且不存在效力未发生的抗辩,则仍须检视是否存在效力已消灭的抗辩。

(一) 合同是否成立

由案情可知,丙代理甲与丁签订房屋买卖合同,合同成立。

(二) 是否存在合同效力未发生的抗辩

本案中,丙代理甲与丁签订房屋买卖合同的行为,虽然在代理权授予证书的授权事项之内,但合同价款却几乎仅为市场价的1/4,由此产生的问题是,丙的行为是否构成代理权滥用,从而导致合同效力瑕疵。于此,以厘清代理权滥用之效力与判准为前提。

1. 代理权滥用与无权代理

代理权限的范围取决于外部的代理权授予关系,而非被代理人与代理人的内部关系。代理权授予的无因性,可能导致代理权范围远广于内部约定,即"可为"(rechtliche Können)超出"应为"(rechtliche Dürfen),但交易相对方对代理权限的信赖仅以外部"可为"为断。如果代理人超越外部授权关系所确定的权限范围,则构成无权代理无疑。而若代理人在外部授权关系所确定的权限范围内行事(可为),却违反了与被代理人之内部关系所确定的义务(应为),则并非无权代理,由此产生的"代理权滥用"风险当由被代理人承受,交易相对方并无探知被代理人与代理人之内部关系的义务。

但相对方并非任何情形下均值得保护,如代理人违反了内部义务约束而相对人明知时,即丧失其保护必要性,从而不应维持有权代理之效力。继而产生的问题是,滥用代理权所为之法律行为的效力如何。

2. 代理权滥用之规范适用

就滥用代理权所为之法律行为的效力,我国实证法中并无明确规则,但就代理人责任有可适用的规范。

(1) 代理人责任规则

《民法典》第 164 条第 1 款规定:"代理人不履行或者不完全履行职责,造成被代理人损害的,应当承担民事责任。"

代理权授予行为本身不产生义务约束,代理人"职责"来自基础关系,上述规范所规定者,实为代理人违反内部义务的责任问题,至于代理行为的效力,则未予规范,由该项规范本身无法得出滥用代理权所订立之合同无效的结论。不过,上述规范却隐含了"代理人不得违反职责"的禁止性规定,属于强制规定,因而,还须考量此类法律行为是否因违反强制规定而无效。

(2) 违反强制规定无效?

可据以判断合同违反强制规定无效的规范依据是《民法典》第 153 条第 1 款:"违反法律、行政法规的强制性规定的民事法律行为无效。但是,该强制性规定不导致该民事法律行为无效的除外。"

可以确定的是,违反强制规定并非一律导致法律行为无效。但如何认定某项强制规定是否足以引发法律行为无效的后果,原最高人民法院《关于适用〈中华人民共和国合同法〉若干问题的解释(二)》(已废止)第 14 条("强制性规定"是指效力性强制性规定)与《民法典》第 153 条第 1 款的进路看似并不相同:前者以判断规范性质为前提,即首先需确认某项强制规定是否为"效力性强制性规定",只有回答为肯定时,才可据以进一步认定违反该项规范的法律行为无效;后者则径行推定违反强制规定的法律行为无效,即以无效为原则,除非"该强制性规定不导致该民事法律行为无效"。

然而，上述两种进路均无法为违反强制规定的无效提供确定性判准。无论"效力性强制性规定"，还是"该强制性规定不导致该民事法律行为无效"，均属于同义反复：前者所表达的只是，如果某项强制规定将导致有所违反的合同无效，那么违反该规定的合同无效[1]；后者所表达的也仅限于，如果某项强制规定不导致有所违反的法律行为无效，那么该法律行为不因而无效。

更可靠的判准，毋宁在于强制规定的规范意旨[2]，须借助法律解释探寻。《民法典》第164条第1款的规范目的，在于保护被代理人，救济其因代理人违反内部约束而遭受的不利，此之救济首先体现为代理人应承担的内部责任。但是否进一步导致代理行为之效力瑕疵，则须分情况讨论：

在代理人既违反内部约束，又超越外部授权时，适用无权代理的一般规则，即代理行为效力待定，由被代理人决定追认与否。那么，在代理人仅违反内部约束，而未超越外部授权时，相对人的地位不应较之前种情形更不利，换言之，自体系解释的角度而言，后者情形之代理行为效力不应弱于效力待定，被认定为无效。据此，《民法典》第164条第1款，虽然隐含了代理人不得违反内部约束的禁令，但却并非可以导致对其有所违反之法律行为无效的强制规定。从而，代理权滥用并不因违反强制规定而无效。

如上文所述，就外部关系而言，代理权滥用仍属有权代理，相对人没有义务考察代理人与被代理人的内部关系，代理人违反内部约定者，应承担内部责任。但在相对人无信赖保护必要之情形，仅代理人的内部赔偿不足以保护被代理人，不应继续维持有权代理之效力，而应以何制度否认其效力，以及否认至何种程度，仍有不同的解决思路，以下分别检讨。

---

[1] 参见朱庆育：《〈合同法〉第52条第5项评注》，载《法学家》2016年第3期。
[2] 同上注。

(3)有权代理,但相对人缔约过失?

在此观点之下,代理人虽违反内部约束,但仍为有权代理,若相对人有过失的与此类代理人缔结合同,即应承担缔约过失责任,使被代理人处于如同未缔结合同的状态。反对观点则指出,若如此,滥用代理权之行为效力将取决于相对方是否具有过失,[1]而于此情形,不应将相对人过失纳入考量,因为被代理人之所以有救济需要,并非因为相对人有过失,而是因为相对人丧失了其信赖基础,其实质并非过失归责问题,[2]而是代理权滥用风险在被代理人与相对人间如何分配的问题。本书以为,虽然代理权滥用引发效力瑕疵情形,有可能成立缔约过失责任,但对代理权滥用的效力判断,不应以成立缔约过失为前提。

(4)有权代理,但应类推无权代理规则?

早期德国判例认为,在恶意相对人基于滥用代理权合同提出请求权时,被代理人享有恶意抗辩权。后来发展为基于诚信的权利滥用原则。于此,代理人虽滥用代理权,形式上却仍为有权代理,只是基于诚信原则[3],相对人不得援用代理权,被代理人可对其提出禁止权利滥用抗辩,相对方应处于如同代理人无代理权的地位,从而应类推无权代理规则,由被代理人决定是否追认。[4] 在被代理人提出抗辩之时,也同时表达了拒绝追认之意思。但反对观点指出,诉诸权利滥用抗辩的解决思路已经溢出代理法之外,应在代理法中寻找答案。[5]

---

[1] Vgl. Eberhard Schiken, Kommentar zum § 167, in: J. von Staudingers Kommentar zum Bürgerlichen Gesetzbuch, Berlin: Sellier-de Gruyter, 2014, Rn. 102.

[2] Vgl. Eberhard Schiken, Kommentar zum § 167, J. von Staudingers Kommentar zum Bürgerlichen Gesetzbuch, Berlin: Sellier-de Gruyter, 2014, Rn. 104 e).

[3] 诚信原则同样是强制规定,但不能直接以违反诚信原则这一强制规范,作为认定法律行为无效的理由,因为法律原则无明确的构成要件与法律后果,导致法律行为无效的强制规范应限于具体规则,否则法律行为无效制度有可能被无度滥用。

[4] Vgl. Wolf/Neuner, Allgemeiner Teil des Bürgerlichen Rechts, 11. Aufl., München: C. H. Beck,2016, S. 622.

[5] Vgl. Werner Flume, Allgemeiner Teil des Bürgerlichen Rechts, 2. Band, 4. Aufl., Berlin Heidelberg: Springer, 1992, S. 789.

(5)突破无因性,适用无权代理规则

代理权滥用产生自内部关系与外部授权的分离,二者分离旨在保护相对人的善意信赖(交易安全),代理权滥用的风险由被代理人承担,但是,在相对人无应受保护的信赖之处,即应突破代理权授予的无因性,转由相对人承担相应风险。于此,内部约束即产生外部效力,从而,此类行为即不再属于有权代理,应适用无权代理规则[1],代理行为效力待定。[2]

本书以为,虽然权利滥用抗辩类推无权代理规则,与突破代理权抽象性直接适用无权代理规则在结论上并无不同,但在代理法内部寻求解决路径或许更为可取。既然代理权抽象性意在保护相对人,即应止于相对人丧失信赖基础之处。在代理权滥用而相对人恶意情形,应突破代理权之抽象性,使此类法律行为落入无权代理的适用范围,由被代理人决定其法律命运。

关于无权代理,《民法典》第171条第1款规定:"行为人没有代理权、超越代理权或者代理权终止后,仍然实施代理行为,未经被代理人追认的,对被代理人不发生效力。"

3. 代理权滥用之认定标准

(1)相对人方面

无疑义的是,相对人明知代理人滥用时,丧失信赖基础,无保护必要。有疑问的则是,在明知之外,还有哪些情形下相对人不值得保护。德国较早的判例以相对人轻过失违反(注意)义务为已足,之后的判例则要求至少具备重大过失,最近的判决则越来越取向于无关过失程度的客观标准,即代理权滥用是否"显而易见"。[3]

无论采轻过失标准还是重大过失标准,实质都为第三人设定了调

---

[1] 参见史尚宽:《民法总论》,中国政法大学出版社2000年版,第538页;王泽鉴:《民法总则》,北京大学出版社2009年版,第439页。

[2] 就法定代理而言,因被代理人无追认能力,此类行为不生效力。

[3] Vgl. Claudia Schubert, Kommentar zum §164, in: Münchener Kommentar zum BGB, 8. Aufl., München: C. H. Beck, 2018, Rn. 220.

查内部关系,乃至探究被代理人真实利益的义务[1],以相对人违反(注意)义务为前提。因而问题即在于,相对人是否有义务审查代理人是否滥用代理权。代理权的抽象性服务于交易安全,目的即在于阻隔内部关系与外部授权,保护相对人对外部授权的信赖,而若课予相对方信息审查义务,代理权授予的独立性即丧失意义。[2] 代理权滥用行为是否对被代理人不生效力,仅取决于相对人是否丧失信赖基础,而于此所涉并非相对方的义务违反,不能以责任立论,只能诉诸代理权滥用在客观上是否显而易见。

所谓"显而易见",要求代理人以明显可疑的方式行使代理权,以至于"理性"相对人无法不产生重大怀疑。满足上述要求者,相对人大多对其不知代理权滥用具有重大过失,因轻过失而不知者,不足以构成显而易见。[3] 就此而言,采客观标准与重大过失标准,在结论上似乎并无差别。但客观上是否显而易见采"理性人"标准,并不意味着可以"打开后门",引入过失或重大过失标准。[4] 于此所涉只是对相对人之信赖保护的限制,而非对相对人的过失归责,二者的判断基准完全不同。

(2)代理人方面

代理人方面,首先要求客观上存在不当使用代理权之行为。可能表现为违反内部关系的明确约束,也可能是违反诚信原则衍生的忠实义务。有疑义的是,代理人对其不当行为是否应有所意识。有观点认为,仅在代理人有意识的滥用代理权时,才可能引发效力瑕疵。[5] 但反对观点指出,代理权滥用规则,实质是在相对人不值得保护之处,突

---

[1] 参见[德]迪特尔·梅迪库斯:《德国民法总论》,邵建东译,法律出版社2001年版,第729页。

[2] Vgl. Werner Flume, Allgemeiner Teil des Bürgerlichen Rechts, 2. Band, 4. Aufl., Berlin Heidelberg: Springer, 1992, S. 789f.

[3] Vgl. Reinhard Bork, Allgemeiner Teil des Bürgerlichen Gesetzbuchs, 4. Aufl., Tübingen: Mohr Siebeck, 2016, Rn. 1579.

[4] Vgl. Werner Flume, Allgemeiner Teil des Bürgerlichen Rechts, 2. Band, 4. Aufl., Berlin Heidelberg: Springer, 1992, S. 790.

[5] Vgl. Enneccerus/Nipperdey, Allgemeiner Teil des Bürgerlichen Rechts, 14. Aufl., 2. Halbband., Tübingen: Mohr Siebeck, 1952, S. 789.

破代理权外部关系与内部关系的分离,而第三人是否有保护必要,仅以第三人为断[1],与代理人的主观状态无关,无论代理人故意、明知或因过失而不知自己滥用代理权,均不生影响。[2]虽然很难想象存在这样的情形,即代理权滥用对相对人显而易见,代理人对此却无所意识,但这并不意味着,代理人的主观状态是构成代理权滥用的前提。本书从之。

(3)被代理人方面

还有学者指出,应将被代理人也纳入考量,若被代理人未为通常交易所要求的监管,则产生被代理人容忍并允许代理人行为的表象,从而代理权滥用行为即欠缺"显见性",代理权范围也不应因此受到限制[3],代理权滥用之风险仍由被代理人承受。然而问题在于,存在代理权滥用之处,通常也意味着被代理人未为适当监管,如此一来,代理权滥用规则即丧失意义。本书以为,代理权滥用规则仅以相对人是否有保护必要为断,在相对人丧失信赖基础而不值得保护之处,即不应继续维持有权代理之效力,即使被代理人未为适当监管,也仅得使其负担缔约过失等责任。

4. 涉案合同之效力检视

如上所述,代理权滥用规则的适用前提,是相对人明知代理权滥用事由,或对相对人而言存在客观上显而易见的代理权滥用行为。本案中,代理人丙之行为,虽然没有违反基础关系的明确约定,但因价款明显过低,违反了内部约束的诚信要求,对此,虽无法证明相对人丁为明知,但足以认定丙之行为明显有悖于被代理人甲的客观利益,属于客观

---

[1] Vgl. Reinhard Bork, Allgemeiner Teil des Bürgerlichen Gesetzbuchs, 4. Aufl., Tübingen: Mohr Siebeck, 2016, Rn. 1582.

[2] 参见[德]迪特尔·梅迪库斯:《德国民法总论》,邵建东译,法律出版社2001年版,第730页;[德]卡尔·拉伦茨:《德国民法通论》(下册),王晓晔等译,法律出版社2003年版,第835页。但对于法定代理权等不受限制的代理权限,则要求代理人有意识(而非有过失)地滥用代理权,参见 Medicus/Petersen, Bürgerliches Recht, 26. Aufl., München: Franz Vahlen, 2017, Rn. 117。

[3] Vgl. Medicus/Petersen, Bürgerliches Recht, 26. Aufl., München: Franz Vahlen, 2017, Rn. 118.

上"显而易见"的代理权滥用行为。于此,当突破代理权授予之抽象性,丙之代理权受到限制,适用无权代理规则(《民法典》第171条第1款),涉案房屋买卖合同效力待定,但因甲嗣后主张合同无效,当解释为拒绝追认,从而该合同应被认定为无效。

(三) 是否存在合同效力已消灭的抗辩

既然合同无效,原则上即不必再检视是否存在效力消灭事由,但因为存在无效法律行为的可撤销性[1],仍有必要检视是否存在可撤销事由,不过本案中并不存在相关事由。

(四) 小结

代理人丙滥用代理权,以极不合理的低价出售房屋,且在客观上对相对人丁而言显而易见,应适用无权代理规则,由被代理人甲决定是否追认涉案房屋买卖合同,而甲主张合同无效,应解释为拒绝追认,合同无效,甲的主张应当得到支持。

四、恶意串通情形之合同效力

如上所述,合同效力的检视,分三个阶段:其一,合同是否成立;其二,是否存在合同效力未发生的抗辩;其三,是否存在合同效力已消灭的抗辩。

(一) 合同是否成立

本案中,丙代理甲与丁签订房屋买卖合同,合同成立。

(二) 是否存在合同效力未发生的抗辩

于此需检讨的是,丙与丁恶意串通,是否会导致房屋买卖合同效力瑕疵,其间关键在于,是否存在相应的规范基础。

---

[1] 参见朱庆育:《民法总论》(第2版),北京大学出版社2016年版,第322—324页。

1. 恶意串通无效规则？

直接规定恶意串通导致合同无效的规范是《民法典》第 154 条："行为人与相对人恶意串通,损害他人合法权益的民事法律行为无效。"

但上述规范无法适用于本案,原因在于:一则,上述规范所规定者,限于法律行为双方当事人之间的恶意串通,而本案中,恶意串通者为代理人与相对人,代理人丙显然并非合同当事方;二则,上述规范中的受损方,为法律行为之外的第三方,而本案中,因代理人与相对人串通而受损者,并非第三人,而是合同一方主体甲。

不过,代理人与相对人恶意串通,仍为法律所禁止,须考量的是,该禁令是否足以导致此类法律行为无效。

2. 代理人与相对人恶意串通禁令？

直接就代理人与相对人恶意串通予以规范的是《民法典》第 164 条第 2 款:"代理人和相对人恶意串通,损害被代理人合法权益的,代理人和相对人应当承担连带责任。"

上述规范所规定者,实为代理人与相对人恶意串通时的责任问题,至于代理行为的效力,则未予规范,由规范本身无法得出此类代理行为无效的结论。不过,上述规范却隐含了代理人不得与相对人恶意串通损害被代理人利益的禁止性规定,属于强制规定,因而,还须考量涉案买卖房屋合同是否因违反强制规定而无效。如上文所述,强制规定是否导致有所违反的法律行为无效,应诉诸强制规定的规范意旨。

3. 悖俗无效规则？

对于代理人与相对人串通之代理行为,德国判例最初以恶意抗辩权否认其效力,之后逐渐发展为,以违反善良风俗为由认定其无效[1],后者成为德国主流学说。我国《民法典》第 153 条第 2 款也规定:"违背公序良俗的民事法律行为无效。"恶意串通,当属违背善良风俗,因而无效。

---

〔1〕 Vgl. Mathias Schmoeckel, Kommentar zum §§ 164-181, in: Historische-kritische Kommentar zum BGB, Band I, Tübingen: Mohr Siebeck, 2003, Rn. 25.

但善良风俗条款作为一般条款,在适用上当具有次位性,以无其他可适用的规范为前提,禁止向一般条款逃避。否则,诸如受诈欺、受胁迫、危难被乘等法律行为,将同样因违背善良风俗而无效,不仅法律行为效力瑕疵的类型化被悬置,区分不同的瑕疵事由也丧失意义。更重要的是,此种代理法之外的解决路径,超出了规范目的。[1] 一方面,如上文所述,不当使用代理权之行为效力的认定,并非归责问题,而是风险分配,不以相对人的主观状态为断,而仅取决于相对人是否具备信赖基础,换言之,相对人的主观恶性,不应影响行为效力的认定,而只能诉诸责任承担规则。另一方面,既然于此情形应受保护的是被代理人,交由被代理人决定此类法律行为的效力,更符合被代理人利益。

4. 无权代理规则

《民法典》第 164 条第 2 款意在保护被代理人,使其免受代理人与相对人恶意串通的不利。自事理而言,在不存在恶意串通而代理权滥用显而易见时,适用无权代理规则,行为效力待定。那么,在存在恶意串通之处,相对人的恶性更甚,法律行为的效力瑕疵似应更严重,即采无效规则。但于此受损者仅为被代理人,与他方无涉,交由被代理人判断,更符合其利益状态,不必禁止被代理人接受此类法律行为。[2] 本书以为,在代理人与相对人恶意串通情形中,仍应适用代理权滥用的一般规则,即令其突破代理权授予的抽象性,落入无权代理之适用范围。

5. 涉案合同之效力检视

本案中,代理人丙与相对人丁恶意串通,仍应适用代理权滥用的一般规则,突破代理权授予的抽象性,内部约束产生外部效力,适用无权代理规则(《民法典》第 171 条第 1 款),涉案买卖合同效力待定,因被代理人甲主张合同无效而视同拒绝追认,合同终局无效。

---

[1] Vgl. Reinhard Bork, Allgemeiner Teil des Bürgerlichen Gesetzbuchs, 4. Aufl., Tübingen: Mohr Siebeck, 2016, Rn. 1575.

[2] 参见朱庆育:《民法总论》(第 2 版),北京大学出版社 2016 年版,第 352 页。

（三）是否存在合同效力已消灭的抗辩

同上文，无效行为仍可撤销，仅须检视可撤销事由，本案中并不存在。

（四）小结

代理人丙与相对人丁恶意串通时，相对人丁丧失信赖基础，无保护必要，适用无权代理规则，涉案房屋买卖合同效力待定，由被代理人甲决定是否追认。因甲否定合同效力，而应解释为拒绝追认，合同无效。

五、结论

代理权范围原则上仅以外部授权关系为断，相对人不负担审查代理人与被代理人内部关系的义务，代理权被滥用的风险应由被代理人承受。但在代理权滥用为相对人明知或在客观上如此显而易见，以致任何理性相对人不得不产生重大怀疑时，相对人即丧失对外部授权的信赖基础，从而丧失保护必要性。换言之，相对人没有理由认为此之代理仍为有权代理，被代理人不必承受行为效力，应适用无权代理规则。至于相对人与代理人恶意串通的情形，虽然相对人的保护必要性更弱，但其主观恶意导致的不利仅得诉诸责任规范，代理行为的命运仍应交由被代理人判断，由其决定是否追认。

就本案而言，无论相对人丁是否与代理人丙恶意串通，丙之行为均构成显而易见的代理权滥用，均应适用无权代理规则，依《民法典》第171条第1款，涉案房屋买卖合同在两种情形下均为效力待定，且因被代理人甲拒绝承认合同效力（拒绝追认）而终局无效。

第十章　多级转租房屋案

一、案情与问题

2017年3月8日,鲍某与史某签订房屋租赁合同,约定史某承租鲍某所有的房屋一间,租期为2017年3月8日至2019年3月8日,租金每月4000元,并于当天交付房屋。

2017年4月1日,史某将该房屋转租于胡某,转租合同约定,租期为2017年4月1日至2018年3月31日,租金每月5000元,并于当天交付房屋。

因租金大涨,2017年9月20日,胡某又将该房屋转租于陈某,转租合同约定,租期为2017年9月20日至2018年3月31日,租金每月9000元。当天交付房屋后,胡某承诺到期可续租。

经查,鲍某与史某、史某与胡某的租赁合同均约定,租赁期内可转租,且胡某与陈某对转租及转租期限均知情。另,史某、胡某与陈某未曾拖欠租金。

2018年3月31日,陈某向胡某表达了再续租1年的意愿,胡某同意后,双方当日签订书面合同,约定租期为2018年4月1日至2019年3月31日。

2018年4月1日,胡某向史某发出续租要约,但史某不同意,并表示要立即收回房屋。胡某与陈某则拒绝返还。[1]

请问:若以《民法典》为依据,史某是否可实现收回房屋的目的？返还请求可能对应哪些规范基础?

简析:在本案中,史某(主承租人)提出返还请求时(2018年4月1日),陈某(最终承租人)为直接占有人,基于与胡某(中间承租人)的续租合同[2],为胡某媒介占有,因而,胡某为间接占有人。但此时,胡某作为中间承租人的租期已满,对主承租人史某而言,胡某为无权间接占有人,陈某为无权直接占有人。史某的目的在于收回房屋,即重新取得对房屋的直接占有,因此,下文首先检视史某对直接占有人陈某的请求。另外,史某与胡某间存在租赁合同,且胡某虽为间接占有人,但仍有可能取得直接占有,因而,还应检视史某对胡某的请求。[3]

---

〔1〕 本章案情改编自浙江省湖州市中级人民法院民事判决书(2010)浙湖民终字第305号所涉案件。

〔2〕 就未经同意之转租合同的效力,若根据2009年原最高人民法院《关于审理城镇房屋租赁合同纠纷案件具体应用法律若干问题的解释》第15条之规定,似乎应认定为无效,请参见最高人民法院民事审判第一庭编著:《最高人民法院关于审理城镇房屋租赁合同纠纷案件司法解释的理解与适用》,人民法院出版社2016年版,第207页。但若以《民法典》第717条的规定推论,未经同意之转租似应解释为仅在转租人与次承租人之间有效,但不得对抗上级出租人。本书认为,该解释路径值得赞同。原因在于:其一,租赁合同为负担行为,不以处分权为前提,转租合同无论是否取得上级出租人同意,均不影响其效力,只不过基于债的相对性,未经同意的转租,次承租人对租赁物的占有使用虽得对抗转租人,但对上级出租人而言欠缺正当权源。其二,如此解释与《民法典》第716条、第723条相符。根据《民法典》第716条第2款,未经同意的转租,仅使上级出租人有权解除与转租人的租赁合同,而不涉及转租合同本身的效力。就转租合同而言,上级出租人为第三人,根据《民法典》第723条第1款,因第三人(如上级出租人)主张权利,致使承租人不能实现租赁权者,承租人可以要求减少租金或不支付租金,换言之,若转租未经同意,次承租人可以请求转租人承担违约责任,而违约责任以合同有效为前提,若将转租合同认定为无效,则次承租人原本可主张的违约责任落空,只能诉诸缔约过失责任。其三,比较法上,《德国民法典》第540条第1款第1句规定,未经出租人许可,承租人无权将租赁物交给第三人使用,尤其无权将租赁物转租。但该项规范并不能作为转租合同无效的依据,而仅意味着次承租人基于转租合同取得的权益不得对抗上级出租人,转租合同的效力与上级出租人的许可、上级租赁合同的存续均无关,请参见 Bieber, Kommentar zum § 540, in: Münchener Kommentar zum Bürgerlichen Gesetzbuch, 8. Aufl., München: C. H. Beck, 2020, Rn. 22. 据此,未经同意的转租合同在转租人与次承租人之间仍为有效,但次承租人基于此合同取得的权益不得对抗上级出租人。本案中,胡某与陈某之续租合同在双方当事人间有效,但基于债的相对性,陈某、胡某基于该合同所取得的权益不得对抗史某(对史某而言并无正当权源)。

〔3〕 检视思路方面,基于史某的合同相对人为胡某,以合同关系优先为切入点,也可首先检视史某对胡某的请求,再检视史某对陈某的请求。

二、史某对陈某的请求

(一) 请求权基础预选

首先,就合同层面而言,陈某虽与胡某签订了租赁合同,但史某并非上述转租合同的当事方,无论史某是否同意转租,基于债的相对性,史某与最终承租人陈某之间均不存在合同关系,因而合同请求权排除。

其次,租赁房屋的返还涉及占有关系,因此,似有必要检讨史某得否以《民法典》第462条第1款第1分句"占有的不动产或者动产被侵占的,占有人有权请求返还原物"为依据,请求陈某返还房屋。

再次,自2018年4月1日起,陈某相对于史某而言成为无权占有人,可探讨的是,陈某是否构成不当得利,从而应根据《民法典》第122条"因他人没有法律根据,取得不当利益,受损失的人有权请求其返还不当利益"的规定返还房屋于史某。

最后,还应检视陈某的无权占有是否构成对史某的侵权,但陈某的占有之所以无正当权源,是因为其上级占有人胡某欠缺正当权源,因而,应检视者为胡某、陈某是否构成共同侵权,对此,本书拟于史某对胡某的请求部分一并检视。

以下先行检视史某对陈某的占有返还请求权(《民法典》第462条第1款第1分句)与不当得利返还请求权(《民法典》第122条)。

(二) 史某对陈某的占有返还请求权

假设史某得根据《民法典》第462条第1款第1分句"占有的不动产或者动产被侵占的,占有人有权请求返还原物"的规定,请求陈某返还房屋。

若史某得为此请求,则须请求权成立、未消灭且可行使。请求权成立部分,应检视成立要件与权利阻却抗辩(权利未产生的抗辩)。请求权未消灭部分,应检视权利消灭抗辩。请求权可行使部分,则应检视权利阻止抗辩(抗辩权)。

1. 请求权是否成立

(1)成立要件

占有返还请求权,是针对占有侵夺而设的占有保护请求权,以回复占有为其内容。具体而言,占有返还请求权应满足以下要件:其一,请求权人曾为占有人;其二,请求权人因占有侵夺而丧失占有;其三,相对人为瑕疵占有人。需要注意的是,占有侵夺人与相对人(瑕疵占有人)未必同一,如甲侵夺乙之占有后死亡,那么甲之继承人为瑕疵占有人,负担占有返还义务,而若甲将占有让与知情的丙,则丙为瑕疵占有人。

① 史某是否曾为占有人

于此,应使用历史方法进行检视。

2017年3月8日,史某自鲍某处承租房屋,取得直接占有。2017年4月1日,史某将房屋转租并交付于胡某,胡某取得直接占有,史某成为胡某的上级占有人(间接占有人)。2017年9月20日,胡某将房屋转租并交付于陈某,陈某取得直接占有,胡某为陈某的上级占有人(间接占有人),史某则为胡某的上级占有人(二级间接占有人),直至2018年3月31日。

由上述分析可知,史某的身份经历了直接占有人、间接占有人、二级间接占有人的转变。而占有返还请求权之权利主体不限于直接占有人,也包括间接占有人,只不过间接占有人得请求者仅为回复间接占有。第一项要件满足。

② 史某是否因占有侵夺而丧失占有

如上文分析,2017年4月1日,史某将房屋转租于胡某,史某基于自己的意思从直接占有人转变为间接占有人,不存在占有侵夺事由。2018年4月1日,史某拒绝了胡某的续租要约,且胡某拒绝返还房屋,史某与胡某间的占有媒介关系消灭,导致史某丧失间接占有,问题因而在于,于此是否存在占有侵夺行为。

占有侵夺,是以法律禁止的私力(verbotene Eigenmacht)排除占有人对物的事实管领,即未经法律许可且非基于占有人意思的占有剥夺。本案中有疑问的是,胡某之间接占有的丧失是否因占有侵夺导致。

占有侵夺针对直接占有实施,而由间接占有的性质决定,间接占有是否被侵夺只能以其下级直接占有是否被侵夺为断。本案中,直接占有人(陈某)与二级间接占有人(史某)通过中间间接占有人(胡某)形成占有链条,因而史某、胡某是否遭受占有侵夺,均应以陈某是否遭受占有侵夺为断,而陈某显然未遭受占有侵夺。史某之所以丧失间接占有,恰是因为其下级占有人胡某、陈某未按期返还房屋所致。因而,问题即集中于,上级占有人与下级占有人之间的占有侵夺如何认定。

在直接占有人与间接占有人的相互关系中,若间接占有人非经法律许可且非基于直接占有人的意思侵夺直接占有,则直接占有人可对间接占有人主张占有返还。但间接占有人无论在何种情形下均不享有针对直接占有人的占有返还请求权,原因在于,后者之直接占有的取得系基于间接占有人的意思,而已经取得的占有的持续不构成占有侵夺。[1] 以借用关系为例,即使借用期满,借用人(直接占有人)拒绝返还,也不构成对出借人(间接占有人)的占有侵夺,借用人仍是直接占有人,出借人可诉诸债务不履行、所有权保护或不当得利制度,但不得以间接占有人的身份针对直接占有人行使占有返还请求权。同理,占有链条关系中,各层级的下级占有人拒绝向各层级的上级间接占有人返还占有,并不构成占有侵夺。本案中,胡某最初取得占有,系基于史某的同意,且胡某将房屋转租于陈某(直接占有人)也是基于史某的同意,胡某、陈某已经取得的占有的持续,不构成对史某的占有侵夺。

综上,史某并非因占有侵夺而丧失占有,第二项要件不满足。

---

[1] 详细论述,请参见吴香香:《〈物权法〉第245条评注》,载《法学家》2016年第4期。

③ 陈某是否为瑕疵占有人

因第二项要件不满足,不必再检视。

唯应注意,瑕疵占有不等于无权占有,占有是否具有瑕疵,仅以是否实施了法律禁止的私力为断,而与是否享有占有本权无关。一方面,即使是本权人,若通过禁止的私力取得占有,也是瑕疵占有人。如租赁期满,承租人拒绝迁出,所有权人强行侵占房屋,由此取得的占有为瑕疵占有。另一方面,无权占有人(或其前手)若未曾实施法律禁止的私力,也并非瑕疵占有人。本案中,对于史某而言,陈某、胡某为无权占有人,但因二人并未实施法律禁止的私力取得占有,均非瑕疵占有人。

(2)权利阻却抗辩,不必再检视。

2. 请求权是否已消灭、可行使

不必再检视。

3. 中间结论

史某不得根据《民法典》第 462 条第 1 款第 1 分句请求陈某返还房屋。

(三)史某对陈某的不当得利返还请求权

假设史某得根据《民法典》第 122 条"因他人没有法律根据,取得不当利益,受损失的人有权请求其返还不当利益"的规定,请求陈某返还房屋。

不当得利有给付不当得利与非给付不当得利之分,后者相对于前者适用"次位"原则,即仅在相对人的得利并非基于"给付"所得时,才考虑非给付不当得利。因为给付是有意识、有目的地使他人财产增加,受领"给付"之所得即不可能同时以"其他"方式取得,因而给付关系排除非给付不当得利。[1] 而且,次位原则不仅意味着成立给付不当

---

[1] Vgl. Medicus/Petersen, Bürgerliches Recht, 26. Aufl., München: Franz Vahlen, 2017, Rn. 727.

得利时可排除非给付不当得利,而是只要存在给付关系,无论是否成立给付不当得利,均得排除非给付不当得利,如在具有法律原因的给付情形,存在给付关系但不成立给付不当得利,同样可排除非给付不当得利。因而,检视顺序上,给付不当得利应优先于非给付不当得利。

1. 给付不当得利

二人关系的给付不当得利较易判断,但本案中,陈某占有房屋并非基于史某的给付,而是基于胡某的给付,胡某对房屋的占有则是基于史某的给付,涉及三人关系,因而,先决问题是,三人给付链中如何判断给付不当得利。

兹举一例,设甲将某画作出卖于乙并给付,之后乙又将该画作出卖于丙并给付,甲、乙、丙之间存在给付链,则无论甲、乙间的买卖合同无效,还是乙、丙间的买卖合同无效,或两项买卖合同均无效,甲都不能"穿透"与乙的给付关系而直接向丙主张不当得利返还,每位给付人仅得向其给付受领人请求不当得利返还。原因在于:其一,任何人均不得主张他人间给付原因的无效,任何给付原因的无效均不得针对非当事方的第三人主张。其二,每位合同当事方均应保有针对相对方的抗辩与抗辩权。其三,任何合同当事人均应且仅应承担其自主选择的相对方之支付不能风险。[1]

就本案而言,史某、胡某、陈某间存在给付链,史某与胡某的租赁合同期满,胡某对房屋的占有丧失法律原因,但史某与胡某间给付原因的嗣后丧失,并不能"穿透"二人关系而对陈某发生影响,史某作为给付人,其受领人为胡某而非陈某,史某与陈某间并无给付关系,陈某的占有对史某而言,亦非"给付"不当得利。

但仍有疑问的是,陈某的占有对史某而言是否属于非给付不当得利。非给付不当得利又有权益侵害不当得利、费用补偿不当得利等次类型,本案与费用补偿等无关,应检视者为权益侵害不当得利。权益侵

---

[1] Vgl. Medicus/Petersen, Bürgerliches Recht, 26. Aufl., München: Franz Vahlen, 2017, Rn. 667.

害不当得利同样适用次位原则,即给付关系排除权益侵害不当得利,因为受领他人有意识、有目的的给付之所得,即不可能以侵害他人的方式取得。不过,给付不当得利的优先性在二人关系中较易理解,在三人关系中却并不必然适用。[1]

本案中,史某、胡某、陈某三人间存在给付链,2018 年 4 月 1 日,胡某继续转租房屋于陈某时已丧失转租权,因而,下文仍有必要检讨权益侵害不当得利是否成立。

2. 权益侵害不当得利

(1) 请求权是否成立

权益侵害不当得利要求:其一,相对人取得财产利益;其二,该财产利益应"归属"于请求权人;其三,因"权益侵害"而得利;其四,得利无法律原因。满足前三项要件者,即可推定得利无法律原因,除非相对人可证明得利系基于法定许可或请求权人同意。在举证分配上,前三项要件应由请求权人证明,第四项推定则应由相对人反证推翻。[2] 就此而言,第四项要求并非成立要件,而系权利阻却抗辩事由。

① 成立要件

其一,相对人是否取得财产利益。本案中,陈某占有并使用系争房屋,受有财产利益。第一项要件满足。

其二,该财产利益是否应"归属"于请求权人。2018 年 4 月 1 日起,胡某的租期届满,成为无权间接占有人,且无权转租,陈某作为胡某的承租人,对史某而言也是无权占有人。而史某作为鲍某的承租人,其租期尚未届满,对房屋之占有使用权益应归属于史某。第二项要件满足。

其三,相对人是否因"权益侵害"而得利。于此,"权益侵害"的表述易生误解,因其并非以得利人侵害请求权人的权利为要件,而是指相

---

[1] Vgl. Medicus/Petersen, Bürgerliches Recht, 26. Aufl., München: Franz Vahlen, 2017, Rn. 727.
[2] Vgl. Hans Josef Wieling, Bereicherungsrecht, 4. Aufl., Berlin Heidelberg: Springer, 2007, S. 50.

对人取得财产利益非因请求权人参与所致,而无论得利是基于得利人自身行为(如使用他人之物)、第三人行为(如甲将乙之动产添附于丙之土地)抑或自然事件(如洪水)。[1] 本案中,陈某继续占有使用房屋,非因史某的参与所致。第三项要件满足。

② 权利阻却抗辩:是否无法律原因

满足上述三项要件者,即可推定得利无法律原因,除非相对人可证明经法定许可或请求权人同意。本案中,陈某之得利无法定许可,但系基于与胡某的续租合同,故对胡某而言,陈某之得利具有法律原因,不过,因胡某已丧失转租权,基于债的相对性,陈某对胡某的抗辩不得对史某主张,更何况陈某明知胡某系违约转租,因而,陈某的得利对史某而言无法律原因。据此,不存在权利阻却抗辩,请求权成立。

(2)不存在权利消灭抗辩,请求权未消灭。

(3)不存在权利阻止抗辩,请求权可行使。

3. 中间结论

史某可以根据《民法典》第122条基于权益侵害不当得利请求陈某返还房屋。[2]

(四)小结

(1)史某对陈某的占有返还请求权不成立,不得根据《民法典》第462条第1款第1分句请求陈某返还房屋。

(2)陈某对史某构成权益侵害不当得利,史某可以根据《民法典》第122条请求陈某返还房屋。

(3)史某对胡某、陈某的共同侵权请求权是否成立,留待下文第三部分之(四)部分检视。

---

[1] 参见黄立:《民法债编总论》,中国政法大学出版社2002年版,第207页。
[2] 租赁合同终止后,上级出租人得对次承租人主张权益侵害不当得利,因为次承租人无权(占有)使用租赁物。

三、史某对胡某的请求

(一) 请求权基础预选

首先,史某与胡某间存在租赁合同,因而应考量《民法典》第733条第1句"租赁期限届满,承租人应当返还租赁物"的规定。

其次,根据上文第二部分之(二)1(1)②的分析,胡某取得占有,系基于史某的同意,已经取得的占有的持续不构成占有侵夺,不满足《民法典》第462条第1款第1分句的适用前提,占有返还请求权被排除。

再次,自2018年4月1日起,相对于史某而言,胡某对房屋的间接占有丧失权源,应考量胡某是否因无权占有而构成不当得利,从而应根据《民法典》第122条返还房屋于史某。

最后,根据上文第二部分之(一)的分析,还应检视胡某、陈某是否构成共同侵权,从而有义务根据《民法典》第1168条"二人以上共同实施侵权行为,造成他人损害的,应当承担连带责任"的规定返还房屋。

以下依次检视:史某对胡某的合同请求权(《民法典》第733条第1句)、不当得利返还请求权(《民法典》第122条),以及史某对胡某、陈某的共同侵权返还请求权(《民法典》第1168条)。

(二) 史某对胡某的合同请求权

假设史某得根据《民法典》第733条第1句"租赁期限届满,承租人应当返还租赁物"的规定请求胡某返还房屋。

1. 请求权是否成立

(1) 该请求权为原合同请求权,成立要件为:其一,有效的租赁合同;其二,租赁期间届满。本案中,上述两项要件显然满足。

(2) 不存在权利阻却抗辩,请求权成立。

2. 请求权是否尚未消灭

原合同请求权之权利消灭抗辩通常包括清偿、提存、抵销、免除、混同,以及给付不能等事由。于给付不能情形,原合同请求权消灭,但债之关系并不消灭,而是转化为派生合同请求权。[1]

本案中可讨论的是,胡某处是否存在给付不能事由。《民法典》第733条第1句的"返还租赁物"仅得通过占有返还实现,而胡某为间接占有人,由此产生两个问题:其一,间接占有的让与能否构成返还义务的履行。其二,若间接占有不能满足上述返还要求,那么胡某是否因而发生给付不能,导致史某之原合同请求权消灭。

(1)间接占有让与是否"返还租赁物"

德国学理与判例的态度是,《德国民法典》第546条第1款(相当于我国《民法典》第733条第1句)之"租赁标的物的返还"仅限直接占有的返还,即令出租人处于可无障碍行使对物直接占有的地位,间接占有的让与尚有未足。[2] 作为间接占有人的承租人仅向出租人让与其针对直接占有人的返还请求权,并不能构成返还义务的履行,而是有义务废止与第三人的占有媒介关系,并向出租人让与直接占有。[3] 本书从之。

继而产生的问题是,若间接占有的让与不能满足出租人的返还请求权,那么胡某作为间接占有人,是否发生给付不能。

(2)间接占有是否给付不能

给付不能有客观不能与主观不能之分,本案中不存在客观不能事由,因而,应分析者为,胡某是否主观不能。所谓主观不能,是仅存在于债务人自身的不能事由。但仅当下无法单独处置给付标的,尚不

---

[1] 给付不能属于消灭权利的无须主张的抗辩,消灭的只是原给付义务,而不是债之关系,参见王洪亮:《债法总论》,北京大学出版社2016年版,第208页。

[2] Vgl. Bieber, Kommentar zum § 546, in: Münchener Kommentar zum Bürgerlichen Gesetzbuch, 8. Aufl., München: C. H. Beck, 2020, Rn. 4.

[3] Vgl. Rolfs, Kommentar zum § 546, in: J. von Staudingers Kommentar zum Bürgerlichen Gesetzbuch, Berlin: Sellier-de Gruyter, 2018, Rn. 11.

构成主观不能,还须将来也无从取得对给付标的之处置可能。[1] 就租赁而言,承租人负有租赁物返还义务,而不论承租人直接占有、间接占有,甚或丧失占有,[2]承租人并不因丧失占有而成为给付不能,或者说,承租人为占有人,并非出租人之返还请求权的前提。若承租人为间接占有人,因其仍有可能重新取得直接占有,并非给付不能。在中间承租人转租情形,中间承租人即使对其下级承租人(直接占有人)尚无返还请求权(如转租期间未届满),也不构成主观不能。上述事由所影响者,仅是承租人应如何履行其返还义务,使出租人重新取得直接占有。

3. 是否存在权利阻止抗辩

不存在权利阻止抗辩,请求权可以行使。

4. 中间结论

史某得根据《民法典》第 733 条第 1 句请求胡某返还房屋。

(三)史某对胡某的不当得利返还请求权

假设史某得根据《民法典》第 122 条请求胡某返还房屋。

1. 请求权是否成立

史某与胡某间存在给付关系,应检视者为给付不当得利[3]。

① 成立要件

给付不当得利请求权的成立要件为:其一,相对人受有利益;其二,因给付而得利;其三,得利无法律原因。[4]

---

[1] Vgl. Ernst, Kommentar zum § 275, in: Münchener Kommentar zum Bürgerlichen Gesetzbuch, 8. Aufl., München: C. H. Beck, 2019, Rn. 55.

[2] 参见黄薇主编:《中华人民共和国民法典合同编释义》,法律出版社 2020 年版,第 566 页,"在租赁关系终止时,只要租赁物还存在,承租人就应当返还原租赁物;只有当租赁物不存在时,承租人才不负返还义务"。

[3] 租期届满成立权益侵害不当得利的观点,请参见王泽鉴:《不当得利》(第 2 版),北京大学出版社 2015 年版,第 71 页。

[4] Vgl. Schwarz/Wandt, Gesetzliche Schuldverhältnisse, 4. Aufl., München: Franz Vahlen, 2011, S. 131f.

其一,相对人是否受有利益。2017年4月1日,胡某自史某处承租房屋,取得占有以及对房屋的使用收益权限(使用权与转租权),胡某受有财产利益。第一项要件满足。

其二,相对人是否因给付而得利。给付,是有意识且有目的地使他人财产有所增加的行为。2017年4月1日,史某的行为(让与占有并同意转租)使胡某财产增加,史某对此有意识且有目的,其目的在于,清偿基于租赁合同对胡某负担的义务,因而史某的行为构成给付。第二项要件满足。

其三,得利是否无法律原因。如上所述,史某对胡某的给付目的在于清偿基于租赁合同对胡某负担的义务,但2018年3月31日,胡某的租期届满,胡某对史某的债权消灭,史某的给付目的嗣后丧失,即法律原因嗣后丧失。第三项要件满足。

② 无权利阻却抗辩,请求权成立。

2. 请求权是否消灭

给付不当得利情形,相对人有义务返还因请求权人给付而直接所得的标的,给付不能时,则涉及替代补偿(Surrogate)返还、价值补偿等问题,且价值补偿义务因相对人善意恶意而有所不同。本案中,胡某因给付而直接所得者,为房屋的直接占有及使用权与转租权,不过因史某的请求仅限返还房屋,胡某的义务首先为返还房屋本身,若出现给付不能,则排除该义务,但仍可能转化为替代补偿返还、价值补偿等义务。

于此,应检视者为,胡某得否主张自己并非直接占有人,间接占有构成给付不能,成立权利消灭抗辩事由,可排除返还房屋之义务。本书认为,类推上文第三部分之(二)2(2)的理由,间接占有并不足以构成返还房屋义务的给付不能事由。据此,不存在权利消灭抗辩,史某的请求权尚未消灭。

3. 是否存在权利阻止抗辩

无权利阻止抗辩,请求权可以行使。

4. 中间结论

史某得根据《民法典》第122条基于给付不当得利请求胡某返还房屋。

(四)史某对胡某、陈某的共同侵权返还请求权

假设史某得根据《民法典》第1168条"二人以上共同实施侵权行为,造成他人损害的,应当承担连带责任"的规定请求胡某、陈某承担返还房屋的连带责任。

侵权请求权的检视一般分为两个层次:首先,确认侵权责任是否成立,此亦回答侵权请求权是否成立。其次,若侵权责任成立,再确定侵权责任的具体内容,此回答侵权请求权的范围。若上述两个层次的要件均满足,再继续检视是否存在权利消灭抗辩与权利阻止抗辩,最后得出结论。

1. 侵权责任是否成立

(1)成立要件

《民法典》第1168条所涉之共同侵权责任的成立前提为:其一,受侵权保护的权益受侵;其二,共同侵害行为;其三,权益被侵与共同侵害行为间存在因果关系(责任成立因果关系)[1];其四,共同侵害行为无不法性抗辩事由;其五,共同侵害人不存在责任能力抗辩;其六,共同侵

---

[1] 有争议的是,共同侵权是否以责任成立因果关系为要件,分歧的实质是对共同侵权之归责基础的不同认识。不以因果关系为要件者,认为共同侵权的归责基础并非因果关系,而是参与侵害的意思(Willen zur Teilnahme),意欲实施侵害行为并确实参与其中者,应为此负责,请参见 Medicus/Lorenz, Schuldrecht II, Besonderer Teil, 15. Aufl., München: C. H. Beck, 2010, Rn. 1425。相反,以因果关系为共同侵权之归责基础者则认为,于此所涉者仅是举证分配问题,即为了减轻请求权人的举证困难,他不必证明每个侵害人之加害行为与权益受侵间的因果关系均成立,但相对人可通过反证自己的行为与权益受侵的因果关系不存在进行抗辩,请参见 Larenz/Canaris, Lehrbuch des Schuldrechts, Bd. 2. Besonderer Teil, Halbbd. 2, 13. Aufl., München: C. H. Beck, 1994, S. 564, 566。本书认为,因果关系要件于此仍为必要,为了减轻请求权人的举证负担,倒置举证责任即可,若相对人行为与权益受侵间不成立因果关系,请求权人即无保护必要。不过,请求权人虽不必证明每个相对人的行为与权益受侵间均成立因果关系,但仍应证明共同侵权行为作为一个整体与权益受侵间的因果关系。

害人具有共同故意。[1]

需要说明的是,满足前三项要件者,即推定侵害行为具有不法性,除非相对人可以反证存在不法性阻却事由,就此而言,不法性并非成立要件,而是权利阻却抗辩事由。但因侵权责任各要件的检视顺序上,客观前提先于主观前提,据此,不法性应先于责任能力抗辩与过错予以检视,但为便宜起见,本书仍将不法性置于成立要件部分。

① 权益受侵

本案中,史某作为主承租人,有权对房屋为占有使用,但却丧失了占有,租赁权益受损。但有疑问的是,租赁权益作为债权是否属于受侵权保护的权益。

侵权法所保护的权益原则上限于绝对权,对于债权这样不具有对世性、公示性的相对权,第三人固然有侵害的可能,但因无从查知它的存在,不能合理期待第三人防免加害,这是把债权排除在侵权法保护之外的真正原因。[2] 换言之,若债权可以识别,则没有理由拒绝为其提供侵权保护。就此而言,以债权为本权的占有人不仅可基于本权对物为使用收益,而且因占有可排除任何第三人对物的干涉,自取得占有之时起,其本权即得以"物权化",应受侵权法保护。[3] 具体到租赁关系中,基于占有,承租人的权益已超出了纯粹的债权范畴,它不仅是基于债而得以联结的权利义务,而且是任何人都须予以尊重的经占有得以公示的权益,应受侵权法保护。

---

[1] 参见程啸:《侵权责任法》(第3版),法律出版社2021年版,第384页;不同观点,可参见黄薇主编:《中华人民共和国民法典侵权责任编释义》,法律出版社2020年版,第18页。此外,《德国民法典》第830条第1款第1句所规定的共同侵权,原则上要求各侵害人具有共同故意。至于例外情形下,共同过失是否为已足,则有不同观点,支持者如 Larenz / Canaris, Lehrbuch des Schuldrechts, Bd. 2. Besonderer Teil, Halbbd. 2, 13. Aufl. , München: C. H. Beck, 1994, S. 570;反对者如 Wagner, Kommentar zum § 830, in: Müchener Kommentar zum Bürgerlichen Gesetzbuch, 8. Aufl., München: C. H. Beck, Rn. 19,理由是,共同过失所涉情形,都可纳入《德国民法典》第830条第1款第2句或第2款的适用范围,而不必扩张共同侵权的适用。

[2] 参见苏永钦:《再论一般侵权行为的类型》,载氏著:《走入新世纪的私法自治》,中国政法大学出版社2002年版,300—334页。

[3] 参见吴香香:《论侵害占有的损害赔偿》,载《中外法学》2013年第3期。

不过，上述论证以直接占有为典型，至于间接占有是否满足侵权保护所要求的"可识别性"，则仍须探讨。本书倾向于对此采肯定见解。原因在于：其一，所有权人与他物权人若为间接占有人，并不会因其权利不具有相当于直接占有的可识别性，而被排除在侵权保护之外，由此类推，租赁权人若为间接占有人，也不应以此为由拒绝为其提供侵权保护。其二，更重要的是，间接占有未必不具有可识别性。因为可识别性的意义在于，使他人可以得知权利的存在，从而可期待他人防免加害，防免加害是消极不作为义务，为达此目的，他人仅须得知此处存在一项非属自身的权利即可，而不必确知具体的权利内容与权利人。就此而言，间接占有之下必有直接占有，通过直接占有，第三人即可识别此处存在非属自身的权利，若仍为侵害行为，间接占有人证明占有媒介关系与占有本权后，即可诉诸侵权保护。[1]

据此，史某的租赁权益应受侵权法保护，因丧失占有而受损。

② 共同侵害行为

胡某与陈某续租之时，为胡某租期的最后一天，续租行为并不构成侵权。但次日胡某租期届满，史某请求返还房屋而二人拒绝时，二人的行为成立共同侵害行为。陈某继续维持直接占有，胡某为其上级间接占有人，史某则因此丧失占有。胡某与陈某二人相互协作，共同实施了侵害史某之租赁权益的行为。

---

[1] 但德国主流学说认为，有权间接占有（及善意无权间接占有）受侵权保护也有其例外，即不得针对直接占有人主张侵权保护。原因在于：其一，根据《德国民法典》第869条，间接占有人针对直接占有人并无"类似所有权"的法律地位，间接占有人并不享有针对直接占有人的占有保护请求权，与此相应，间接占有人也不得对直接占有人基于侵权提出请求，而应诉诸占有媒介关系；其二，基于与直接占有人之基础关系而生的请求权，间接占有人已经得到充分保护，并无必要再为其提供针对直接占有人的侵权保护，请参见 Medicus/Petersen, Bürgerliches Recht, 26. Aufl., München: Franz Vahlen, 2017, Rn. 608。本书认为，上述两项理由均可商榷。首先，单纯占有无任何归属内容，侵权法所保护的并非占有本身，而是通过占有得以表征的本权，间接占有针对直接占有人是否享有占有保护，与间接占有之本权针对直接占有人是否应予保护，并非同一层面的问题。其次，基础关系是否为间接占有人提供了充分保护，应交由当事人自己判断。

③ 责任成立因果关系

于此,应予考量的并非史某的租赁权益受侵与胡某、陈某二人之个体侵害行为的因果关系,而是共同侵害行为作为一个整体与史某之权益受侵间的因果关系。本案中,上述因果关系至为明显。

④ 不法性抗辩

胡某与陈某基于续租合同而生的权益,不能对抗史某,不构成侵害史某的不法性阻却事由。

⑤ 责任能力抗辩

案情未显示胡某与陈某欠缺责任能力,不存在责任能力抗辩。

⑥ 共同故意

胡某与陈某对胡某租期届满、丧失转租权均明知,仍合意签订续租合同且拒绝返还房屋,具有共同故意。

(2)不存在权利阻却抗辩,侵权责任成立。

2. 侵权责任的范围

一般而言,侵权责任的范围由损害与责任范围因果关系两项要件确定,即其一,请求权人遭受损害(如医药费);其二,具体损害(如医药费)与受侵权保护的权益(如健康权)受侵之间具有因果关系(责任范围因果关系)。[1]

本案中,史某的租赁权益被侵体现为占有丧失,又因丧失占有而请求返还房屋,权益被侵与具体损害同一,不必另行检视责任范围因果关系。据此,返还房屋属于胡某与陈某之侵权责任范围,二人应对此承担连带责任。

3. 是否存在权利消灭抗辩

不存在权利消灭抗辩,请求权未消灭。

---

[1] 应说明的是,责任范围因果关系不同于责任成立因果关系。责任成立因果关系存在于侵害行为与权益受侵之间,如甲打伤乙导致乙的身体权与健康权受侵,应于侵权责任是否成立部分检视。责任范围因果关系则存在于权益受侵与具体损害之间,如乙的健康权受侵导致医药费与误工损失,应于检视侵权责任范围时考量。

4. 是否存在权利阻止抗辩

不存在权利阻止抗辩，请求权可行使。

5. 中间结论

史某得根据《民法典》第 1168 条请求胡某、陈某二人承担返还房屋的连带责任。

（五）小结

（1）史某可以根据《民法典》第 733 条第 1 句基于租赁合同请求胡某返还房屋。

（2）史某对胡某的占有返还请求权不成立，不得根据《民法典》第 462 条第 1 款第 1 分句请求胡某返还房屋。

（3）史某可以根据《民法典》第 122 条基于给付不当得利请求胡某返还房屋。

（4）史某可以根据《民法典》第 1168 条基于共同侵权请求胡某、陈某二人承担返还房屋的连带责任。

四、结论

（1）史某对陈某、胡某均不享有源自占有保护制度的占有返还请求权（《民法典》第 462 条第 1 款第 1 分句）。

（2）史某可基于权益侵害不当得利请求陈某返还房屋（《民法典》第 122 条）[1]，也可基于租赁合同（《民法典》第 733 条第 1 句）、给付不当得利（《民法典》第 122 条）请求胡某返还房屋，就上述返还义务，陈某与胡某二人承担不真正连带责任。

（3）史某可基于共同侵权请求胡某与陈某二人承担返还房屋的连带责任（《民法典》第 1168 条）。

---

[1]《德国民法典》第 546 条第 2 款直接规定了可适用于上级出租人与次承租人的返还关系。

第十一章 玻璃娃娃案

一、案情与问题

某日下午1时40分许,大雨如注。丙高中的体育老师丁决定,将甲所在班级的体育课改到学校地下室进行。甲同学罹患先天成骨不全症(20周岁),靠轮椅行动。因学校指定照顾甲的同学请假,乙同学(16周岁)出于好意主动要求协助甲下楼梯(楼梯未安装无障碍设施),甲表示同意。乙抱甲下楼时,因地板湿滑而跌倒,两人一起摔下楼梯,致甲颅骨破裂、四肢多处骨折。受伤之初甲意志清醒,多次请求不要对乙进行责罚。事发日晚8时20分,甲因颅内大量出血不治身亡。经查,抢救费用由甲父母支付,乙无自己的财产。[1] 现甲父母请求乙与乙父母承担侵权责任,其是否存在相应的请求权基础?[2]

二、请求权基础预选

本案中,甲已经死亡,甲父母可能的侵权请求权在逻辑上可由两部

---

[1] 本章案情改编自我国台湾地区轰动一时的玻璃娃娃案,可参见我国台湾地区台北地方法院民事判决2002年度重诉字第2359号,我国台湾地区"高等法院"民事判决2004年度上字第433号,我国台湾地区"最高法院"民事判决2005年度台上字第2347号,我国台湾地区"高等法院"民事判决2006年度上更(一)字第6号。

[2] 全面分析此案的提问方式应为:"甲父母得根据何种规范向谁为何种请求?"若如此提问,根据案情,可能的请求权相对人除了乙与乙父母之外,至少还可考虑老师与学校,应予检视的请求权基础规范也不一定限于侵权。但为了避免模糊焦点论题,本章仅就甲父母针对乙与乙父母的侵权请求权得否成立予以检讨。

分组成,一是继承自甲的请求权,二是甲父母自身的请求权。根据《民法典》第 1122 条之规定,可继承的请求权仅限于财产性请求权。就本案而言,抢救费用由甲父母支付,甲本人未遭受财产损害;至于甲在死亡前因遭受精神损害而生之请求权,2003 年原《人身损害解释》第 18 条第 2 款曾规定,此类请求权原则上不得继承,除非赔偿义务人已经以书面方式承诺给予金钱赔偿,或者赔偿权利人已经向法院起诉。该条虽在修订后被删除,但仍有参考价值,本案显然不存在上述例外情形,甲之精神损害赔偿纵使成立也不得继承,况且甲曾多次表示不要对乙进行责罚,此可视作赔偿请求之放弃。既然甲无财产损害,精神损害又无可继承,自不必再考量甲父母继承自甲的请求权,而仅须检视甲父母自身的侵权请求权。

《民法典》第 1181 条第 1 款第 1 句规定:"被侵权人死亡的,其近亲属有权请求侵权人承担侵权责任。"本案中,侵权人乙同学 16 周岁,属于限制行为能力人。关于非完全行为能力人致害的侵权责任,《民法典》第 1188 条为基本请求权基础规范:无民事行为能力人、限制民事行为能力人造成他人损害的,由监护人承担侵权责任。监护人尽到监护职责的,可以减轻其侵权责任。有财产的无民事行为能力人、限制民事行为能力人造成他人损害的,从本人财产中支付赔偿费用;不足部分,由监护人赔偿。

法律未经解释无法适用,《民法典》第 1188 条的解释结果将直接影响本案的处理,故在正面讨论本案之前,须对此法条先作梳理。

(一) 通行解释

对于《民法典》第 1188 条,通行的解释是,未成年人致害他人时,存在所谓"责任主体与行为主体相分离"的现象,即当被监护人的加害行为构成侵权时,责任承担主体是监护人。具体而言:首先,被监护人不必为自己的侵权行为承担责任,监护人系其责任承担人,这意味着被监护人无责任能力;其次,当被监护人拥有财产时,"财产能力"补足责任能力,责任改由被监护人自己承担,监护人仅在财产不足时代承"补充责任";再次,尽到监护职责不构成监护人的免责事由,而只是减责事由。[1] 至于如何判断被监护人行为是否充分满足侵权的构成要件,大致存在两种理解。一是被监护人侵权行为之构成与完全行为能力人适用相同的标准,如果完全行为能力人为相同行为无须承担责任,被监护人的行为就不构成侵权。[2] 由此推断,在此种观点看来,在过错的判断上被监护人与完全行为能力人别无二致。二是以最高人民法院为代表,认为"监护人责任不以行为人的年龄、认知能力和责任能力加以区分"。[3] 此等理解的结果是,判断被监护人行为是否构成侵权时,奉行相当于无过错责任的原则。

本书认为,上述通行解释至少存在以下问题。

首先,侵权行为构成中过错与责任能力之关系含混。上述第一种观点以完全行为能力人为被监护人侵权构成的参照系,似乎认为被监护人尽管无责任能力,但可能具有如同完全行为能力人般的过错。[4] 然而,责任能力是理性能力的体现,过错则是"应理性而未理性"的状态,过错以责任能力为前提,无责任能力者无所谓过错。因而,以完全行为能力人标准判断被监护人的行为是否构成"侵权",实质不是否定被监护人的责任能力,而是将他们与完全行为能力人等同视之。第二种观点不以过错作为判断被监护人侵权的要件,虽可避免出现"否认

---

[1] 参见最高人民法院民法典贯彻实施工作领导小组主编:《中华人民共和国民法典侵权责任编理解与适用》,人民法院出版社 2020 年版,第 230 页。亦有学者尝试以区别于通说的进路对此规范进行合理化解释,参见薛军:《走出监护人"补充责任"的误区——论〈侵权责任法〉第 32 条第 2 款的理解与适用》,载《华东政法大学学报》2010 年第 3 期;朱岩:《侵权责任法通论·总论》,法律出版社 2011 年版,第 322—331 页。
[2] 参见全国人大常委会法制工作委员会民法室编:《〈中华人民共和国侵权责任法〉条文说明、立法理由及相关规定》,北京大学出版社 2010 年版,第 124 页。
[3] 参见最高人民法院民法典贯彻实施工作领导小组主编:《中华人民共和国民法典侵权责任编理解与适用》,人民法院出版社 2020 年版,第 222 页。
[4] 在解释《民法典》第 1165 条第 1 款时,全国人大常委会法制工作委员会又认为对于过错的判断,"无民事行为能力人或者限制民事行为能力人的行为标准通常低于一般人的行为标准",参见黄薇主编:《中华人民共和国民法典侵权责任编释义》,法律出版社 2020 年版,第 7 页。

责任能力却承认过错"之矛盾,但此举仅仅是将过错因素从侵权行为的构成要件中抽出。如此,由于要件的减少,被监护人的加害行为反而更容易构成侵权,其法律地位比完全行为能力人更为不利,因为即使完全行为能力人,无过错亦不成立侵权。

其次,导致"有财产"的被监护人为监护人的不当行为负责。若监护人未尽监护职责,且被监护人有财产,则被监护人须为监护人的行为负责,而且被监护人责任优先于监护人。监护制度的根本价值在于为被监护人提供保护,使其在"尝试与错误"中成长,不因未成年时期的错误行为而丧失"对未来的权利"。而在此规则之下,反倒是被监护人用自己的财产保护监护人,不仅容易纵容监护人怠于履行监护职责[1],而且可能因财产减少而对被监护人的生活产生不利影响。更有甚者,可能诱发监护人恶意利用有财产的被监护人实施侵权的道德风险。

再次,可能导致过分限制"无财产"的被监护人之行动自由。在通行解释脉络下,"无财产"的被监护人致害不必承担责任,此类被监护人看似享有更周全的保护,然而问题在于:如果需要对不同类型的被监护人提供程度不同的保护,是应以"有无财产"还是以"有无理性能力"作为区分标准?况且,弃责任能力而代之以财产标准,对于无财产的被监护人其实未必更为有利:在责任能力进路下,若有责任能力的被监护人尽到同龄人应尽的注意,即使致人损害也因无过失而不成立侵权,监护人责任同样因缺乏监护过失而无从成立。但在财产标准进路下,上述情形并不能排除监护人责任。此无异于变相提高监护义务的标准,可能导致监护人为避免责任风险,过分限制有理性能力之被监护人的行动自由。

复次,监护人的法律地位扭曲。一方面,相对于被监护人而言,监护人仅承担"补充责任",与保护被监护人的一般法律理念相悖,监护人的法律地位过于优越。另一方面,即使监护人尽到监护职责,也不能免

---

[1] 参见朱岩:《侵权责任法通论·总论》,法律出版社2011年版,第327页。

除责任,无过错归责的制度安排对监护人又过于严苛。此外,关于不规定责任能力的理由也显示了对监护人责任的误读,认为"如果规定责任能力,就涉及没有责任能力的行为人造成他人损害的,监护人是否需要承担责任"[1],而监护人责任应是对自己未尽监护职责的自己责任,与被监护人有无责任能力无关。

最后,也是最重要的,不承认有识别能力之被监护人的责任能力在一般法理上无法成立。法律行为能力与责任能力同属广义行为能力(Handlungsfähigkeit),实质都是理性能力的体现:法律行为能力是积极利用理性能力为自己设计法律生活,而责任能力是对"应理性而未理性"所为之加害行为负责的前提。在我国法的语境下,限制行为能力人所从事的法律行为,如果与其年龄、智力、精神健康状况相适应,《民法典》第19条但书、第22条但书均承认其效力,即限制行为能力人的法律行为能力有个案考量的空间。反之,对于限制行为能力人所为的加害行为之法律后果,却完全不将年龄、智力、精神健康状况作为考量因素,存在评价矛盾。[2] 就限制行为能力人而言,没有理由在认可其积极理性能力有所限制的同时,却一概否认其消极理性能力,或走向另一极端,将其消极理性能力与成年人等量齐观。当然,积极与消极理性能力在判断时宜作区别:法律行为是一种正面行为,具有普遍性,为数众多,且应考虑相对人的合理信赖,个案考量不仅不具有可操作性,而且可能助长公权力的恣意,应以抽象标准为主[3];对于"责任能力",鉴于其对应人类生活的反面行为,对此行为受害人既无从选择相对人,在和平交往秩序中亦非常态,且一经认定,行为人的责任制裁将随之而来,具有消极不利益性,所以法律宜注重精确性,尽可能采取具体标准。[4] 这也是《德国民法典》(第828条)与我国台湾地区"民法"(第

---

〔1〕 参见全国人大常委会法制工作委员会民法室编:《〈中华人民共和国侵权责任法〉条文说明、立法理由及相关规定》,北京大学出版社2010年版,第125页。

〔2〕 参见张谷:《论〈侵权责任法〉上的非真正侵权责任》,载《暨南学报(哲学社会科学版)》2010年第3期。

〔3〕 参见朱庆育:《民法总论》(第2版),北京大学出版社2016年版,第242页。

〔4〕 参见朱岩:《侵权责任法通论·总论》,法律出版社2011年版,第322—324页。

187 条)所采取的规范模式。[1]

综上可见,通行解释并不可取。此不可取,非在文义不通,而在规范意旨违反。民法设置行为能力制度,意在特别保护理性不足的行为能力欠缺之人。依通行解释,行为能力欠缺之人致人损害时,其法律地位或者与完全行为能力人等量齐观,或者甚而较之后者更为不利,这显然背离行为能力制度之规范意旨。无行为能力人与限制行为能力人的一体规范,更令这一背离雪上加霜。法律规范并非只有一种解释可能,在行为能力制度规范意旨的导引下,本书试图另辟解释路径,俾使本章案例乃至同类案例得到合理解决。

(二)《民法典》第 1188 条的合理化解释

1. 第 1188 条第 1 款第 1 句的合理化解释

首先,就《民法典》第 1188 条第 1 款第 1 句的文义而言,仅就监护人责任承担问题作出规定,并未明确否认被监护人的责任能力,将其理解为"未予置评"当不为过。

其次,《民法典》第 1188 条第 1 款第 1 句之措辞"无民事行为能力人、限制民事行为能力人造成他人损害的,由监护人承担侵权责任",与《德国民法典》第 832 条第 1 款第 1 句之措辞"依法律规定有义务对未成年或因精神上或肉体上的状态而需监督者实施监督的人,有义务赔偿需监督者所不法加给第三人的损害",在表述逻辑上并无实质不同。但《德国民法典》仅将第 832 条第 1 款作为监督义务人责任规范,并未涉及责任能力问题,后者为第 828 条所规定。同理,由《民法典》第 1188 条第 1 款第 1 句之监护人责任规范,无法必然得出被监护人不具有责任能力之结论。

最后,《民法典》第 1165 条第 1 款规定:"行为人因过错侵害他人民

---

[1] 二者的不同在于,《德国民法典》中无行为能力的未成年人无责任能力(第 828 条第 1 款),而我国台湾地区"民法"中无行为能力人是否具有责任能力以"识别能力"为断(第 187 条第 1 款)。

事权益造成损害的,应当承担侵权责任。"该项规范将过错责任的承担主体规定为"行为人",而非"完全行为能力人",并未将非完全行为能力人排除在过错责任的承担主体之外。

本书认为,就责任能力而言:完全行为能力人有责任能力;无行为能力人无责任能力;限制行为能力人有责任能力(但应当限缩解释为仅在有识别能力时具有责任能力)。这意味着,有责任能力的限制行为能力人可依《民法典》第1165条第1款承担过错责任。

2. 第1188条第1款第2句的合理化解释

《民法典》第1188条第1款第2句规定:"监护人尽到监护职责的,可以减轻其侵权责任。"对此存在数种解释:其一,附责任减轻事由的无过错责任。[1] 其二,混合责任,既不同于过错推定责任,也不同于无过错责任。与前者的不同在于,尽到监护职责虽能减轻责任,但不能免除责任;与后者的不同在于,监护人并非对被监护人的所有致害行为均须负责。[2] 其三,以公平责任为补充的过错推定责任。[3] 本书认为,监护义务是对侵权法之一般注意义务的具体化,即使没有关于监护人责任的具体规范,仍可由过错责任的一般规范中推导得出。上述规范规定的监护人责任构成过错推定责任,监护人责任减轻的程度应与监护人尽到监护责任的范围相当,应允许将其责任减轻至零。

3.《民法典》第1188条第2款第1分句的合理化解释

根据上文论证,《民法典》第1188条第1款并未否定非完全行为能力人具有责任能力。有责任能力的限制行为能力人应依《民法典》第1165条第1款之规定承担过错责任。如此,第1188条第2款第1分句之规定"有财产的无民事行为能力人、限制民事行为能力人造成他人损害的,从本人财产中支付赔偿费用",就只能被理解为相当于《德国民法

---

〔1〕 参见最高人民法院民法典贯彻实施工作领导小组主编:《中华人民共和国民法典侵权责任编理解与适用》,人民法院出版社2020年版,第221页。

〔2〕 参见全国人大常委会法制工作委员会民法室编:《〈中华人民共和国侵权责任法〉条文说明、立法理由及相关规定》,北京大学出版社2010年版,第124页。

〔3〕 参见杨立新:《侵权责任法》,法律出版社2011年版,第223—224页。

典》第829条意义上的公平责任,但该公平责任的适用不得仅以被监护人"有财产"为要件。

首先,应以第1188条第1款第2句之"监护人尽到监护职责"为适用前提。原因在于:其一,在文义上相顺承。考虑到《民法典》第1188条的表述顺序,第2款第1分句紧接在第1款第2句之后,在文义上存在将后者理解为前者之适用前提的可能性。其二,直接确定公平责任的次位性,不仅明确便宜,也符合比较法上的考量。如此解释,可达致与《德国民法典》第829条相近的规范效果:"以不能从负有监督义务的第三人处获得损害赔偿为限,在第823条至第826条所称情形之一下因第827条、第828条而不对其所引起的损害负责的人,在根据情事,特别是根据当事人的状况,赔偿损害为公平原则所要求,且不剥夺其维持适当生计以及履行法定扶养义务所需金钱的限度内,仍须赔偿损害。"我国台湾地区"民法"第187条第3款之规定也与此类似。被监护人公平责任相对于监护人的过错推定责任具有次位性,仅在监护人尽到监护职责,被害人不得就全部损害向监护人请求赔偿时,才有可能请求被监护人承担公平责任。

其次,还应以被监护人之过错责任不成立为适用前提。

对于加害人而言,公平责任甚至比无过错责任更为严苛,因为无过错责任尚以具体情形下的特别危险为前提,而公平责任仅以极其抽象的"公平原则"作为责任依据,必须严格限定其适用范围,否则即有可能颠覆过错归责这一基本原则,马克斯·吕梅林(Max Rümelin)甚至将公平责任斥为"立法者的破产宣告"。[1] 因而,公平责任仅能作为例外存在,在适用顺位上不仅应劣后于过错责任,也应劣后于无过错责任。基于过错责任相对于公平责任的优先性,在有识别能力的被监护人基于过错承担责任之处,无公平责任适用余地。

最后,适用公平责任必须为公平原则所要求。这意味着,即使满足

---

[1] Vgl. Max Rümelin, Die Billigkeit im Recht (1921), 64, 转引自 Erwin Deutsch, Allgemeines Haftungsrecht, Köln:Carl Heymanns, 1996, Rn. 477.

了监护人过错推定责任与被监护人过错责任均不成立的要件,仍不能仅以"有财产"为前提,要求被监护人承担公平责任。被监护人承担公平责任的正当性在于,在侵权行为中,受害人无从选择相对方,但被监护人不必遵循一般过错标准,享有责任能力与过错方面的法律优待。同样的侵害行为,由于过错标准的不同,在一般人须承担责任之处,被监护人可能不必承担责任。换言之,受被监护人侵权的受害人,其法律地位较之被一般人侵害为劣,为了保护被监护人,受害人作出了牺牲,基于被监护人公平责任的请求权是对其牺牲的补偿性请求权,此与征收制度中的牺牲补偿请求权(Aufopferungsanspruch)类似。但这同时也意味着,在被监护人不享有责任优待之处,也就没有理由再要求其承担公平责任,尤其是被监护人在行为中已经尽到相同情形下成年人应尽的注意时。

限制公平责任适用条件的理由还在于:其一,在公平责任适用之处,当事人的行为自由即受到限制,不得仅因过错责任不成立而适用公平责任,否则即构成对过错责任所保护的行为自由的过分限制。所以,即使在过错责任失灵且无过错责任也无法成立之处,作为结果责任的公平责任也必须严格限制。其二,《民法典》第1190条第1款关于完全行为能力人没有过错暂时无意识或失去控制的公平责任,仅限于"适当补偿",基于被监护人的特殊保护要求,其法律地位应比该规范的适用情形更优。因此,《民法典》第1188条第2款第1分句应与《德国民法典》第829条做相同解释,即仅在监护人的过错推定责任与被监护人的过错责任均不成立,并且"根据情事,特别是根据当事人的状况,赔偿损害为公平原则所要求,且不剥夺其维持适当生计以及履行法定扶养义务所需金钱的限度内",始得要求被监护人分担损失。[1]

综上,《民法典》第1188条第2款第1分句是被监护人承担公平责

---

[1] 还须考量双方财产状况、行为的危险性、损害的严重性、双方行为的原因力,以及行为人的识别与控制能力等主观因素,参见 Wagner, Kommentar zum §829, in: Münchener Kommentar zum Bürgerlichen Gesetzbuch, 8. Aufl., München: C. H. Beck, 2020, Rn. 15f。

任的规范基础,其适用前提有四:其一,该条第 1 款之监护人过错推定责任不成立;其二,被监护人的过错责任不成立;其三,被监护人有(积极)财产;其四,为公平原则所要求。

4.《民法典》第 1188 条第 2 款第 2 分句的合理化解释

《民法典》第 1188 条第 1 款只是关于监护人责任的规范,无关乎被监护人的责任能力,限制行为能力人在个案中若有识别能力则有责任能力,对于自己的过错加害行为根据《民法典》第 1165 条第 1 款承担过错责任;第 1188 条第 2 款第 1 分句则规定无责任能力的被监护人之公平责任,相对于监护人的过错推定责任与被监护人的过错责任具有次位性。至此,还未解决的问题是第 1188 条第 2 款第 2 分句之"不足部分,由监护人赔偿"当如何解释。

本书认为,可将其解释为监护人所承担之公平责任。如上文所述,被监护人承担公平责任的正当性在于,在侵权行为中,受害人无从选择相对方,但被监护人却享有责任能力与过错方面的法律优待。而监护人并不享有上述过错与责任优待,所以,监护人承担公平责任的条件应当比被监护人更严格,且在顺位上应当劣后于第 1188 条第 2 款第 1 分句的被监护人公平责任,以被监护人承担公平责任为前提。[1] 由于被监护人公平责任又以"监护人尽到监护职责"为前提,故而,宜将第 1188 条第 2 款第 2 分句之"不足部分"解释为被监护人所承担公平责任范围内的不足部分。此外,"由监护人赔偿"所指向是监护人的公平责任,不仅以被监护人承担公平责任为前提,还须"根据实际情况"确定,且仅为"分担损失"。

(三)小结

归纳上文分析,被监护人致害,监护人与被监护人的责任形式有四种组合:

---

[1] 也正是出于严格限定公平责任适用的理由,《德国民法典》只规定了无责任能力人的公平责任(第 829 条),而无所谓监护人的公平责任。

（1）被监护人具有责任能力与过错，监护人尽到监护职责：被监护人单独负责，责任依据是《民法典》第1165条第1款。

（2）被监护人具有责任能力与过错，监护人未尽监护职责：被监护人与监护人承担连带责任，责任依据分别是《民法典》第1165条第1款与第1188条第1款。

（3）被监护人不具有责任能力或无过错，监护人未尽监护职责：监护人单独负责，责任依据是《民法典》第1188条第1款。

（4）被监护人不具有责任能力或过错，监护人尽到监护职责：首先，可能（而非必定）由被监护人承担公平责任（《民法典》第1188条第2款第1分句）；不足部分，可能（而非必定）由监护人承担公平责任（《民法典》第1188条第2款第2分句）。

三、请求权基础检视

本案应予检讨的是甲父母对乙同学与乙父母的侵权请求权。由于乙是限制行为能力人，甲父母对乙同学的请求权基础可能有二：其一，乙同学的过错侵权责任（《民法典》第1165条第1款）；其二，乙同学的公平责任（《民法典》第1188条第2款第1分句）。甲父母对乙父母的请求权基础同样可能有二：其一，乙父母的监护人过错推定责任（《民法典》第1188条第1款）；其二，乙父母的监护人公平责任（《民法典》第1188条第2款第2分句）。

由于被监护人的公平责任相对于被监护人的过错责任与监护人的过错推定责任具有次位性，而监护人公平责任在顺位上又劣后于被监护人公平责任。因而，下文的请求权基础探寻顺序为：第一，甲父母对乙同学的过错侵权请求权；第二，甲父母对乙父母的过错推定请求权；第三，甲父母对乙同学的公平责任请求权；第四，甲父母对乙父母的公平责任请求权。

对于每一项侵权责任的检讨均可分为两个层次：首先，确认侵权责任是否成立,此回答侵权请求权是否成立。其次,若侵权责任成立,进而确定侵权责任的具体内容,此回答侵权请求权的范围,即侵权责任的范围。若两个层次的要件均满足,再继续检视是否存在权利消灭抗辩与权利阻止抗辩(抗辩权),最终得出裁判结论。

(一)甲父母对乙同学的过错侵权请求权

假设甲父母可以根据《民法典》第 1181 条第 1 款第 1 句结合第 1165 条第 1 款请求乙同学承担侵权责任。

《民法典》第 1181 条第 1 款第 1 句规定:"被侵权人死亡的,其近亲属有权请求侵权人承担侵权责任。"

《民法典》第 1165 条第 1 款规定:"行为人因过错侵害他人民事权益造成损害的,应当承担侵权责任。"

上述侵权责任的成立须满足下列要件:其一,甲死亡、请求权人是甲之近亲属;其二,存在乙的加害行为;其三,乙的行为与甲的死亡间具有因果关系[1];其四,乙的行为具有不法性(不法性抗辩)[2];其五,乙具有责任能力(责任能力抗辩);其六,乙具有过错。

1. 甲死亡与近亲属关系

本案中,甲死亡、甲父母是其近亲属。

2. 加害行为

乙抱甲下楼的过程中,二人摔下楼梯,存在加害行为。

3. 因果关系

此处应检视者为责任成立因果关系,分为条件性与相当性两个层次:

(1)条件性,即若无此行为即无此结果。本案中,若无乙抱甲下楼的行为,甲就不会受伤,也不会因抢救无效而死亡,条件性满足。

---

[1] 此处所考察的是加害行为与权益被侵之间的责任成立因果关系,权益被侵与损害结果之间的责任范围因果关系与此不同,后者应在确定责任范围时检视。

[2] 由于我国《民法典》承认了正当防卫、紧急避险等不法性阻却事由,且正当防卫本身即要求针对"不法侵害"进行防卫,所以不法性应为独立的检视要件。

（2）相当性，即在"最佳观察者"看来，通常有此行为即有此结果，而非难得一有、极为罕见、依据事物通常的发展不可能发生的情形，目的在于排除因果关系较远的事件。检视乙的行为与甲死亡间是否具有"相当性"，首先应注意的是，乙虽然未必知甲为"玻璃娃娃"，但二人为同班同学，乙对于甲的肢体障碍及平时的行动困难非常了解，故基于"最佳观察者"角度需要回答的问题是，一个了解受害人身体障碍与行动不便的人抱受害人下楼并摔下楼梯，导致受害人身负重伤甚至死亡是否"难得一有、极为罕见"？本书认为，鉴于甲的身体状况以及乙对此状况的了解，乙抱甲下楼的过程中摔下楼梯致甲身负重伤继而死亡，应该并非"难得一有、极为罕见、依据事物通常的发展不可能发生的情形"，如果认定相当因果关系成立，应该不至于不公平，相当性满足。

4. 不法性抗辩

不法性要件的认定基于推定，即若上述三个要件满足便可推定加害行为具有不法性，除非存在不法性阻却事由。对此，本案中应予讨论的事由有二：

（1）甲同意乙抱自己下楼，是否构成"受害人同意"，从而排除不法性。本书认为，甲虽同意乙抱自己下楼，但此"同意"所表达的是对乙帮助自己下楼的同意，而非对"侵害"的同意，此与病人同意医生为了治疗而伤害自己的身体完全不同，不构成不法性阻却事由。

（2）甲受伤后一再请求不要对乙进行责罚，是否可排除不法性。甲请求不要责罚乙的表示，以乙的责任成立为前提，是甲对乙之责任免除的表示，不构成责任成立阶段应检视的不法性阻却事由。据此，可认定乙的行为具有不法性。

5. 责任能力抗辩

关于乙是否具有责任能力，根据上文第二部分之（二）1的论证，乙是限制行为能力人，是否具有责任能力，取决于他在此案中是否具有识别能力。对于识别能力的判断，以认识到行为的一般危险性，并可意识到行为后果的责任为已足，而不必具体认识到个案情形下的具体危险,也不必具有基于此识别可能而控制行为的能力,后者是过错问题。本案中,乙为16周岁,可以合理期待一个正常的16周岁未成年人认识到抱一个残疾人下楼的一般危险,且意识到危险发生的法律后果,因而乙有责任能力,不成立责任能力抗辩。

6. 过错

根据过错程度,有故意、重大过失、抽象轻过失、具体轻过失之别。侵权责任成立通常以抽象轻过失为已足,我国台湾地区学理上称之为"疏于尽善良管理人之注意"。[1]《德国民法典》则称"疏于尽在交往中必要的注意"(第276条第2款)。对于过错的判断,采客观标准,就未成年人而言,以"正常发展"的同龄人的"群体典型注意"为标准。但在例外情形下,侵权人可能仅须就具体轻过失或重大过失或故意负责。所以,对于本案而言,首先须确定乙应就何种程度的过错负责,然后再检视乙是否具有此种程度的过错。

(1) 乙应就何种程度的过错负责

本案中,乙出于好意主动要求抱甲下楼,甲同意,如果此"同意"构成"委任",那么由于在无偿的委任关系中,受托人仅就故意或重大过失负责(《民法典》第929条第1款第2句),且该责任减轻事由可类推于侵权责任,乙仅须就故意或重大过失负责,首先应检讨甲、乙间是否存在委任合同,或者更明确地说,甲、乙的约定构成法律行为还是情谊行为。[2]

情谊行为与法律行为的区别在于:行为人是否具有受法律约束之意思。对此应采客观解释,以交易中诚实信用的理性人之理解为标准,同时应尽可能探知行为人的真意。由于情谊行为与法律行为的区分在发生给付障碍时才有意义,[3]因而除了是否无偿之外,判断的关

---

〔1〕 参见史尚宽:《债法总论》,中国政法大学出版社2000年版,第116页。
〔2〕 若甲、乙间的约定并非情谊行为,还须考量乙作为未成年人为此法律行为的效力如何。
〔3〕 Vgl. Werner Flume, Allgemeiner Teil des Bürgerlichen Rechts, 2. Band, Berlin Heidelberg: Springer, 1992, S. 87.

键还在于当事人是否认真考虑过不履行的后果,此外还须考量个案的其他情形。就本案而言,一方面,乙出于好意帮助甲,系无偿行为,而且二人约定时并未认真考虑过"给付障碍"的法律后果;另一方面,甲受伤后多次请求不要对乙进行责罚,可探知甲、乙的约定并非法律效果意思的表达,不成立委任合同,而仅是情谊行为。[1]

情谊行为一般可排除合同责任[2],但不排除侵权责任[3],不过情谊行为侵权仍得根据个案类推适用无偿合同的责任优待,原因在于,有法律拘束意思的无偿法律行为尚且享有责任优待,无法律约束意思的情谊行为更应如此。无偿委任合同与本案中甲、乙间的情谊行为最相类似,因而关于乙的责任承担,得类推适用《民法典》第 929 条第 1 款第 2 句之规定,即乙仅须就故意或重大过失负责。下一步应检讨者,即乙是否具有故意或重大过失。

(2)乙是否具有故意或重大过失

显然,对于甲的死亡,乙并无故意。重大过失是"特别重大而且在主观上不可恕宥的违反义务行为,其已显著地超出通常的过失程度"。[4] 本案中,乙是否具有重大过失应采同龄人标准,乙出于好意主动帮助甲下楼,因地面湿滑且抱甲在一定程度上视线受阻而摔倒,并非"特别重大而且在主观上不可恕宥的违反义务行为",而且摔倒时两人同时跌落,并非"已显著地超出通常的过失程度",不构成重大过失。实际上,即使以成年人的注意标准进行判断,也难以认定乙帮助甲的行为具有重大过失。我国台湾地区对于此案的终审判决中甚至认为乙不具

---

[1] 黄立教授认为二人间无委任合同,参见氏著:《玻璃娃娃案的民事法律责任》,载《月旦法学教室》2006 年第 45 期;孙森焱教授则认为二人间成立委任合同,参见氏著:《侵权行为人的行为义务》,载《月旦裁判时报》2010 年创刊号。

[2] 更准确地说,情谊行为排除合同给付义务及其违反责任,但并不必然排除保护义务等附随义务。

[3] Vgl. Werner Flume, Allgemeiner Teil des Bürgerlichen Rechts, 2. Band, Berlin Heidelberg:Springer, 1992, S. 90.

[4] 参见〔德〕迪特尔·梅迪库斯:《德国债法总论》,杜景林、卢谌译,法律出版社 2004 年版,第 244 页;史尚宽:《债法总论》,中国政法大学出版社 2000 年版,第 116 页;黄立:《民法债编总论》,中国政法大学出版社 2002 年版,第 252 页。

有任何形式的过失。[1]

小结:本案中,乙经甲的同意抱其下楼构成情谊行为,关于乙的责任认定,得类推无偿委托的规则,即受托人仅就故意或重大过失负责(《民法典》第929条第1款第2句),而乙不具有故意或重大过失,甲父母不得根据《民法典》第1181条第1款第1句结合第1165条第1款请求乙同学承担侵权责任。

(二)甲父母对乙父母的监护人过错推定请求权

假设甲父母可根据《民法典》第1181条第1款第1句结合第1188条第1款请求乙父母承担侵权责任。

《民法典》第1181条第1款第1句规定:"被侵权人死亡的,其近亲属有权请求侵权人承担侵权责任。"

《民法典》第1188条第1款规定:"无民事行为能力人、限制民事行为能力人造成他人损害的,由监护人承担侵权责任。监护人尽到监护职责的,可以减轻其侵权责任。"

甲父母是甲的近亲属无疑,因而仅须检讨乙父母是否应对甲的死亡负责,根据上文第二部分之(二)2的论证,《民法典》第1188条第1款的监护人责任为过错推定责任,责任成立要件为二:其一,被监护人不法侵害他人;其二,监护人无法证明已经尽到监护职责。

1. 被监护人是否不法侵害他人

根据上文第三部分之(一)对乙之侵权责任的分析,乙的行为与甲死亡间存在(责任成立)因果关系,且具有不法性,第一项要件满足。

2. 监护人是否无法证明尽到监护职责

对于乙父母是否尽到监护职责之判断,应以正常的理性监护人在同等情形下应尽的注意为依据,而有责任能力的未成年人,若其行为没

---

[1] 我国台湾地区台北"地方法院"民事判决2002年度重诉字第2359号认为乙的行为没有任何故意过失可言;我国台湾地区"高等法院"民事判决2004年度上字第433号则认为乙欠缺一般人的注意,应承担过错责任;我国台湾地区"高等法院"民事判决2006年度上更(一)字第6号终审则认为以同龄人的注意能力为标准,乙不具有任何过失。

有过错,且未受到监护人的不当指示,所涉事件就只是意外事故,监护人责任不成立。本案中,乙的过错责任不成立,换言之,乙在本案中并无不当行为,也没有受到父母的不当指示,难谓乙父母未尽监护职责。[1] 据此,可以认定乙父母尽到监护责任,第二项要件不满足。

对于监护人尽到监护职责的,《民法典》第1188条第1款第2句所规定的法律效果是"可以减轻其侵权责任",但如上文第二部分之(二)2所述,如果监护人完全尽到监护职责,则应允许将其责任减轻至零。

小结:甲父母不得根据《民法典》第1181条第1款第1句结合第1188条第1款请求乙同学父母承担侵权责任。

(三) 甲父母对乙同学的公平责任请求权

假设甲父母可根据《民法典》第1181条第1款第1句结合第1188条第2款第1分句请求乙同学承担公平责任。

《民法典》第1181条第1款第1句规定:"被侵权人死亡的,其近亲属有权请求侵权人承担侵权责任。"

《民法典》第1188条第2款第1分句规定:"有财产的无民事行为能力人、限制民事行为能力人造成他人损害的,从本人财产中支付赔偿费用……"

根据上文第二部分之(二)3的论证,该请求权成立的要件是:其一,被监护人的过错责任不成立(注意:若完全行为能力人为相同行为也无过错,则可在此步骤即排除公平责任,因为未成年人公平责任的正当性在于,与完全行为能力人相比,未成年人享有过错认定上的优待;而在此情形下,未成年人无过错优待);其二,监护人尽到监护职责,过

---

[1] 我国台湾地区台北"地方法院"民事判决2002年度重诉字第2359号以乙不必承担过错责任为由认为乙父母不存在未尽监护职责的事由;我国台湾地区"高等法院"民事判决2004年度上字第433号则因认定乙的过错责任成立而要求乙父母承担连带责任;我国台湾地区"高等法院"民事判决2006年度上更(一)字第6号终审也以乙的过错责任不成立为由,认定乙父母不存在未尽监护职责的事由。

错推定责任不成立;其三,被监护人有(积极)财产;其四,被监护人承担赔偿义务为公平原则所要求。

(1)由上文第三部分之(一)的分析可知,乙的过错责任不成立,第一项要件满足。

(2)由上文第三部分之(二)的分析可知,乙父母尽到监护职责,过错推定责任不成立,第二项要件满足。

(3)案情显示乙同学没有(积极)财产,第三项要件不满足,不必再检视第四项要件。

小结:甲父母不得根据《民法典》第1181条第1款第1句结合第1188条第2款第1分句请求权乙同学承担公平责任。

(四)甲父母对乙父母的公平责任请求权

根据上文第二部分之(二)4的论证,监护人的公平责任是对被监护人公平责任的补充,仅限其"不足部分"(《民法典》第1188条第2款第2分句),而由上文第三部分之(三)的论证可知,被监护人乙的公平责任不成立,也就不必再检视乙父母的公平责任。据此,甲父母不得根据《民法典》第1181条第1款第1句结合第1188条第2款第2分句请求乙父母承担公平责任。

四、结论

《民法典》第1188条第1款所规定者仅为监护人的过错推定责任,而对被监护人的责任能力未置一词。可认为无行为能力人无责任能力,限制行为能力人的责任能力以识别能力为断。有责任能力的限制行为能力人之过错侵权责任规范为《民法典》第1165条第1款。《民法典》第1188条第2款第1分句关于"有财产"之被监护人的公平责任相对于过错责任具有次位性,以被监护人过错责任与监护人过错推定责任均不成立为适用前提。《民法典》第1188条第2款第2分句所规定的监护人对不足部分的赔偿责任,也是具有次位性的公平责任,且在顺位上劣后于被监护人的公平责任,仅可针对被监护人承担公平责任后的不足部分。

本案属于上文第二部分之(三)所归纳的被监护人责任与监护人责任组合形式的第四种情形,即被监护人过错责任不成立,且监护人尽到监护职责,其法律后果是,可能(而非必定)由被监护人在监护人尽到监护职责的范围内承担公平责任,不足部分可能(而非必定)由监护人承担公平责任。具体而言:

第一,甲父母不得根据《民法典》第1181条第1款第1句结合第1165条第1款请求乙同学承担过错责任。因为乙经甲的同意抱其下楼构成情谊行为,关于乙的责任认定,得类推无偿委任的规则,即受托人仅就故意或重大过失负责(《民法典》第929条第1款第2句),而乙在本案中不具有故意或重大过失,该请求权不成立。

第二,甲父母不得根据《民法典》第1181条第1款第1句结合第1188条第1款请求乙同学父母承担过错推定责任。因为乙在此案中不存在不当行为,可以认定乙父母尽到监护职责,可将其责任减轻至零,该请求权不成立。

第三,甲父母不得根据《民法典》第1181条第1款第1句结合第1188条第2款第1分句请求权乙同学承担公平责任。虽然乙的过错责任与乙父母的过错推定责任均不成立,但因案情显示乙没有积极财产,该请求权不成立。

第四,甲父母不得根据《民法典》第1181条第1款第1句结合第1188条第2款第2分句请求乙父母承担公平责任。因为监护人公平责任以被监护人公平责任为前提,而乙不必负担公平责任,也就不存在乙父母的公平责任问题,该请求权不成立。

综上,甲父母请求乙与乙父母承担侵权责任,缺乏相应的请求权基础。

第十二章　错误出生案

一、案情与问题

3月24日,甲因怀孕在其夫乙的陪同下,到丁医院进行孕期检查,戊医生接诊并建议甲做唐氏筛查,甲遵医嘱进行了上述检查。一周后,唐氏综合征筛查报告单显示,一项指标高风险,一项指标低风险。戊医生解释道:"因为年龄大,自然会显示高风险,这是正常的,不必担心。"10月16日,甲产下男婴丙。不久后,丙被确诊为唐氏综合征。

甲、乙、丙主张,若及时得知丙的缺陷,甲、乙即会决定终止妊娠,但因戊医生未能作出正确的产前诊断,导致甲产下具有严重缺陷的患儿丙,给父母和孩子都造成了巨大的经济损失和精神伤害,要求丁医院与戊医生赔偿因生育而支出的费用(怀孕与生产期间的医疗费、护理费、交通费、误工费等),丙的治疗与抚养费,并进行精神损害赔偿。[1]

请问:甲、乙、丙的主张是否具备相应的请求权基础?

简析:本案所涉的请求方为甲、乙、丙,相对方为丁医院与戊医生,应两两对应分别检视其法律关系。其一,就甲而言,甲与丁医院间存在医疗服务合同,可能基于合同或侵权对丁医院提起损害赔偿;戊医生作为丁医院的雇员,与甲之间无合同关系,甲对戊只可能基于侵权提起损害赔偿。其二,就乙而言,乙虽非医疗服务合同的当事方,但依"附

---

[1] 案情改编自陕西省西安市中级人民法院民事判决书(2016)陕01民终726号所涉案例。

保护第三人作用之合同"理论,仍可能对丁医院享有基于合同的损害赔偿请求权;乙对丁医院、戊医生也可能基于侵权提起损害赔偿请求。其三,就丙而言,丙与丁医院间同样有"附保护第三人作用之合同"问题;还应考察丙对丁医院、戊医生间的侵权请求权。

二、甲对丁医院的合同请求权

因丁医院违反了医疗服务合同义务,于此,应考量的是甲对丁医院的派生合同请求权,分为合同损害赔偿责任的成立与损害赔偿的范围认定两个阶段,之后还应检视请求权是否未消灭、可行使。

假设甲得根据《民法典》第577条"当事人一方不履行合同义务或者履行合同义务不符合约定的,应当承担……赔偿损失等违约责任"的规定,请求丁医院进行损害赔偿。

(一)合同损害赔偿请求权的成立

若该请求权成立,则须满足如下前提:(1)合同有效成立;(2)存在给付障碍;(3)丁医院应为给付障碍负责;(4)不存在权利阻却的抗辩(权利未发生的抗辩)。

1. 本案中,医疗服务合同有效成立并无争议。
2. 是否存在给付障碍

甲与丁医院之医疗服务合同的内容是进行唐氏筛查与诊断,属于孕产期保健服务。

根据我国《母婴保健法》第14条第2款第3项之规定,医疗保健机构应当提供的孕产期保健服务之内容,包括为胎儿生长发育进行监护,提供咨询和医学指导。该法第17条规定:"经产前检查,医师发现或者怀疑胎儿异常的,应当对孕妇进行产前诊断。"第18条进一步规定:"经产前诊断,有下列情形之一的,医师应当向夫妻双方说明情况,并提出终止妊娠的医学意见:(一)胎儿患严重遗传性疾病的;

(二)胎儿有严重缺陷的;(三)因患严重疾病,继续妊娠可能危及孕妇生命安全或者严重危害孕妇健康的。"上述规范所涉的产前检查义务、诊断义务与提出终止妊娠之医学意见的义务,基于法律规定,直接成为孕产期保健服务合同的内容。

本案中,甲至丁医院进行唐氏筛查,就检查结果显示的高风险,戊医生未能作出正确的产前诊断,更没有就胎儿可能具有的严重缺陷,向甲提出终止妊娠的医学意见,丁医院对甲构成给付障碍。

3. 丁医院是否应为给付障碍负责

戊医生作为丁医院的雇员,是后者的履行辅助人,戊医生未能作出正确的产前诊断,丁医院应为其履行辅助人的行为负责。

4. 是否存在权利阻却的抗辩

若存在《民法典》第590条第1款第1句的不可抗力事由,则丁医院不必负责,但本案中并不存在此类事由。

5. 中间结论

甲对丁医院的合同损害赔偿请求权成立。进而,应确定损害赔偿的具体范围。

(二)合同损害赔偿请求权的范围

关于不履行合同义务所致之损害赔偿的范围,《民法典》第584条规定:"当事人一方不履行合同义务或者履行合同义务不符合约定,造成对方损失的,损失赔偿额应当相当于因违约所造成的损失,包括合同履行后可以获得的利益;但是,不得超过违约一方订立合同时预见到或者应当预见到的因违约可能造成的损失。"德国学理与判例上,以合同目的限制损害赔偿范围,超出合同目的之损害不予赔偿。[1] 本书认为,《民法典》第584条但书部分的可预见性原则可以起到与合同目的类似的筛查效果,因为超出合同目的的损害,通常即属于不应苛求债务

---

〔1〕参见〔德〕马克西米利安·福克斯:《侵权行为法》,齐晓琨译,法律出版社2006年版,第17页。

不履行方预见到的损害。

就合同损害赔偿的范围应检视:(1)损害的存在;(2)各项损害与给付障碍间的因果关系(责任范围因果关系);(3)合同目的与可预见性原则的限制。

1. 甲的损害

涉及孕产期的医疗费、因生育而支出的费用、对丙的治疗与抚养费、甲的精神损害赔偿。

有争议的是,对丙的治疗与抚养费、甲的精神损害是否属于合同领域内的损害。

(1)对丙的治疗与抚养费

有观点认为,丙的治疗与抚养费构成损害的前提是,孩子的出生本身被作为损害,而出于对人之生命与尊严的尊重,孩子不能作为损害。[1] 本书认同孩子不能作为损害,但这并不意味着对缺陷儿的治疗与抚养费用不构成损害。

孩子不是损害,是因为每个人的人格与尊严均应得到平等尊重。错误出生的孩子本身,不仅不能作为损害,而且父母还对其负有抚养义务。但孩子不是损害,并不影响对其治疗与抚养费构成损害。抚养费损害因可归责于医院的给付障碍造成,是医院应当承担的责任,并非对子女的否定评价,与子女的生命尊严无关。民法上的损害是价值中立的概念,并不包含任何负面的价值评价,也不能因为这种对损失的平衡,就对子女作出消极的价值评价。

错误出生的缺陷儿本身不是损害,父母对其负担抚养义务,但并不意味着父母由此负担的费用不构成损害。

(2)精神损害

精神损害赔偿面临的质疑是,合同责任是否可及于精神损害。《德国民法典》第253条规定的精神损害不限于侵权领域,合同债务不履行也可能适用精神损害赔偿。我国实证法上,《民法典》侵权责任编第

---

[1] 参见王泽鉴:《侵权行为》(第3版),北京大学出版社2016年版,第178页。

1183条明确承认精神损害赔偿,但这是否必然意味着精神损害仅应限于侵权责任,仍值得商榷。[1] 本书认为,对此不妨采取开放的态度,若精神损害确实是因对方不履行合同义务所致,且将其纳入损害赔偿不违反合同目的与可预见性原则,即可支持。《民法典》第996条之规定(因当事人一方的违约行为,损害对方人格权并造成严重精神损害,受损害方选择请求其承担违约责任的,不影响受损害方请求精神损害赔偿)也存在相应的解释空间。

2. 损害与给付障碍间的责任范围因果关系

因丁医院的给付障碍导致的损害,才能纳入损害赔偿范围。

由于丁医院的给付障碍,体现为未尽诊断与医学建议义务,属于应作为而不作为的给付障碍。而不作为与作为不同,并不存在一个因果链条,其考量的依据是,若无此不作为,那么结果发生的可能性必定大为降低。因而对于不作为,所考虑的并非真实的,而是被设想的因果关系。[2] 换言之,"条件性+相当性"的因果关系判断标准在此并不奏效。若可以证明"即使尽到作为义务,损害也不可避免",则可推翻因果关系。

(1)因生育而支出的费用

唐氏筛查之前因生育而支出的费用,与丁医院的给付障碍无关。

但唐氏筛查之后因生育而支出的费用,则应纳入损害赔偿范围。因为若非丁医院未能正确作出产前诊断,甲继续妊娠的可能性必定大为降低,就不会产生后续的理疗与因生育而支出的费用,因果关系成立。

---

[1] 2010年原最高人民法院《关于审理旅游纠纷案件适用法律若干问题的规定》第21条规定:"旅游者提起违约之诉,主张精神损害赔偿的,人民法院应当告知其变更为侵权之诉;旅游者仍坚持提起违约之诉的,对于其精神损害赔偿的主张,人民法院不予支持。"由此观之,似乎最高人民法院曾反对将精神损害纳入合同责任的范围。但2020年修订后该条文已删除。

[2] Vgl. Brox/Walker, Allgemeines Schuldrecht, 33. Aufl., München: C. H. Beck, 2009, S. 330.

(2)丙的医疗费与抚养费

就对丙的医疗费与抚养费是否落入损害赔偿的范围,有三种观点:其一,全部否定。其二,仅肯定因患病而须负担的医疗费与特别抚养费,而否定一般抚养费(抚养健康子女也须承担的费用)。其三,全部肯定。

① 全部否定

该观点认为,丙的唐氏综合征并非丁医院所致,而是自身发育原因导致的,即使医院没有违反义务,也不能改变丙罹患唐氏综合征的事实,因而,医院的义务违反与对丙的医疗、抚养费用间不存在因果关系,医院不必赔偿丙的医疗费与抚养费。[1]

本书认为,丙罹患唐氏综合征确实并非丁医院所致,但若非丁医院违反诊断与提供医学意见的义务,甲继续妊娠的可能性必定大为降低,从而不必负担唐氏综合征患儿丙的医疗费与抚养费,因果关系成立。有疑问的是,对丙的一般抚养费用(即抚养健康子女也会支出的费用)是否应落入损害赔偿范围。

② 肯定对丙的医疗费与特别抚养费,否定一般抚养费

在此观点之下,因丙的缺陷而需要额外支出的医疗费与特别抚养费,落入损害赔偿范围,一般抚养费则被排除。[2] 本书认为,反对将一般抚养费用纳入赔偿范围,必将否定一般抚养费用与医院的义务违反之间存在因果关系。理由或在于,甲的意愿是生育健康子女而非不生育子女,丙的一般抚养费用原本即属于甲可预见且愿意承担的抚养费用。因而,丁医院未尽正确诊断与告知义务所导致的损害赔偿中,应将一般抚养费用剥离。

不作为与损害间的因果关系,只能以"即使尽到作为义务,损害也

---

[1] 此类案件的被告方医院多以此作为抗辩理由,如本章案情来源陕西省西安市中级人民法院民事判决书(2016)陕01民终726号的被告方即如此主张。

[2] 参见杨立新、王丽莎:《错误出生的损害赔偿责任及适当限制》,载《北方法学》2011年第2期;丁春艳:《"错误出生案件"之损害赔偿责任研究》,载《中外法学》2007年第6期;法国司法实务也不支持一般抚养费的损害赔偿,可参见王泽鉴:《侵权行为》(第3版),北京大学出版社2016年版,第179页。

不可避免"来推翻。本案中,否定给付障碍与一般抚养费的因果关系,即应论证即使医院没有违反义务,甲仍不免要承担健康子女的一般抚养费用。而该逻辑仅在两种前提下可成立:其一,若非医院违反义务,丙即会健康出生。其二,若非医院违反义务,甲即会生育其他健康子女。而上述两种情形均无法成立,因为医院违反义务之时,甲所孕育的胎儿只有丙。丙或者带着缺陷出生,或者因甲终止妊娠而无法出生,并不存在健康出生,或变成其他健康胎儿的可能。虽然甲有生育健康子女的意愿,也愿意承担健康子女的抚养费用,但现实却是甲只能或者生育缺陷儿,或者终止妊娠,而因为医院的失职,甲丧失了选择终止妊娠的可能,由此而产生的一般抚养费用与特殊抚养费用无法分离。

③ 全部肯定

该观点认为,对缺陷儿的一般抚养费用与特别抚养费用无法截然分离,均属应予赔偿的范围,[1]本书从之。对丙的医疗费、抚养费与医院的义务违反之间存在因果关系,包括一般抚养费与特别抚养费,已经产生的与将会产生的费用,且不限于成年之前。

(3)精神损害赔偿

如上文所述,合同责任不必排斥精神损害。本案中,若非医院的给付障碍,甲就不会承受生育、抚养缺陷儿的精神痛苦。同时,医院若未违反诊断与提供医学意见的义务,生此损害的可能性必定大为降低,因果关系成立。

3. 规范目的与可预见性

孕产期保健服务合同的目的,即在于避免缺陷儿的出生,若医院违反诊断与提供医学意见的义务,导致缺陷儿出生的,由医院赔偿错误诊断之后甲因生育而支出的费用、对缺陷儿的医疗费、抚养费,以及甲的精神损害,不违反合同目的,属于医院预见或应当预见到的因违反合同而可能造成的损害。

---

[1] 参见房绍坤、王洪平:《医师违反产前诊断义务的赔偿责任》,载《华东政法学院学报》2006年第6期。

(三) 请求权未消灭、可行使

可考量的请求权消灭事由是损益相抵规则。本案中,甲因不必经受终止妊娠手术而免于承受的财产损失与精神痛苦,应在损害赔偿额中予以扣除。医院方不存在其他权利消灭抗辩与权利阻止抗辩(抗辩权)。

(四) 小结

甲可以根据《民法典》第577条请求丁医院赔偿错误诊断之后因生育而支出的费用,对缺陷儿的医疗费、抚养费,以及精神损害,但损害赔偿额的计算应考量甲因不必经受终止妊娠术而免遭的财产损失与精神痛苦。

三、甲对戊医生、丁医院的侵权请求权

丁医院是戊医生的雇主,《民法典》第1191条第1款第1句规定:"用人单位的工作人员因执行工作任务造成他人损害的,由用人单位承担侵权责任。"《民法典》第1221条"医务人员在诊疗活动中未尽到与当时的医疗水平相应的诊疗义务,造成患者损害的,医疗机构应当承担赔偿责任"的规定,可以看作上述规范的具体化。据此,雇员工作致害的责任由雇主承担。但问题在于,雇员行为满足侵权要件时,是否也应承担侵权责任。

本书认为,雇主可能承担责任,并不能成为排除雇员作为直接侵害人承担责任的理由,雇员与雇主承担连带责任的制度安排更合理。原因在于,排除雇员责任既不能保护雇员,也对受害人不利。一方面,雇主承担责任后,可以基于内部合同关系向雇员追偿[1],在此意义上,雇员仍是最终责任人。另一方面,允许雇主追偿,却不允许受害人选择由

---

〔1〕 虽然《民法典》第1191条第1款第2句仅规定了用人单位对有故意或重大过失的工作人员的追偿权,但这并不意味着用人单位不能基于内部合同关系向具有轻过失的工作人员追偿。

雇主或雇员赔偿,其结果是雇主给付不能的风险由受害人承担。在雇主仅为部分赔偿后即向雇员追偿时,受害人地位反倒不如雇主。而且,可能导致雇主无力承担赔偿责任(如破产)时,受害人无法寻求救济,而雇员作为直接侵害人却不必承担责任的古怪局面。

据此,下文首先检视甲对直接侵害人戊医生的侵权请求权,再检视甲对丁医院的侵权请求权,若二者均成立,则戊医生与丁医院承担连带责任。

(一) 甲对戊医生的侵权请求权

1. 过错侵权的一般条款与特别条款

德国法上,若过错侵权一般条款(《德国民法典》第 823 条第 2 款)的要件不满足,则仍有必要检视是否构成违反保护性法律侵权(《德国民法典》第 823 条第 2 款)或故意悖俗侵权(《德国民法典》第 826 条),后二者属于过错侵权的特别条款。

之所以如此区分,是因为过错侵权的一般条款仅保护绝对权侵害,纯粹经济损失(如债权)则因不具有绝对性,他人无从识别,从而无法防免侵害,不在其保护范围之内。但在过错违反保护性法律或者故意违背善良风俗造成他人纯粹经济损失情形,保护性法律与善良风俗起到了公示作用,无法识别的抗辩不再成立,仍可构成过错侵权。

我国过错侵权的一般条款是《民法典》第 1165 条第 1 款,并无明确的违反保护性法律或故意悖俗侵权规范。本书认为,《民法典》第 8 条"民事主体从事民事活动,不得违反法律,不得违背公序良俗"的规定或可作为规范漏洞填补的依据。据此,仍不妨与德国法做相同解释,[1]以过错违反保护性法律与故意违背善良风俗,作为将纯粹经济损失纳入侵权保护的前提。以过错侵权一般条款为依据的请求权主

---

[1] 类似观点,可参见葛云松:《纯粹经济损失的赔偿与一般侵权行为条款》,载《中外法学》2009 年第 5 期;葛云松:《〈侵权责任法〉保护的民事权益》,载《中国法学》2010 年第 3 期。

张,以《民法典》第 1165 条第 1 款为请求权基础规范;以违反保护性法律或故意悖俗侵权为依据的纯粹经济损失赔偿请求,则以《民法典》第 1165 条第 1 款结合第 8 条为请求权基础规范。

本案中,首先应检视过错侵权的一般要件是否得以满足;若否,则还须检视是否构成违反保护性法律侵权。故意悖俗侵权则因戊医生的故意无从证明而不必检视。

2. 请求权基础检视

假设甲得根据《民法典》第 1165 条第 1 款"行为人因过错侵害他人民事权益造成损害的,应当承担侵权责任"的规定,请求戊医生进行损害赔偿。

本案中,戊医生未尽诊断与医学建议义务,属于有作为义务而不作为,不作为过错侵权责任的成立,须满足以下前提:(1)绝对性权益被侵;(2)作为义务的存在;(3)作为义务的违反;(4)责任成立因果关系;(5)不存在责任能力抗辩。需要说明的是,不作为侵权中"作为义务的违反"涵括了侵害行为、不法性与过错判断,这三项要件不必单独检视。

若侵权责任成立要件满足,则须进一步确定侵权责任的范围,即检视损害与责任范围因果关系两项要件。最后,检讨是否存在权利消灭抗辩与权利阻止抗辩(抗辩权)。

(1)侵权责任的成立

① 甲的绝对性权益被侵?

于此需要检讨的为两项法益:甲的身体权与生育自决权。

就甲的身体权而言,所涉问题是,甲得否主张因未能及时终止妊娠而造成的怀孕与生育,构成对自己的身体权侵害。对此,德国判例与学理认为,错误出生情形,除非因胎儿缺陷导致不得不进行复杂的剖宫产手术,否则单纯的妊娠生育不构成身体权侵害。[1] 本书从之。

较具争议的是,所谓生育自决权是否受侵权法保护的绝对性法益。

---

[1] 参见〔德〕马克西米利安·福克斯:《侵权行为法》,齐晓琨译,法律出版社 2006 年版,第 20 页。

对此,存在两种肯定观点和一种否定观点:肯定观点,或认为生育自决权是一类独立的人格权[1],或认为生育自决权是人格利益,属于一般人格权[2],受过错侵权一般条款的保护。否定观点则认为生育自决权并非受侵权法保护的绝对性权益[3],而是纯粹经济损失。在将生育自决权界定为纯粹经济损失的观点之下,有主张错误出生可诉诸违反保护性法律侵权者[4],也有主张只能适用合同责任者[5]。

本书认为,生育自决权与生命、身体、健康等权利内容明确、边界清晰的具体人格权不同,即使冠之以"生育自决权"之名,使其有名化,仍不能改变其权利内容模糊的实质,但并不能据此否认它属于应保护的人格利益,具有可排除不特定人干涉的绝对性,因而,本书倾向于将其界定为框架性权利。判断是否存在框架性权利侵害,只能在类型化的案件中通过法益衡量确定。对于错误出生类案件,医院与医生未尽诊断与建议义务者,对孕产妇的生育决定形成自由产生了不当影响,可以认定此类框架性权益被侵。[6]

② 戊医生的作为义务

根据我国《母婴保健法》第17条、第18条之规定,医生有义务对孕产妇进行产前检查、诊断,并在胎儿有严重缺陷等情形提出终止妊娠的医学意见。本案中,甲至丁医院进行唐氏筛查,戊医生有义务对其进行产前诊断,并提出医学意见。

---

[1] 参见丁春艳:《"错误出生案件"之损害赔偿责任研究》,载《中外法学》2007年第6期。

[2] 参见朱晓喆、徐刚:《民法上生育权的表象与本质——对我国司法实务案例的解构研究》,载《法学研究》2010年第5期。

[3] 我国台湾地区新光医院唐氏综合征案的第一审与第二审法院持此观点,第三审及更审法院则认为侵权责任成立,可参见陈忠五:《契约责任与侵权责任的保护客体——"权利"与"利益"区别正当性的再反省》,北京大学出版社2013年版,第100页。

[4] 参见陈现杰:《〈侵权责任法〉一般条款中的违法性判断要件》,载《法律适用》2010年第7期。

[5] 参见〔英〕马克·施陶赫:《英国与德国的医疗过失法比较研究》,唐超译,法律出版社2012年版,第34页;唐超:《德国错误怀孕和错误出生诉讼的判例法述评》,载《河北法学》2017年第12期。

[6] 而在诸如抗生素的说明书中没有提及对避孕药的减效作用等情形,则很难认定生育自决权受侵害。

③ 戊医生违反作为义务

就唐氏筛查检查结果显示的高风险,戊医生未能作出正确的产前诊断,更没有就胎儿可能具有的严重缺陷,向甲提出终止妊娠的医学意见,违反作为义务。

④ 责任成立因果关系

如上文所述,不作为与作为不同,并不存在一个因果链条,其考量的依据是,若无此不作为,那么结果发生的可能性必定大为降低。[1] 本案中,若非戊医生未尽作为义务,或者说,如果戊医生尽到正确诊断与提出医学意见的义务,甲即极有可能选择终止妊娠,作出继续妊娠并生育缺陷儿之决定的可能性必定大为降低,因戊医生未尽作为义务,导致甲的生育决定形成自由受到不当影响,责任成立因果关系要件满足。

⑤ 戊医生具有责任能力

无法证明不具有责任能力者,即认定为具有责任能力,因此,本案中,可认定戊医生具有责任能力,不存在责任能力抗辩。

(2) 责任范围

甲主张的损害涉及错误诊断之后因生育而支出的费用,对缺陷儿的医疗费、抚养费,以及精神损害。需要检视的是,上述损害与甲的生育决定权被侵害之间是否具有因果关系。[2] 本案中,若非甲的生育决定被侵,甲极有可能决定终止妊娠,从而避免上述损害的发生,因果关系成立。

(3) 权利消灭抗辩与权利阻止抗辩(抗辩权)

损害赔偿额的计算应考量甲因不必经受终止妊娠术而免遭的财产损失与精神痛苦(损益相抵)。

(4) 中间结论

甲可以根据《民法典》第 1165 条第 1 款请求戊医生赔偿错误诊断之后因生育而支出的费用,对缺陷儿的医疗费、抚养费,以及精神损

---

[1] Brox/Walker, Allgemeines Schuldrecht, 33. Aufl., München: C. H. Beck, 2009, S. 330.

[2] 而非检视胎儿的缺陷与医生的不作为之间是否具有因果关系。

害,但损害赔偿额的计算应考量甲因不必经受终止妊娠术而免遭的财产损失与精神痛苦。

因本书将生育决定权作为受侵权法保护的框架性权利,不必再检视违反保护性法律侵权。而若仅将生育决定权视为纯粹经济损失,反对将其作为绝对性法益,则还应考量,戊医生违反作为义务,是否构成违反保护性法律侵权,所涉保护性法律规范为《母婴保健法》第 17 条与第 18 条。[1]

(二) 甲对丁医院的侵权请求权

《民法典》第 1221 条规定:"医务人员在诊疗活动中未尽到与当时的医疗水平相应的诊疗义务,造成患者损害的,医疗机构应当承担赔偿责任。"据此,医疗机构责任的成立需要医务人员侵害患者的行为满足侵权要件,且侵害行为发生在诊疗活动中。本案中,如上文所述,戊医生的行为满足不作为侵权要件,且戊医生违反的作为义务是诊疗活动中的诊断与医学建议义务,因而丁医院的侵权责任成立。丁医院的责任范围与戊医生的责任范围相同,二者承担连带责任。

(三) 小结

甲可以根据《民法典》第 1165 第 1 款与第 1221 条,请求戊医生与丁医院承担连带责任,赔偿错误诊断之后因生育而支出的费用,对缺陷儿的医疗费、抚养费,以及精神损害,但赔偿额的计算应考量甲因不必经受终止妊娠术而免遭的财产损失与精神痛苦。

四、乙对丁医院、戊医生的请求权

于此应检讨乙对丁医院的合同请求权,以及乙对戊医生、丁医院的

---

[1] 需要注意的是,若认为错误出生案型系违反保护性法律侵权,在计算损害赔偿时,应考量各类损害赔偿是否落入保护性规范的保护目的。《母婴保健法》的目的是保障母亲和婴儿健康,提高出生人口素质,那么,母亲的精神损害等是否符合其保护目的,即可再商酌。

侵权请求权。

(一) 乙对丁医院的合同请求权

乙与丁医院之间并无合同关系,向后者提出基于合同的损害赔偿请求,只能诉诸"附保护第三人作用合同"理论。

1. 附保护第三人作用合同

合同具有相对性,合同外第三人的损害只能诉诸侵权之债,但若第三人对于债务人给予特别的信赖,为了避免侵权责任在救济方面的缺陷,如仅得针对绝对权侵害等,德国法院借助合同解释或基于诚信原则,通过判例形成了"附保护第三人作用合同"理论,债法改革时该习惯法被《德国民法典》第311条第3款第1句实证化。典型适用情形如,出租人雇佣的钟点工因打扫卫生操作不当导致承租人之子受伤,商场顾客的年幼女儿被商场地板滑倒等。第三人对债务人享有类似合同的损害赔偿请求权,债务人对第三人也负有基于诚信的保护义务(与附随义务内容类似)。

第三人的认定标准是:(1)第三人必须如同债权人般会承受债之关系的风险,与债权人关系极其密切,且此种密切性极易识别。(2)债权人对于保护第三人具有合法的利益,或合同的给付是第三人作出具有重大财产权后果之决定的基础,且该第三人因信赖其给付而作出决定。(3)第三人的可识别性,因为债务人必须可以得知他须承担义务的范围,但他不须知晓具体的保护范围内的人身。(4)第三人的保护必要,如果第三人对债务人享有类似内容的合同请求权,则无保护必要,但侵权请求权的存在并不排除其保护必要,因为第三人的地位不应因附保护第三人作用之债而恶化。[1]

我国实证法上并无类似《德国民法典》第311条第3款第1句的规范,但仍不妨通过《民法典》第509条第2款的诚信原则推导得出。

---

[1] Vgl. Brox/Walker, Allgemeines Schuldrecht, 33. Aufl., München: C. H. Beck, 2009, S. 374ff.

2. 请求权基础检视

假设乙得根据《民法典》第509条第2款结合第577条请求丁医院承担赔偿责任。

第509条第2款规定:"当事人应当遵循诚信原则,根据合同的性质、目的和交易习惯履行通知、协助、保密等义务"。

第577条规定:"当事人一方不履行合同义务或者履行合同义务不符合约定的,应当承担……赔偿损失等违约责任。"

合同损害赔偿请求权的成立应检视:(1)合同具保护第三人利益作用;(2)违反保护第三人义务;(3)可归责性。[1] 若上述要件满足,则应进一步确认损害赔偿的范围。

首先,孕产期保健服务合同,具有保护孕产妇之夫的作用。[2] 本案中,乙作为甲的丈夫,须与甲一同承受孕产期保健服务合同的风险,与甲的关系极其密切,且夫妻关系的密切性极易识别。医疗服务机构的正确诊断与医学建议,是乙作为合同第三人做出是否支持其妻甲终止妊娠之决定的基础,该决定在经济与非经济方面对乙均具有重大影响,而且乙确实因信赖医生的错误诊断而做出了支持甲继续妊娠的决定。据此,本案所涉孕产期保健服务合同,具有保护乙的作用。

其次,丁医院的履行辅助人戊医生未尽到正确诊断与提出医学意见的义务,违反了保护第三人乙的义务。

最后,丁医院应为其履行辅助人戊医生的行为负责。据此,乙对丁医院的合同损害赔偿请求权成立。本案中,甲、乙共同提起赔偿请求,乙的损害赔偿的具体范围,与上文甲对丁医院之合同损害赔偿范围一致。

3. 小结

依附保护第三人作用合同理论,乙可以根据《民法典》第509条第2

---

[1] Vgl. Brox/Walker, Allgemeines Schuldrecht, 33. Aufl., München: C. H. Beck, 2009, S. 377.

[2] 参见陈现杰:《因产前检查疏失导致缺陷儿出生的,医疗机构应否承担侵权责任》,载《人民司法》2009年第3期。

款结合第577条,与甲共同作为合同损害赔偿请求权的债权人,请求丁医院赔偿错误诊断之后因生育而支出的费用,对缺陷儿的医疗费、抚养费,以及精神损害,但损害赔偿额的计算应考量因甲不必经受终止妊娠术而免遭的财产损失与精神痛苦。

(二)乙对戊医生、丁医院的侵权请求权

乙对戊医生、丁医院的侵权请求权之检视,与上文甲对戊医生、丁医院的侵权请求权检视过程与结论相同,此处从略。[1] 乙可以根据《民法典》第1165条第1款与第1221条,与甲共同作为债权人,请求戊医生与丁医院承担连带责任,赔偿错误诊断之后因生育而支出的费用,对缺陷儿的医疗费、抚养费,以及精神损害,但赔偿额的计算应考量因甲不必经受终止妊娠术而免遭的财产损失与精神痛苦。

五、丙对丁医院、戊医生的请求权

我国《民法典》第16条规定:"涉及遗产继承、接受赠与等胎儿利益保护的,胎儿视为具有民事权利能力。但是,胎儿娩出时为死体的,其民事权利能力自始不存在。"根据该项规范,涉及胎儿利益保护的民事权利能力问题,不构成法律障碍。因此,错误诊断当时丙尚不具有权利能力,并不能成为反对其请求权主张的正当理由,仍应检视,丙对丁医院的合同请求权,以及丙对戊医生、丁医院的侵权请求权。

(一)丙对丁医院的合同请求权

丙作为错误出生的缺陷儿,并非孕产期保健服务合同的债权人,而是第三人。丙对丁医院如果可以提起合同损害赔偿请求权,也只能诉

---

〔1〕 唯应注意,若将生育决定权视为纯粹经济损失,反对将其作为绝对性法益,仍应考量,戊医生与丁医院违反作为义务,是否构成违反保护性法律侵权,所涉保护性法律规范为《母婴保健法》第17条、第18条,因为第18条要求医师经产前诊断,应当向"夫妻双方"说明情况,并提出终止妊娠的医学意见,丈夫也在该规范的保护范围之内。

诸"附保护第三人作用合同"理论。

假设丙得根据《民法典》第 509 条第 2 款结合第 577 条请求丁医院承担赔偿责任。上述合同损害赔偿请求权的成立应满足：(1) 合同具保护第三人丙的作用；(2) 债务人丁医院违反了保护丙的义务；(3) 丁医院具有可归责性。若上述要件满足，则应进一步确认损害赔偿的范围。

1. 孕产期保健服务合同，具有保护未出生之胎儿的作用

缺陷儿与孕产妇一样，需要承受孕产期保健服务合同的风险，与孕产妇的关系极其密切，且母子关系的密切性极易识别。本书认为，缺陷儿与父亲一样，都属于孕产期保健服务合同应保护之第三人的范围。

2. 丁医院未尽到正确诊断与提出医学意见的义务，是否违反保护胎儿的义务

丁医院是否未尽义务，以其履行辅助人戊医生的行为为断。如果因为医生的错误诊断，导致胎儿缺陷，可以认定医院违反保护第三人义务。但本案所涉情形与此不同，医生确实未作出正确诊断，但丙的健康缺陷却并非医生的不作为所导致，而是自身发育所致，如果医生尽到正确诊断与提出医学意见的义务，结果将是丙不会出生，但很难认为，医生对胎儿的保护义务是令其不出生。因为这背后体现的伦理判断是，不出生优于缺陷出生。

据此，很难认定戊医生的不作为违反了保护第三人丙的义务，从而丁医院也不必基于合同对丙负责。

3. 小结

丙无法根据《民法典》第 509 条第 2 款结合第 577 条请求丁医院承担赔偿责任。

(二)丙对戊医生、丁医院的侵权请求权

1. 丙对戊医生的侵权请求权

假设丙得根据《民法典》第 1165 条第 1 款请求戊医生进行损害赔偿。

本案中,戊医生未尽诊断与医学建议义务,属于有作为义务而不作为。如上文所述,不作为过错侵权责任的成立,须满足以下前提:(1)绝对性权益被侵;(2)作为义务的存在;(3)作为义务的违反;(4)责任成立因果关系;(5)不存在责任能力抗辩。需要说明的是,不作为侵权中"作为义务的违反"涵括了侵害行为、不法性与过错判断,这三项要件不必单独检视。

若侵权责任成立要件满足,则须进一步确定侵权责任的范围,即检视损害与责任范围因果关系两项要件。最后,检讨是否存在权利消灭抗辩与权利阻止抗辩(抗辩权)。

(1)侵权责任的成立

① 丙的绝对性权益是否被侵

丙的健康缺陷,是自身发育原因所致,或者说,丙自始即具有健康缺陷,而非因他人的侵害行为导致健康受损。所以,很难认定于此存在身体或健康侵害。

即使错误出生情形,缺陷儿生命质量降低,也不应认为一般人格权受到侵害。若承认这是一般人格权,就需要追问,何种情形下才能保障缺陷儿的此种"一般人格权"不受侵害,似乎只有两种可能:其一,健康出生;其二,不出生。健康出生无论如何都不可能实现。而若以不出生作为一般人格权未受侵害的状态,就意味着生存本身是一种侵害,当下的状态(健康缺陷)比未受侵害的状态(不出生)更糟糕,而这一前提很难成立,不能认为有健康缺陷的生命不若无生命。

② 其他要件

本书认为,因无法认定丙的绝对性权益被侵,丙对戊医生的侵权主张不能成立,其他要件不必再检视。

2. 丙对丁医院基于《民法典》第1221条的侵权请求权,以戊医生的行为满足对丙的侵权要件为前提,而该前提并不成立,因而丙对丁医院的侵权请求权也不成立。

3. 小结

丙无法根据《民法典》第 1165 第 1 款、第 1221 条请求戊医生、丁医院进行损害赔偿。

六、结论

第一，合同路径：甲、乙可分别根据《民法典》第 577 条、第 509 条第 2 款结合第 577 条（附保护第三人作用合同理论），请求丁医院赔偿错误诊断之后因生育而支出的费用，对缺陷儿的医疗费、抚养费（包括一般抚养费与特别抚养费），以及精神损害，但赔偿额的计算应考量因甲不必经受终止妊娠术而免遭的财产损失与精神痛苦。

第二，侵权路径：甲、乙也可根据《民法典》第 1165 条第 1 款与第 1221 条，请求戊医生与丁医院承担连带责任，赔偿错误诊断之后因生育而支出的费用，对缺陷儿的医疗费、抚养费（包括一般抚养费与特别抚养费），以及精神损害，但赔偿额的计算应考量甲因不必经受终止妊娠术而免遭的财产损失与精神痛苦。

第三，丙对丁医院、戊医生的合同请求权与侵权请求权均不成立。[1]

---

[1] 由此可能产生的疑问是，若缺陷儿自身对医院与医生无请求权，在父母双亡的情形中，因父母的抚养义务消灭，缺陷儿将无从获得救济。对此，有学者主张，这属于缺陷儿应当承受的风险，只能寻求社会保障等公共救济，如王泽鉴：《侵权行为》（第 3 版），北京大学出版社 2016 年版，第 179 页。也有学者主张，于此情形，可例外允许缺陷儿作为请求权主体，如房绍坤、王洪平：《医师违反产前诊断义务的赔偿责任》，载《华东政法学院学报》2006 年第 6 期。本书认为，至少在合同路径下，存在将缺陷儿的其他抚养义务人纳入"附保护第三人作用合同"之第三人的可能性。

附　录

表1：练习版请求权基础方法

	检视结构	检视步骤	检视内容	检视规范
练习版请求权基础方法	内在结构：单个请求权基础的检视框架	1. 请求权已成立	成立要件	主要规范 辅助规范
			成立抗辩	防御规范
		2. 请求权未消灭	消灭抗辩	防御规范
		3. 请求权可行使	行使抗辩	防御规范
	外在结构：复数请求权基础的检视次序	1. 基于合同的请求权		主要规范
		2. 类似合同的请求权		主要规范
		3. 无因管理的请求权		主要规范
		4. 基于物法的请求权		主要规范
		5. 不当得利与侵权请求权		主要规范

表2：法庭报告技术审查程式表——实战版请求权基础方法

法庭报告技术审查程式表 ——实战版请求权基础方法			
审查阶段	审查目的	审查内容	审查结论
程序阶段		原告起诉是否符合程序要件	
陈述阶段	原告阶段	原告陈述（而非经质证的事实）能否支持自己的诉请	1. 法律审查而非事实审查。 2. 仅原告的主张	1. 原告诉请不具有法律合理性（原告败诉）

(续表)

法庭报告技术审查程式表——实战版请求权基础方法			
审查阶段		审查目的	审查内容	审查结论

审查阶段		审查目的	审查内容	审查结论
程序阶段			原告起诉是否符合程序要件	
陈述阶段			与陈述,不涉及被告	2. 原告诉请部分具有、部分不具有法律合理性(进入被告阶段)。 3. 原告诉请具有法律合理性(进入被告阶段)
	被告阶段	被告陈述(而非经质证的事实)能否支持自己的抗辩	1. 仅当原告诉请具有法律合理性时,才进入被告阶段。 2. 法律审查而非事实审查。 3. 仅被告的抗辩与陈述,不涉及原告	1. 被告防御不具有法律合理性(原告胜诉)。 2. 被告防御部分具有、部分不具有法律合理性(进入证据阶段)。 3. 被告防御具有法律合理性(进入证据阶段)
	反抗辩:第二个原告阶段			
	再抗辩:第二个被告阶段			
证据阶段		确认待证事实	1. 仅当原告诉请与被告抗辩均具有法律合理性时,才进入证据阶段。 2. 一方主张且另一方认可的陈述不必举证。 3. 仅双方有争议且具有法律意义的事项需要举证	1. 原告举证成功,原告胜诉。 2. 被告举证成功,原告败诉。 3. 双方均无法证明,负担举证责任的一方承受不利后果
裁判阶段			形成证据认定建议与裁判建议	

表3:《民法典》常用请求权基础简表

《民法典》常用请求权基础简表			
基于合同的请求权	原合同请求权（以买卖为例）		第598条(出卖人主给付义务):出卖人应当履行向买受人交付标的物或者交付提取标的物的单证,并转移标的物所有权的义务。
			第599条(出卖人从给付义务):出卖人应当按照约定或者交易习惯向买受人交付提取标的物单证以外的有关单证和资料。
			第612条(出卖人权利瑕疵义务)主文:出卖人就交付的标的物,负有保证第三人对该标的物不享有任何权利的义务……
			第615条(出卖人品质瑕疵义务)第1句:出卖人应当按照约定的质量要求交付标的物。
			第626条(买受人主给付义务)第1句:买受人应当按照约定的数额和支付方式支付价款。
	派生合同请求权	违约所生请求权	第577条(违约责任):当事人一方不履行合同义务或者履行合同义务不符合约定的,应当承担继续履行、采取补救措施或者赔偿损失等违约责任。
			第582条(瑕疵履行的违约责任):履行不符合约定的,应当按照当事人的约定承担违约责任。对违约责任没有约定或者约定不明确,依据本法第五百一十条的规定仍不能确定的,受损害方根据标的的性质以及损失的大小,可以合理选择请求对方承担修理、重作、更换、退货、减少价款或者报酬等违约责任。
			第583条(继续履行、补正履行与损害赔偿):当事人一方不履行合同义务或者履行合同义务不符合约定的,在履行义务或者采取补救措施后,对方还有其他损失的,应当赔偿损失。
		解除所生请求权	第566条(解除的效力)第1款:合同解除后,尚未履行的,终止履行;已经履行的,根据履行情况和合同性质,当事人可以请求恢复原状或者采取其他补救措施,并有权请求赔偿损失。

(续表)

《民法典》常用请求权基础简表		
类似合同的请求权	缔约过失请求权	第500条(缔约过失):当事人在订立合同过程中有下列情形之一,造成对方损失的,应当承担赔偿责任: (一)假借订立合同,恶意进行磋商; (二)故意隐瞒与订立合同有关的重要事实或者提供虚假情况; (三)有其他违背诚信原则的行为。
		第501条(缔约中的保密义务):当事人在订立合同过程中知悉的商业秘密或者其他应当保密的信息,无论合同是否成立,不得泄露或者不正当地使用;泄露、不正当地使用该商业秘密或者信息,造成对方损失的,应当承担赔偿责任。
	无权代理所生请求权	第171条(无权代理)第3款第1句:行为人实施的行为未被追认的,善意相对人有权请求行为人履行债务或者就其受到的损害请求行为人赔偿。
无因管理的请求权		第121条(无因管理之债):没有法定的或者约定的义务,为避免他人利益受损失而进行管理的人,有权请求受益人偿还由此支出的必要费用。
		第979条(适法无因管理)第1款:管理人没有法定的或者约定的义务,为避免他人利益受损失而管理他人事务的,可以请求受益人偿还因管理事务而支出的必要费用;管理人因管理事务受到损失的,可以请求受益人给予适当补偿。
		第980条(不适法无因管理与不真正无因管理受益人主张管理利益时的义务):管理人管理事务不属于前条规定的情形,但是受益人享有管理利益的,受益人应当在其获得的利益范围内向管理人承担前条第一款规定的义务。
		第981条第1句(管理人善良管理义务):管理人管理他人事务,应当采取有利于受益人的方法。
		第983条(管理人报告与财产移交义务):管理结束后,管理人应当向受益人报告管理事务的情况。管理人管理事务取得的财产,应当及时转交给受益人。

(续表)

《民法典》常用请求权基础简表		
基于物法的请求权	占有保护请求权	第462条(占有保护请求权)第1款第1、2分句：占有的不动产或者动产被侵占的，占有人有权请求返还原物；对妨害占有的行为，占有人有权请求排除妨害或者消除危险……
	物权保护请求权	第235条(原物返还请求权)：无权占有不动产或者动产的，权利人可以请求返还原物。
		第236条(排除妨害、妨害防止请求权)：妨害物权或者可能妨害物权的，权利人可以请求排除妨害或者消除危险。
人格权保护请求权		第1028条(名誉权消极防御请求权)：民事主体有证据证明报刊、网络等媒体报道的内容失实，侵害其名誉权的，有权请求该媒体及时采取更正或者删除等必要措施。
		第1029条(信用评价)：民事主体可以依法查询自己的信用评价；发现信用评价不当的，有权提出异议并请求采取更正、删除等必要措施。信用评价人应当及时核查，经核查属实的，应当及时采取必要措施。
		第1037条(信息自决)：自然人可以依法向信息处理者查阅或者复制其个人信息；发现信息有错误的，有权提出异议并请求及时采取更正等必要措施。 自然人发现信息处理者违反法律、行政法规的规定或者双方的约定处理其个人信息的，有权请求信息处理者及时删除。
基于侵权的请求权	消极防御请求权	第1167条(消极防御请求权)：侵权行为危及他人人身、财产安全的，被侵权人有权请求侵权人承担停止侵害、排除妨碍、消除危险等侵权责任。
	过错侵权请求权	第1165条第1款(过错侵权)：行为人因过错侵害他人民事权益造成损害的，应当承担侵权责任。
	共同侵权请求权	第1168条(共同侵权)：二人以上共同实施侵权行为，造成他人损害的，应当承担连带责任。

(续表)

《民法典》常用请求权基础简表

基于侵权的请求权	共同危险请求权	第1170条(共同危险)第2分句:二人以上实施危及他人人身、财产安全的行为,其中一人或者数人的行为造成他人损害……不能确定具体侵权人的,行为人承担连带责任。
	因果关系竞合型数人侵权请求权	第1171条(因果关系竞合型数人侵权):二人以上分别实施侵权行为造成同一损害,每个人的侵权行为都足以造成全部损害的,行为人承担连带责任。
	因果关系聚合型数人侵权请求权	第1172条(因果关系聚合型数人侵权):二人以上分别实施侵权行为造成同一损害,能够确定责任大小的,各自承担相应的责任;难以确定责任大小的,平均承担责任。
	精神损害赔偿请求权	第1183条(精神损害赔偿):侵害自然人人身权益造成严重精神损害的,被侵权人有权请求精神损害赔偿。 因故意或者重大过失侵害自然人具有人身意义的特定物造成严重精神损害的,被侵权人有权请求精神损害赔偿。
不当得利请求权		第122条(不当得利之债):因他人没有法律根据,取得不当利益,受损失的人有权请求其返还不当利益。
		第985条主文(不当得利请求权):得利人没有法律根据取得不当利益的,受损失的人可以请求得利人返还取得的利益……
		第988条(无偿受让利益第三人的返还义务):得利人已经将取得的利益无偿转让给第三人的,受损失的人可以请求第三人在相应范围内承担返还义务。

表 4：违约损害赔偿请求权检视表——以合同履行不能的损害赔偿请求权为例

违约损害赔偿请求权 ——以合同履行不能的损害赔偿请求权为例 请求权基础：第 577 条后半句第 3 种情形			
请求权已成立	责任成立	合同有效	合同成立	要约： 第 472—474 条（辅助规范） 第 475—476、478 条（防御规范）
			承诺： 第 479—484 条（辅助规范） 第 485-489 条（防御规范）
			法定生效要件（辅助规范）：如批准
			意定生效要件（辅助规范）：如条件、期限
			无效（防御规范）： 第 144、146、153—154 条
			效力待定未被追认（防御规范）： 第 145、171 条
			撤销（防御规范）：第 147—152 条
		履行不能	第 580 条第 1 款但书
		可归责性	不可抗力抗辩（防御规范）：第 590 条
	责任范围		损害： 第 584 条主文（辅助规范）
			责任范围因果关系： 可预见性原则，第 584 条但书（防御规范）
请求权未消灭（防御规范）			债的消灭事由：第 557 条第 1 款
			减损义务的违反：第 591 条第 1 款
			损益相抵：无明确的定义性条文，依学理与判例
请求权可行使（防御规范）			履行抗辩权：第 525—527 条
			时效抗辩权：第 192 条第 1 款

表 5：缔约过失请求权检视表

缔约过失请求权 请求权基础：第 500 条			
请求权已成立	责任成立	订立合同过程中
		违反诚信的行为：第 500 条
		过错：无明确的定义性条文，依学理与判例
	责任范围	损害：无明确的定义性条文，依学理与判例
		责任范围因果关系：无明确的定义性条文，依学理与判例
请求权未消灭（防御规范）		债的一般消灭事由：第 557 条第 1 款
		减损义务的违反：类推第 591 条第 1 款
		损益相抵：无明确的定义性条文，依学理与判例
请求权可行使（防御规范）		时效抗辩权：第 192 条第 1 款

表 6：善意相对人对无权代理人的履行请求权检视表

善意相对人对无权代理人的履行请求权 请求权基础：第 171 条第 3 款主文第 1 种情形			
请求权已成立	成立要件（辅助规范）	代理行为：第 161 条
		无代理权
		被代理人拒绝追认：第 171 条第 2 款第 1 句
	成立抗辩（防御规范）	相对人恶意
		善意相对人撤销：第 171 条第 2 款第 3 句
		表见代理：第 172 条
请求权未消灭（防御规范）		债的一般消灭事由：第 557 条第 1 款
		履行不能：第 580 条第 1 款但书
请求权可行使（防御规范）		履行抗辩权：第 525—527 条
		时效抗辩权：第 192 条第 1 款

表7：无因管理人对本人的费用偿还请求权检视表

无因管理人对本人的费用偿还请求权 请求权基础：第979条第1款第1分句			
请求权已成立	成立要件		管理人支出费用
^	^		管理他人事务
^	^		管理意思
^	^		费用支出与事务管理间存在因果关系
^	成立抗辩		管理人对本人负担法定或约定的管理义务
^	^		管理事务不符合本人真实意思： 第979条第2款第1分句（防御规范）
^	^		管理事务不符合本人可推知的意思： 无明确条文，依学理与判例
^	抗辩排除		本人真实意思违法或背俗： 第979条第2款但书（防御规范）
请求权未消灭 （防御规范）			债的一般消灭事由：第557条第1款
请求权可行使 （防御规范）			时效抗辩权：第192条第1款

表8：占有人的原物返还请求权检视表

占有人的原物返还请求权 请求权基础：第462条第1款第1分句		
请求权已成立	成立要件	请求人曾为占有人
^	^	因占有侵夺而丧失占有
^	^	相对人为现占有人
^	成立抗辩	法律许可或请求人同意
^	^	相对人并非瑕疵占有人
请求权未消灭 （防御规范）		物已灭失
^		除斥期间届满：第462条第2款
^		债的一般消灭事由：第557条第1款
请求权可行使 （防御规范）		相对人的抗辩权

表9：物权人的原物返还请求权检视表

物权人的原物返还请求权 请求权基础：第235条		
请求权已成立	成立要件	请求人为物权人
		相对人为现占有人
	成立抗辩	相对人的占有本权
请求权未消灭 （防御规范）		物已灭失
			债的一般消灭事由：第557条第1款
请求权可行使 （防御规范）		留置抗辩权：类推第525条
	抗辩排除	时效抗辩的排除：第196条第2项

表10：人格权保护请求权检视表——以名誉权消极防御请求权为例

名誉权消极防御请求权 请求权基础：第1028条		
请求内容		更正或删除等必要措施（实为特殊的排除妨碍请求权）
请求权已成立	成立要件	报刊、网络等媒体报道
		内容失实
	成立抗辩	为公共利益：第1025条主文（防御规范）
	抗辩排除	虽为公共利益但未尽合理核实义务： 第1025条但书第2项（防御规范）
请求权未消灭 （防御规范）		已履行：第557条第1款第1项
		免除：第557条第1款第4项
请求权可行使 （防御规范）	抗辩排除	时效抗辩的排除： 第196条第1项 （排除妨碍请求权不适用诉讼时效）

表 11：过错侵权请求权检视表

过错侵权请求权 请求权基础：第 1165 条第 1 款				
检视程式	责任成立	事实构成(民事权益+加害行为+责任成立因果关系)→			
		不法性(不法性阻却抗辩)→		
		可归责性(责任能力抗辩+过错)→		
	责任范围	损害+责任范围因果关系		
请求权已成立	责任成立	行为人(辅助规范)：第 13 条(自然人)、第 57 条(法人)、第 102 条(非法人组织)		
		民事权益(辅助规范)：第 109—114、123、124—126 条等		
		加害行为：无明确的定义性条文，依学理与判例		
		责任成立因果关系：无明确的定义性条文，依学理与判例		
		不法性阻却事由	正当防卫：第 181 条(防御规范)	
			紧急避险：第 182 条(防御规范)	
			紧急救助：第 184 条(防御规范)	
			自助行为：第 1177 条(防御规范)	
			自甘冒险：第 1176 条(防御规范)	
		责任能力抗辩：无明确的定义性条文，依学理与判例		
		过错：无明确的定义性条文，依学理与判例		
		其他成立抗辩	与有过失：第 1173 条(防御规范)	
			受害人故意：第 1174 条(防御规范)	
			第三人原因：第 1175 条(防御规范)	
	责任范围	损害：第 1179—1187 条(辅助规范)		
		责任范围因果关系：无明确的定义性条文，依学理与判例		
请求权未消灭（防御规范）	债的消灭事由	第 557 条第 1 款		
请求权可行使(防御规范)	时效抗辩权：第 192 条第 1 款			

表12:共同危险侵权请求权检视表

共同危险侵权请求权 请求权基础:第1170条第2分句				
请求权内容(辅助规范)		第178条		
请求权已成立	成立要件 (辅助规范)	责任成立	人身、财产权益:第109—114、123条	
			复数行为人	
			各行为人均实施侵害行为	
			不能确定具体侵权人	
		责任范围	同过错侵权请求权基础 (第1165条第1款)	
	成立抗辩 (防御规范)	同过错侵权请求权基础(第1165条第1款)		
请求权未消灭(防御规范)				
请求权可行使(防御规范)				

表13:精神损害赔偿请求权检视表

精神损害赔偿请求权 请求权基础:以第1183条第1款为例			
请求权已成立	责任成立	自然人人身权益:第109—112条等	
		其他要件与抗辩:同过错侵权请求权基础 (第1165条第1款)	
	责任范围	严重精神损害	
		责任范围因果关系: 无明确的定义性条文,依学理与判例	
请求权未消灭(防御规范)		同过错侵权请求权基础(第1165条第1款)	
请求权可行使(防御规范)			

表 14：给付不当得利请求权检视表

给付不当得利请求权 请求权基础：第 985 条主文			
请求权已成立	成立要件		相对人受有财产利益
^	^		给付关系（吸收因果关系）
^	^		得利无法律上原因
^	成立抗辩 第 985 条但书 （防御规范）		为履行道德义务进行的给付
^	^		债务到期之前的清偿
^	^		明知无给付义务而进行的债务清偿
请求权未消灭 （防御规范）			债的一般消灭事由：第 557 条第 1 款
请求权可行使 （防御规范）			时效抗辩权：第 192 条第 1 款

表 15：权益侵害不当得利请求权检视表

权益侵害不当得利请求权 请求权基础：第 985 条主文			
请求权已成立	成立要件		相对人取得财产利益
^	^		利益应归属于请求人
^	^		权益侵害（吸收因果关系）：不意味着存在侵权行为
^	成立抗辩		得利有法律上原因
请求权未消灭 （防御规范）			债的一般消灭事由：第 557 条第 1 款
请求权可行使 （防御规范）			时效抗辩权：第 192 条第 1 款

关键词索引

（依拼音首字母排序）

A

案由 44—46,60,128,136

B

保护性法律 65,68,88,91—92,110—112,116,120,293-295,297,300
被告阶段 19—21,23—26,30,32,34—35,38—39,41,42,45—46,52,305
被告防御的法律合理性 19,23
标的物交付义务 162,189,228
不当得利请求权（=不当得利返还请求权） 6,11—12,14,15,62,119,250,253,257,259,309,316
　　——给付不当得利 12,14,15,253—255,259—261,265,316
　　——非给付不当得利 12,253—254
　　——权益侵害不当得利 254—256,316

不法性抗辩 9,16,261,264,277
不法性阻却事由（=不法阻却事由） 11,32,33,35,40,75,83,109,110,118,125,154,262,264,277—278,314
不完全法条 5,75
不问过错侵权请求权基础 95
不作为侵权 32,37—38,84—86,89,93,107,294,297,302

C

裁判阶段 19,31,52,305
裁判体裁 13—14
参引规范（=参引性规范） 63,75,81,92,95,97,112—115,118—119,140—143,200
陈述阶段 19,26,30,52,304—305
程序阶段 19,30,52,304—305
纯粹经济损失 9,68,83,88,89,91—92,104,109,110,112,116,119,120,293—295,297,300

D

大前提　3,5,9,14,17,46,51
代偿请求权　222—223
缔约过失请求权　11,39,306,311
对待给付风险　192,194—195,197—198,228,231
多元请求权基础　12,62

E

恶意串通　66,112,185,189,235,244—247

F

法律关系思维　44—48,52
法律解释　9—10,239
法律漏洞　51—52,68,73,149,151
法律续造　9,51
法庭报告技术/关联分析法　3,5,17—18,27,29—31,42—43,46,50—51,304—305
法外空间　68,72—73
法益衡量　81—82,84,118—119,295
反抗辩　25—26,30,305
附保护第三人作用合同　73,116,298—299,301,303
复数请求权基础　11,13,234,304

G

个案类比思维　44,49—50,52

公平责任侵权请求权基础　97
公平责任请求权　87,276,282—283
共同侵权　99,234,250,256,261—262,265,308
规范排斥的竞合　10
规范解释　8,62,77,104,200,234
规范续造　8,234
归责原则　80,83,90,199
过错侵权请求权基础　84,90,95,108,120,315
过错推定侵权请求权基础　86,92—94

H

涵摄　8,14,49—50
合同解释　172,216,298
合同请求权(＝基于合同的请求权)　6,8—9,11,13,27,29,37—39,41,62,65,72,116,121,250,286,297—298,300,303—304,306
——原合同请求权　11,56,156,189,257—258,306
——派生合同请求权　11,258,286,306
——合同损害赔偿请求权　28,286—287,299—301
合同效力的检视　234,236—237,244
合同效力未发生的抗辩　234,236—237,244
合同效力已消灭的抗辩　234,236—237,244,247

毁损、灭失的风险 192,194

后合同义务 11

J

给付风险 69—70,159—160,192,194—198,204,206—207,223—225,227—228,230—232

给付障碍 40,65,72,158,194—195,200,204,217—218,220—221,231—232,279—280,286—289,291

积极要件 8—10,21,47,51,67,108—109

价金风险移转 70,166—167,194,197,202,204,208,212—213,216—217,222—223,226—227,230,232

交付移转风险 66,204—205,208—212,214,218,220

鉴定式 4,13—14,60,234

鉴定体裁 13—14

紧急避险 75,109,112,125,151,277,314

精神损害赔偿 23,25,88,105,119,267,285,288—289,291,309,315

举证分配 10,67,73—74,92—93,96,153,189,229—231,236,255,261

举证责任 21,31,35,41—43,230,261,305

绝对权请求权 89—90,113,119

K

抗辩排除 55,66—67,106,108,113,193,312—313

框架权利(=框架性权利) 84,118,295,297

框架性人格权 84,118—119

L

滥用代理权 66,234—235,237—238,240,242—244

类似合同的请求权 11,13,62,65,304,307

类推 20,49—52,72,76—78,92,110,116,124,141,149,151—152,174,182,185—186,188,218,220,226,228,234,236,240—241,260,263,279—281,284,311,313

历史方法 44,48,251

留置抗辩权 110,313

M

目的论扩张 150—152

目的论限缩 107,112

P

派生请求权 62—63

品质瑕疵 156—161,190,306

Q

强制规范(=强制性规范) 5,75—76,240

权利瑕疵 156—161,178,190,220—221,223,232,306

请求权基础方法 3,5,13—14,45,54,79,234,304—305

请求权基础竞合(=请求权规范竞合) 12,27—28,42,45,52,112—113,117

请求权基础体系 57—59,64,72,76,78

请求权基础预选 14,250,257,266

请求权竞合 12,28,42,113,117

请求权聚合 12

情谊行为 9,11,72,279—281,284

权利未发生的抗辩(=权利未发生抗辩) 5,9,21,24,37—38,41,47,64,106,109,236,286

权利已消灭的抗辩(=权利已消灭抗辩=权利消灭抗辩) 5,9,15—16,24,47,64,106,109—110,116,236,251,256,258,260—261,264,277,292,294,296,302

权利阻止的抗辩(=权利阻止抗辩=权利行使抗辩=权利行使抗辩权) 5,47,64,106—107,109—110,113,116,119,251,256,259—261,265,277,292,294,296,302

R

人格权请求权 117—119

任意规范(=任意性规范) 5,11,57,62,75—76,172,215,228,231

柔性辅助规范 9,55,80,108—109,120

S

善良风俗 68,74,88,91—92,110—111,116,120,236,245—246,293

时效抗辩权(=时效抗辩) 10,22,113,119,154,310—314,316

数人侵权请求权 87,99,120,309

司法三段论 3,8,44,49—50

诉权 18,29,57

诉讼标的 28—30,45

所有权移转义务 155—158,160—162,168,175,177—180,190

T

提取公因式 54,58—59,64,76

体系解释 94,96,115,166,176,239

条件性 33,36,38,40,85—86,109,277,289

同时履行抗辩权 10,110,116,227

W

完全法条 5,75

违约责任 27,40,42,63,66,72,159,161,176—177,184—185,199—200,221,225—226,232,249,286,289,299,306

危险责任 81,86—87,95—97,106,108,140

委托合同（=委任合同） 11,36, 279—280

无权代理 11,237,239—241,244, 246—247,307,311

无因管理的请求权（=无因管理请求权） 11,13,62,304,307

物法上的请求权（=基于物法的请求权） 11,13,62—63,304,308

物权风险 192,194—195,206— 207,212,229

物权请求权 67,113,124,127,170— 171,176,180—181,184

X

牺牲补偿 87,97—98,112,114, 120,150,152,274

瑕疵担保 156—159

瑕疵义务 156—157,159—160,306

消极防御请求权（=消极防御性请求权） 65,117,308,313

消极抗辩 8—10,47,51,108—109

小前提 3,17,51

相当性 33,37,40,86—87,89,109, 277—278,289

宣导规范 81,111

Y

意思表示解释 8—9,20,169,187— 188,191

一时抗辩权 10

永久抗辩权 10

与有过失 106—108,314

原告阶段 19—20,22—26,30—31, 33,35—36,40,42,45—46,52, 304—305

原告诉请的法律合理性 19,20,23

原生请求权 62—63

Z

再抗辩 25—26,30,305

责任成立因果关系 9,16,32,33,37— 38,40,83—89,96,99,107,109, 154,261,264,277,294,296,302,314

责任范围因果关系 9,16,32,33, 38,41,88—89,109,154,264,277, 288—289,294,302,310—311, 314—315

责任能力抗辩 16,33,38,41,84, 154,261—262,264,277—279, 294,296,302,314

择一竞合 12

占有本权 11,15,67,127,131,133— 134,138,142—143,153,184,253, 263,313

占有返还请求权 6,123—127,129— 131,133—134,137—139,145, 147,153,250—252,256—257,265

占有妨害请求权 124,135—139,153

占有追寻(通行)权 124,149,151—154

占有自力防御权 124,145—146,
  148—149,154
正当防卫 75,109,112,125,133,
  146—149,154,277,314
证据阶段 19,21,23,25—27,30—
  31,35,39,41—43,47,52,305

主给付义务 55,63,155—160,162,
  172,175,179,189,213,215,221—222,
  228,306
主张责任 21—22,24,26,83
自助行为 33—35,106,109,146—
  148,314

参考文献

一、著作类

陈聪富:《侵权违法性与损害赔偿》,北京大学出版社2012年版。

陈忠五:《契约责任与侵权责任的保护客体——"权利"与"利益"区分正当性的再反省》,北京大学出版社2013年版。

陈自强:《契约法讲义II:契约之内容与消灭》(增订4版),元照出版有限公司2018年版。

陈自强:《契约法讲义III:契约违反与履行请求》,元照出版有限公司2015年版。

陈自强:《债权法之现代化》,北京大学出版社2013年版。

程啸:《侵权责任法》(第3版),法律出版社2021年版。

高圣平主编:《中华人民共和国侵权责任法立法争点、立法例及经典案例》,北京大学出版社2010年版。

国家法官学院、德国国际合作机构:《法律适用方法:物权法案例分析》,中国法制出版社2013年版。

国家法官学院、德国国际合作机构:《法律适用方法:合同法案例分析方法》(第2版),中国法制出版社2014年版。

国家法官学院、德国国际合作机构:《法律适用方法:侵权法案例分析方法》(第2版),中国法制出版社2015年版。

韩世远:《合同法总论》(第4版),法律出版社2018年版。

黄立:《民法债编总论》,中国政法大学出版社2002年版。

黄立主编:《民法债编各论》(上),中国政法大学出版社2003年版。

黄茂荣:《买卖法》(增订版),中国政法大学出版社2002年版。

黄薇主编:《中华人民共和国民法典合同编释义》,法律出版社2020年版。

黄薇主编:《中华人民共和国民法典侵权责任编释义》,法律出版社2020年版。

黄薇主编:《中华人民共和国民法典物权编释义》,法律出版社2020年。

李昊:《交易安全义务论——德国侵权行为法结构变迁的一种解读》,北京大学出版社2008年版。

李宇:《民法总则要义:规范释论与判解集注》,法律出版社2017年版。

梁慧星:《裁判的方法》(第3版),法律出版社2017年。

梁慧星主编:《中国民法典草案建议稿附理由·物权编》,法律出版社2013年版。

李永军:《合同法》,中国人民大学出版社2020年版。

李永军:《自然之债论纲》,中国政法大学出版社2019年版。

刘家安:《买卖的法律结构》,中国政法大学出版社2003年版。

刘智慧:《占有制度原理》,中国人民大学出版社2007年版。

宁红丽:《物权法占有编》,中国人民大学出版社2007年版。

邱聪智:《新订债法各论》(上),中国人民大学出版社2006年版。

全国人大常委会法制工作委员会民法室编:《〈中华人民共和国物权法〉条文说明、立法理由及相关规定》,北京大学出版社2007年。

史尚宽:《民法总论》,中国政法大学出版社2000年版。

史尚宽:《物权法论》,中国政法大学出版社2000年版。

史尚宽:《债法各论》,中国政法大学出版社2000年版。

苏永钦:《私法自治中的经济理性》,中国人民大学出版社2003

年版。

苏永钦:《寻找新民法》(增订版),北京大学出版社2012年。

苏永钦:《走入新世纪的私法自治》,中国政法大学出版社2002年版。

孙宪忠主编:《中国物权法:原理释义和立法解读》,经济管理出版社2008年版。

田士永:《物权行为理论研究》,中国政法大学出版社2002年版。

王洪亮:《债法总论》,北京大学出版社2016年版。

王利明主编:《中国民法典学者建议稿及立法理由·物权编》,法律出版社2005年版。

王泽鉴:《侵权行为》(第3版),北京大学出版社2016年版。

王泽鉴:《民法思维:请求权基础理论体系》,北京大学出版社2009年版。

王泽鉴:《民法物权》(第2版),北京大学出版社2010年版。

王泽鉴:《民法总则》,北京大学出版社2009年版。

吴香香编:《民法典请求权基础检索手册》,中国法制出版社2021年版。

谢鸿飞:《合同法学的新发展》,中国社会科学出版社2014年版。

谢在全:《民法物权论(下册)》(第5版),中国政法大学出版社2011年版。

许可:《民事审判方法:要件事实引论》,法律出版社2009年版。

许可:《侵权责任法要件事实分析》,人民法院出版社2018年版。

姚瑞光:《民法物权论》,中国政法大学出版社2011年版。

余延满:《货物所有权的移转与风险负担的比较法研究》,武汉大学出版社2002年版。

杨立新:《民事裁判方法》,法律出版社2008年版。

杨立新:《侵权责任法:条文背后的故事与难题》(第2版),法律出版社2018年版。

杨立新:《请求权与民事裁判应用》,法律出版社2011年版。

曾世雄:《损害赔偿法原理》,中国政法大学出版社2001年版。

张家勇:《合同法与侵权法中间领域调整模式研究——以制度互动的实证分析为中心》,北京大学出版社2016年版。

周梅:《间接占有中的返还请求权》,法律出版社2007年版。

朱庆育:《民法总论》(第2版),北京大学出版社2016年版。

朱岩:《侵权责任法通论·总论》,法律出版社2011年版。

朱岩、高圣平、陈鑫:《中国物权法评注》,北京大学出版社2007年版。

最高人民法院民法典贯彻实施工作领导小组主编:《中华人民共和国民法典侵权责任编理解与适用》,人民法院出版社2020年版。

最高人民法院民事审判第二庭编著:《〈全国法院民商事审判工作会议纪要〉理解与适用》,人民法院出版社2019年版。

最高人民法院民事审判第二庭编著:《最高人民法院关于买卖合同司法解释理解与适用》(第2版),人民法院出版社2016年版。

最高人民法院民事审判第一庭编著:《最高人民法院关于审理商品房买卖合同纠纷案件司法解释的理解与适用》(第2版),人民法院出版社2015年版。

邹碧华:《要件审判九步法》,法律出版社2010年。

二、论文类

卜元石:《德国法学教育中的案例研习课:值得借鉴?如何借鉴?》,载方小敏主编:《中德法学论坛》(第13辑),法律出版社2016年,第45-57页。

曹建军:《民事案由的功能:演变、划分与定位》,载《法律科学(西北政法大学学报)》2018年第5期。

曹志勋:《对民事判决书结构与说理的重塑》,载《中国法学》2015年第4期。

曹志勋:《德国诉讼标的实体法说的发展——关注对请求权竞合的程序处理》,载《交大法学》2018年第1期。

常鹏翱:《占有行为的规范分析》,载《法律科学(西北政法大学学报)》2014年第2期。

陈现杰:《〈侵权责任法〉一般条款中的违法性判断要件》,载《法律适用》2010年第7期。

陈永强:《未登记已占有的房屋买受人的权利保护》,载《环球法律评论》2013年第3期。

陈永强:《物权变动三阶段论》,载《法商研究》2013年第4期。

程啸:《中国民法典侵权责任编的创新与发展》,载《中国法律评论》2020年第3期。

崔建远:《论法律关系的方法及其意义》,载《甘肃政法学院学报》2019年第3期。

戴孟勇:《不动产链条式交易中的中间省略登记——嘉德利公司诉泰龙公司、空后广州办等国有土地使用权转让合同纠纷案评释》,载《交大法学》2018年第1期。

戴孟勇:《论政治因素对编纂民法典的影响》,载《云南社会科学》2018年第1期。

丁春艳:《"错误出生案件"之损害赔偿责任研究》,载《中外法学》2007年第6期。

房绍坤、王洪平:《医师违反产前诊断义务的赔偿责任》,载《华东政法学院学报》2006年第6期。

冯珏:《论侵权法中的抗辩事由》,载《法律科学(西北政法大学学报)》2011年第4期。

葛云松:《纯粹经济损失的赔偿与一般侵权行为条款》,载《中外法学》2009年第5期。

葛云松:《法学教育的理想》,载《中外法学》2014年第2期。

葛云松:《简单案件与疑难案件——关于法源及法学方法的探

讨》,载《中国法律评论》2019年第2期。

葛云松:《〈侵权责任法〉保护的民事权益》,载《中国法学》2010年第3期。

葛云松、金可可、田士永、黄卉:《法治访谈录:请求权基础的案例教学法》,载《法律适用(司法案例)》2017年第14期。

贺剑:《民法的法条病理学——以僵尸法条或注意规定为中心》,载《法学》2019年第8期。

胡东海:《"谁主张谁举证"规则的历史变迁与现代运用》,载《法学研究》2017年第3期。

胡坚明:《请求权基础规则与法典化立法》,载《华东政法大学学报》2016年第6期。

纪海龙:《买卖合同中的风险负担》,载王洪亮等主编:《中德私法研究(11):占有的基本理论》,北京大学出版社2015年,第299-315页。

季红明、蒋毅、查云飞:《实践指向的法律人教育与案例分析——比较、反思、行动》,载李昊、明辉主编:《北航法律评论》(2015年第1辑),法律出版社2016年版,第214-228页。

金晶:《〈合同法〉第158条评注(买受人的通知义务)》,载《法学家》2020年第1期。

金晶:《请求权基础思维:案例研习的法教义学"引擎"》,载《政治与法律》2021年第3期。

金可可:《论温德沙伊德的请求权概念》,载《比较法研究》2005年第3期。

李昊:《对民法典侵权责任编的审视与建言》,载《法治研究》2018年第5期。

李敏:《论法理与学说的民法法源地位》,载《法学》2018年第6期。

李纬华、殷进亮:《案件事实存在争议时的裁判之道——德国关系法简介》,载《法律适用》2009年第4期。

李永军:《对我国〈民法典〉上"民事责任"的体系化考察》,《当代法学》2020 年第 5 期。

李永军、李伟平:《因第三人原因造成的违约与责任承担——兼论〈合同法〉第 121 条的理论结构》,载《山东大学学报(哲学社会科学版)》2017 年第 5 期。

刘家安:《含混不清的"占有"——〈物权法〉草案"占有"概念之分析》,载《中外法学》2006 年第 2 期。

刘家安:《论通过返还请求权让与方式实现动产所有权移转》,载《比较法研究》2017 年第 4 期。

刘小砚:《论证明责任分配视域下民法典的规范构造》,载《华东政法大学学报》2019 年第 3 期。

刘洋:《对待给付风险负担的基本原则及其突破》,载《法学研究》2018 年第 5 期。

刘颖:《〈民法总则〉中英雄烈士条款的解释论研究》,载《法律科学(西北政法大学学报)》2018 年第 2 期。

刘召成:《违反安全保障义务侵权责任的体系构造》,载《国家检察官学院学报》2019 年第 6 期。

茅少伟:《防御性请求权相关语词使用辨析》,载《法学》2016 年第 4 期。

满洪杰:《荣誉权作为独立人格利益之质疑——基于案例的实证分析》,载《法商研究》2012 年第 5 期。

梅夏英、邹启钊:《请求权:概念结构及理论困境》,载《法学家》2009 年第 2 期。

彭诚信:《占有的重新定性及其实践应用》,载《法律科学(西北政法大学学报)》2009 年第 2 期

石佳友:《〈物权法〉占有制度的理解与适用》,载《政治与法律》2008 年第 10 期。

唐超:《德国错误怀孕和错误出生诉讼的判例法述评》,载《河北法学》2017 年第 12 期。

田士永:《出卖人处分权问题研究》,载《政法论坛》2003年第6期。

田士永:《民法学案例研习的教学实践与思考》,载张桂琳主编:《中国法学教育研究》(2011年第3期),中国政法大学出版社2011年版,第79—102页。

田士永:《"民法学案例研习"的教学目的》,载黄进主编:《中国法学教育研究》(2014年第4辑),中国政法大学出版社2014年版,第77—91页。

王洪亮:《论基于占有的物上请求权——实体与程序上的理论继受》,载《清华法学》2007年第3期。

王洪亮:《〈民法典〉中得利返还请求权基础的体系与适用》,载《法学家》2021年第3期。

汪洋:《私法多元法源的观念、历史与中国实践——〈民法总则〉第10条的理论构造及司法适用》,载《中外法学》2018年第1期。

王利明:《论高度危险责任一般条款的适用》,载《中国法学》2010年第6期。

王轶:《作为债之独立类型的法定补偿义务》,载《法学研究》2014年第2期。

吴香香:《论侵害占有的损害赔偿》,载《中外法学》2013年第3期。

吴一鸣:《论"单纯知情"对双重买卖效力之影响——物上权利之对抗力来源》,载《法律科学(西北政法大学学报)》2010年第2期。

席志国:《论德国民法上的所有人占有人关系——兼评我国〈民法典〉第459-461条之规定》,载《比较法研究》2020年第3期。

解亘:《论〈合同法〉第121的存废》,载《清华法学》2012年第5期。

许德风:《法教义学的应用》,载《中外法学》2013年第5期。

许德风:《不动产一物二卖问题研究》,载《法学研究》2012年第3期。

许德风:《论法教义学与价值判断——以民法方法为重点》,载《中外法学》2008年第2期。

许德风:《论基于法教义学的案例解析规则——评卜元石:〈法教义学:建立司法、学术与法学教育良性互动的途径〉》,载田士永、王洪亮、张双根主编:《中德私法研究》(第6卷),北京大学出版社2010年版,第26-36页。

薛军:《走出监护人"补充责任"的误区——论〈侵权责任法〉第32条第2款的理解与适用》,载《华东政法大学学报》2010年第3期。

薛启明:《〈物权法〉占有制度三题》,载《研究生法学》2007年第3期。

姚明斌:《论出卖他人之物:一个基于请求权基础的分析》,载《研究生法学》2010年第3期。

姚明斌:《民法典违约责任规范与请求权基础》,载《法治现代化研究》2020年第5期。

杨立新、王丽莎:《错误出生的损害赔偿责任及适当限制》,载《北方法学》2011年第2期。

于飞:《论德国侵权法中的"框架权"》,载《比较法研究》2012年第2期。

于飞:《违背善良风俗故意致人损害与纯粹经济损失保护》,载《法学研究》2012年第4期。

谢鸿飞:《违约责任与侵权责任竞合理论的再构成》,载《环球法律评论》2014年第6期。

叶金强:《论侵害生命之损害赔偿责任——解释论的视角》,载《环球法律评论》2011年第5期。

叶金强:《〈民法典〉第1165条第1款的展开路径》,载《法学》2020年第9期。

叶名怡:《〈合同法〉第122条(责任竞合)评注》,载《法学家》2019年第2期。

易军:《违约责任与风险负担》,载《法律科学(西北政法大学学报)》2004年第3期。

易军:《原则/例外关系的民法阐释》,载《中国社会科学》2019年第9期。

尹志强:《侵权法的地位及与民法典各编关系的协调》,《华东政法大学学报》2019年第2期。

翟远见:《〈合同法〉第45条(附条件合同)评注》,载《法学家》2018年第5期。

张谷:《作为救济法的侵权法,也是自由保障法——对〈中华人民共和国侵权责任法(草案)〉的几点意见》,载《暨南学报(哲学社会科学版)》2009年第2期。

张谷:《论〈侵权责任法〉上的非真正侵权责任》,载《暨南学报(哲学社会科学版)》2010年第3期。

张家勇:《中国法民事责任竞合的解释论》,载《交大法学》2018年第1期。

张金海:《公平责任考辨》,载《中外法学》2011年第4期。

张金海:《论违法性要件的独立》,载《清华法学》2007年第4期。

张双根:《间接占有制度的功能》,载《华东政法学院学报》2006年第2期。

张双根:《物权公示原则的理论构成——以制度正当性为重心》,载《法学》2019年第1期。

张双根:《占有的基本问题——评〈物权法草案〉第二十章》,载《中外法学》2006年第1期。

张淞纶:《作为教学方法的法教义学:反思与扬弃——以案例教学和请求权基础理论为对象》,载《法学评论》2018年第6期。

张卫平:《重复诉讼规制研究:兼论"一事不再理"》,载《中国法学》2015年第2期。

张新宝:《民法分则侵权责任编立法研究》,载《中国法学》2017年第3期。

张新宝:《〈侵权责任法〉死亡赔偿制度解读》,载《中国法学》2010

年第 3 期。

周江洪:《〈合同法〉第 121 条的理解与适用》,载《清华法学》2012 年第 5 期。

周友军:《我国〈侵权责任法〉修订入典的初步构想》,载《政治与法律》2018 年第 5 期。

朱广新:《论未成年人致人损害的赔偿责任》,载《法商研究》2020 年第 1 期。

朱广新:《违约责任的归责原则探究》,载《政法论坛》2008 年第 4 期。

朱虎:《物权请求权的独立与合并——以返还原物请求权为中心》,载《环球法律评论》2013 年第 6 期。

朱晓喆:《寄送买卖的风险转移与损害赔偿——基于比较法的研究视角》,载《比较法研究》2015 年第 2 期。

朱晓喆、徐刚:《民法上生育权的表象与本质——对我国司法实务案例的解构研究》,载《法学研究》2010 年第 5 期。

朱晓喆:《请求权基础实例研习教学方法论》,载《法治研究》2018 年第 1 期。

朱庆育:《法典理性与民法总则——以中国大陆民法典编纂为思考对象》,载《中外法学》2010 年第 4 期。

朱庆育:《〈合同法〉第 52 条第 5 项评注》,载《法学家》2016 年第 3 期。

朱庆育:《物权行为的规范结构与我国之所有权变动》,载《法学家》2013 年第 6 期。

庄加园:《不动产买受人的实体法地位辨析——兼谈〈异议复议规定〉第 28 条》,载《法治研究》2018 年第 5 期。

庄加园:《动产所有权变动中的"交付"》,载《环球法律评论》2014 年第 3 期。

庄加园:《基于指示交付的动产所有权移转——兼评〈中华人民共

和国物权法〉第 26 条》，载《法学研究》2014 年第 3 期。

庄加园：《间接占有与占有改定下的所有权变动——兼评〈中华人民共和国物权法〉第 27 条》，载《中外法学》2013 年第 2 期。

三、译著译文类

〔奥〕海尔姆特·库齐奥：《侵权责任法的基本问题（第一卷）：德语国家的视角》，朱岩译，北京大学出版社 2017 年版。

〔德〕埃尔温·多伊奇、汉斯-于尔根·阿伦斯：《德国侵权法——侵权行为、损害赔偿及痛苦抚慰金》（第 5 版），叶名怡、温大军译，刘志阳校，中国人民大学出版社 2016 年版。

〔德〕奥特马·尧厄尼希：《民事诉讼法》（第 27 版），周翠译，法律出版社 2003 年版。

〔德〕彼得·施莱希特里姆：《〈联合国国际货物销售合同公约〉评释》（第 3 版），李慧妮译，北京大学出版社 2006 年版。

〔德〕鲍尔、施蒂尔纳：《德国物权法》（下册），申卫星、王洪亮译，法律出版社 2006 年版。

〔德〕Detlef Leenen：《请求权结构与制定法：案例分析法与制定法的互动》，贺栩栩译，载陈金钊、谢晖主编：《法律方法》（第 19 卷），山东人民出版社 2016 年版，第 57-69 页。

〔德〕迪特尔·梅迪库斯：《德国债法总论》，杜景林、卢谌译，法律出版社 2004 年。

〔德〕迪特尔·梅迪库斯：《请求权基础》，陈卫佐等译，法律出版社 2012 年。

〔德〕哈里·韦斯特曼：《德国民法基本概念》（第 16 版）（增订版），张定军、葛平亮、唐晓琳译，中国人民大学出版社 2013 年版。

〔德〕霍尔斯特·海因里希·雅科布斯：《十九世纪德国民法科学与立法》，王娜译，法律出版社 2003 年。

〔德〕卡尔·弗里德里希·斯图肯伯格：《作为笛卡尔方法的法学鉴

定式》,季红明、蒋毅译,载李昊、明辉主编:《北航法律评论》(2017年第1辑),法律出版社2019年版,第169—189页。

〔德〕卡尔·拉伦茨:《德国民法通论》(下册),王晓晔等译,法律出版社2003年版。

〔德〕卡尔·拉伦茨:《法学方法论》,陈爱娥译,商务印书馆2003年版。

〔德〕卡尔·拉伦茨:《法学方法论(全本·第6版)》,黄家镇译,商务印书馆2020年。

〔德〕克雷斯蒂安·冯·巴尔:《欧洲比较侵权行为法》(上卷)(第2版),张新宝译,法律出版社2004年版。

〔德〕马克西米利安·福克斯:《侵权行为法》,齐晓琨译,法律出版社2006年版。

〔德〕亚图·考夫曼:《类推与"事物本质"——兼论类型理论》,吴从周译,颜厥安审校,学林文化事业有限公司1999年版。

〔日〕我妻荣:《我妻荣民法讲义Ⅱ·新订物权法》,〔日〕有泉亨补订,罗丽译,中国法制出版社2008年版。

〔意〕彼德罗·彭梵得:《罗马法教科书》(第3版)(修订本),黄风译,中国政法大学出版社2005年版。

〔英〕马克·施陶赫:《英国与德国的医疗过失法比较研究》,唐超译,法律出版社2012年版。

四、德文类

Anders/Gehle, Das Assessorexamen im Zivilrecht, 13. Aufl., München: Franz Vahlen, 2017.

Bernhard Großfeld, Examensvorbereitung und Jurisprudenz, Juristenzeitung 1(1992), S. 22ff.

Brox/Walker, Allgemeiner Teil des BGB, 42. Aufl., München: Franz Vahlen, 2018.

Claudia Theesfeld, Einführung in die Relationstechnik, 2. Aufl., Altenberg: Niederle Media, 2012.

Dieter Medicus, Anspruch und Einrede als Rückgrat einer zivilistischen Lehrmethode, AcP 174(1974).

Medicus/Petersen, Bürgerliches Recht, 26. Aufl., München: Franz Vahlen, 2017.

Ernst Zitelmann, Die Neugestaltung des Rechtsstudiums, Berlin und Leipzig: Dr. Walther Rothschild, 1921.

Fikentscher/Heinemann, Schuldrecht, 10. Aufl., Berlin: De Gruyter, 2006.

Günter Hager, Die Gefahrtragung beim Kauf, Frankfurt am Main: Alfred Metzner Verlag, 1982.

Hans Berg, Gutachten und Urteil, 11. Aufl., Stuttgart Berlin Köln Mainz: W. Kohlhammer, 1980.

Hans Josef Wieling, Bereicherungsrecht, 4. Aufl., Berlin Heidelberg: Springer, 2007.

Eckert/Maifeld/Matthiessen, Handbuch des Kaufrechts, 2. Aufl., München: C. H. Beck, 2014.

Heinrich Honsell (hrsg.): Kommentar zum UN – Kaufrecht, 2. Aufl., Berlin Heidelberg: Springer, 2010.

Jan Schapp, Das Zivilrecht als Anspruchssystem, JuS 7 (1992), S. 537ff.

Jan Schapp, Grundlagen des bürgerlichen Rechts, München: Franz Vahlen, 1991.

Jan Schapp, Methodenlehre und System des Rechts, Tübingen: Mohr Siebeck, 2009.

Jens Petersen, Anspruchsgrundlage und Anspruchsaufbau als Abbildung des inneren Systems der Privatrechtsordnung, in: Festschrift für Dieter Medicus zum 80. Geburtstag, Köln: Carl Heymanns Verlag 2009,

S. 295ff.

Kötz/Wagner, Deliktsrecht, 13. Aufl. , München: Franz Vahlen, 2016.

Kurt Schellhammer, Die Arbeitsmetheode des Zivilrichters, 17. Aufl. , Heidelberg, München, Landsberg, Frechen, Hamburg: C. F. Müller, 2014.

Kurt Schellhammer, Sachenrecht nach Anspruchsgrundlagen, 3. Aufl. , Heidelberg: C. F. Müller, 2009.

Larenz/Canaris, Lehrbuch des Schuldrechts, Bd. 2. Besonderer Teil, Halbbd. 2, 13. Aufl. , München: C. H. Beck, 1994.

Medicus/Petersen, Bürgerliches Recht, 26. Aufl. , München: Franz Vahlen, 2017.

Medicus/Petersen, Grundwissen zum Bürgelichen Recht, Ein Basisbuch zu den Anspruchsgrundlagen, 11. Aufl. , München: Franz Vahlen, 2019.

Paul Sattelmacher, Bericht, Gutachten und Urteil, 13. Aufl. , Berlin: Franz Vahlen, 1930.

Peter Arens, Zur Anspruchskonkurrenz bei mehreren Haftungsgründen, AcP 170(1970) ,S. 392ff.

Philipp Heck, Grundriss des Sachenrechts, Tübingen: J. C. B. Mohr, 1930.

Reinhard Bork, Allgemeiner Teil des Bürgerlichen Gesetzbuchs, 4. Aufl. , Tübingen: Mohr Siebeck, 2016.

Rudolf Gmür, Rechtswirkungsdenken in der Privatrechtsgeschichte, Bern: Verlag Stämpfli & Cie AG, 1981.

Rudolph von Jhering, Civilrechtsfälle ohne Entscheidungen, zu akademischen Zwecken, erstes Heft, Leipzig: Druck und Verlag von Breitkopf und Härtel, 1847.

Rudolph von Jhering, Die Jurisprudenz des täglichen Lebens, Eine Sammlung an Vorfälle des gewöhnlichen Lebens anknüpfender Rechtsfragen, 11. Aufl., bearbeitet von Otto Lenel, Jena: Verlag von Gustav Fischer, 1897.

Schlechtriem/Schwenzer/Schroeter/Widmer Lüchinger, Kommentar zum UN-Kaufrecht (CISG), 7. Aufl., München: C. H. Beck, 2019.

Schuschke/Kessen/Höltje, Zivilrechtliche Arbeitstechik im Assessorexamen, 35. Aufl., München: Franz Vahlen, 2013.

Walter Zimmermann, Klage, Gutachten und Urteil, 21. Aufl., Heidelberg: C. F. Müller, 2019.

Werner Flume, Allgemeiner Teil des Bürgerlichen Rechts, 2. Band, 4. Aufl., Berlin Heidelberg: Springer, 1992.

Wilhelm Reinhart, Die Gefahrtragung beim Kauf, Berlin: Duncker & Humblot, 1998.

Wolf/Neuner, Allgemeiner Teil des Bürgerlichen Rechts, 11. Aufl., München: C. H. Beck, 2016.

后　记

　　我对请求权基础的兴趣始于案例研习,并逐渐深入至规范体系与方法反思。

　　在我看来,首先,请求权基础思维是将实证规范运用于个案裁断的专业思维。在这种思维中,案件分析围绕请求权基础的探寻步步推进,形式上有如数学解题般条理分明、清晰可靠。本书下篇第九章至第十二章收录的滥用代理权案、多级转租房屋案、玻璃娃娃案及错误出生案四则案例,正是这一解题路径的示例。

　　但正如这些案例报告所显示的,案件解析终究不是数学运算,请求权基础的探寻也并非单纯的逻辑过程。法律适用的核心不在涵摄而在解释。请求权基础思维的优势,不仅在于程式化个案解析框架,还在于为规范解释提供指引。本书第六章至第八章对《民法典》第462条、第598条、第604条三个典型条文的评注,即是请求权基础思维引导下的法条评注尝试。

　　其次,请求权基础体系是民法体系的另一种表达。以请求权基础为线索的规范梳理,可以无缝对接法律适用。针对因提取公因式而集成的立法规范体系,借助以请求权基础为线索的展开公因式之反向操作,既可展示法律规范的勾连与呼应,又可揭示规范配置的不当与缺失,从而为完善体系指示方向。"民法典编纂中请求权基础的体系化"与"请求权基础规范体系梳理——以《民法典》侵权责任编为例"两章,即是反向展开公因式的尝试,与法条评注共同构成本书中篇的内容。

最后,请求权基础方法是法学方法的民法应用。但理论层面的法学方法更关注给定事实的法律适用,较适合法学院的课堂演练,可称为练习版请求权基础思维。不过,面对真实诉讼中原告与被告分别讲述的"两个故事"时,练习版力有未逮。实战版请求权基础思维,又称为法庭报告技术,其功能即在真实诉讼情境中引导案件事实的裁剪与认定。只有将法庭报告技术纳入考量,才能完整呈现请求权基础思维与法律关系思维、个案类比思维在抽象方法层面的较量。本书上篇"练习版请求权基础思维——鉴定式分析法""实战版请求权基础思维——法庭报告技术""请求权基础思维及其对手"三章即请求权基础思维的法学方法面向。

请求权基础思维的上述三重意义,从具体到抽象层层递进,但基于专著撰写的体例考量,本书依"方法—体系—实例",即从抽象到具体的次序展开。另需说明的是,本书研究持续了10余年,各章内容曾作为独立作品先行发表。形成本书时,一方面根据《民法典》全面更新了内容,另一方面也恢复了发表时因篇幅限制所作的删节。

同时,衷心感谢发表拙作的《中德私法研究》《法学家》《政法论坛》《南京大学学报(哲学·人文科学·社会科学)》《云南社会科学》与《燕大法学教室》等刊物的诸位编辑老师,也衷心感谢北京大学出版社副总编辑蒋浩老师与本书责任编辑刘文科老师。因为他们的鼓励与支持,本书才得以顺利完稿。

吴香香

2021 年 5 月 28 日

图书在版编目(CIP)数据

请求权基础：方法、体系与实例 / 吴香香著. —北京：北京大学出版社，2021.7

ISBN 978-7-301-32348-9

Ⅰ. ①请… Ⅱ. ①吴… Ⅲ. ①民法—研究—中国 Ⅳ. ①D923.04

中国版本图书馆 CIP 数据核字(2021)第 147669 号

书　　　名	请求权基础——方法、体系与实例 QINGQIUQUAN JICHU—FANGFA、TIXI YU SHILI
著作责任者	吴香香　著
责 任 编 辑	刘文科　沈秋彤
标 准 书 号	ISBN 978-7-301-32348-9
出 版 发 行	北京大学出版社
地　　　址	北京市海淀区成府路 205 号　100871
网　　　址	http://www.pup.cn　http://www.yandayuanzhao.com
电 子 信 箱	yandayuanzhao@163.com
新 浪 微 博	@北京大学出版社　@北大出版社燕大元照法律图书
电　　　话	邮购部 010-62752015　发行部 010-62750672 编辑部 010-62117788
印 刷 者	大厂回族自治县彩虹印刷有限公司
经 销 者	新华书店
	650mm×980mm　16 开本　22.25 印张　242 千字 2021 年 7 月第 1 版　2023 年 5 月第 8 次印刷
定　　　价	69.00 元

未经许可，不得以任何方式复制或抄袭本书之部分或全部内容。
版权所有，侵权必究
举报电话：010-62752024　电子信箱：fd@pup.pku.edu.cn
图书如有印装质量问题，请与出版部联系，电话：010-62756370